大家都说祖国，祖国，大概说的时候是指某种巨大的什么吧。可我不是这样。我们新尼古拉耶夫卡村边有一栋房子，小河旁长着两棵小白桦。我在上面搭了个秋千架。人家对我谈起祖国，我总是想到这两棵小白桦……

正如我曾对您说过的，事情就是这样，战争直到它的最后一天都是悲剧性的。因为战场上是要死人的。即使我们已经战胜德国人，粉碎和包围了他们，在这种情况下战争依然是个悲剧。为了表现直到其最后一天都是悲剧，为了取得胜利，为了向胜利的每一步，我们都要付出难以想象的代价。为了让读者感受到这一点，我不能不同小说中我最珍爱的一个人诀别了……

西蒙诺夫评传

李毓榛——著

CRITICAL BIOGRAPHY OF SIMONOV

图书在版编目 (CIP) 数据

西蒙诺夫评传 / 李毓榛著.—北京：北京大学出版社，2020.7
ISBN 978-7-301-31444-9

Ⅰ.①西… Ⅱ.①李… Ⅲ.①西蒙诺夫 (Simonov, Konstantin Mikhailovich 1915–1979)—评传 Ⅳ.① K835.125.6

中国版本图书馆 CIP 数据核字 (2020) 第 127250 号

书　　名 西蒙诺夫评传
XIMENGNUOFU PINGZHUAN
著作责任者 李毓榛　著
责任编辑 李　哲
标准书号 ISBN 978-7-301-31444-9
出版发行 北京大学出版社
地　　址 北京市海淀区成府路 205 号　100871
网　　址 http://www.pup.cn　　新浪微博：@ 北京大学出版社
电子信箱 pup.russian@163.com
电　　话 邮购部 010-62752015　发行部 010-62750672　编辑部 010-62759634
印 刷 者 大厂回族自治县彩虹印刷有限公司
经 销 者 新华书店
650 毫米 ×980 毫米　16 开本　18 印张　290 千字
2020 年 7 月第 1 版　2020 年 7 月第 1 次印刷
定　　价 62.00 元

目　录

序　言

康斯坦丁·米哈伊洛维奇·西蒙诺夫是20世纪俄罗斯文学的一位重要作家。他的创作活动涉及诗歌、戏剧、电影、小说、纪实文学、文学评论等广泛的领域，并曾担任苏联《文学报》和《新世界》杂志的主编，在相当长的一段时间里参与了苏联作家协会的领导工作。他的文学活动在20世纪中后期对苏联文学及世界文学都有一定的影响。

西蒙诺夫的名字对于我国读者来说并不陌生，他的中篇小说《日日夜夜》和抒情诗《等着我吧》都是我国读者喜爱的作品。尽管他的文学活动涉及广泛的领域，但是他的创作素材却大都是同苏联反法西斯卫国战争的军事生活有关的，所以西蒙诺夫自称是“军事作家”。1966年他在为自己的六卷本文集所写的序言中说：“我的所有的散文作品都是和伟大卫国战争以及卫国战争之前的几件远东军事事件有关的。我的诗歌和戏剧大部分也是这种情况。这是好的，抑或是不好的；不过，迄今为止，我始终是，今后仍将是军事作家，我必须预先奉告读者，打开六卷本中任何一卷，你都会一次再次地遇到战争。”西蒙诺夫为军事题材的文学创作付出了毕生的精力，取得了卓越的成就。

西蒙诺夫出生在1915年，即俄国十月革命的前两年，可以说他完全是在苏维埃社会制度下长大成人的。他从小所接受的是苏维埃社会主义教育。他虽然不是出身于工农家庭，但是生活中耳濡目染所受的影响使他无限向往社会主义的灿烂前程。他的充满理想的少年时代正是苏维埃政权战胜了沙皇俄国的残余势力，把外国的武装干涉军队赶出国门，取得了完全胜利的年代。年轻的苏维埃政权领导全国各族人民展开了轰轰烈烈的经济建设，要把贫穷落后的旧俄国改造成富强的社会主义国家。在遍及全国的建设热潮的感召下，少年西蒙诺夫毅然拒绝了父母叫他考大学的要求，中学毕业后就考取了技工学校，进工厂当了工人。他同许多年轻人一样，喜爱诗歌，特别是马雅可夫斯基的诗歌，在这股青春热情的推动下，他在自己的笔记本上开始了诗歌创作。西蒙诺夫是伴随着苏联社会主义建设的发展而成长起来的。

西蒙诺夫是现实主义作家，他的生活经历、他所接受的教育和俄罗斯古典文学的影响，决定了他的创作道路和艺术倾向。他追求的是生活真实和艺术真实的统一，特别是他以毕生的精力书写反法西斯卫国战争，塑造保家卫国的战士的英雄形象，为苏联文学做出了杰出贡献。

研究西蒙诺夫这样一个完全在社会主义社会成长起来并进行创作活动的作家的创作道路，解读他的作品的思想和艺术，对于我国的文学创作有一定的借鉴意义。特别是在军事文学方面，他的作品都是写反抗法西斯侵略、保家卫国的正义战争的，作品中洋溢着爱国主义的激情和大义凛然的英雄主义精神。他所塑造的那些形象都是普通的苏维埃人在保卫祖国的战斗中成长起来的英雄人物。他的军事文学是表现反抗侵略、保卫祖国的正义之师的文学，是在战争的艰难困苦中展示坚强不屈的民族性格的文学。

这样的文学作品值得我们认真阅读和研究。

第一章

家世和身世

1915年11月15日(俄历11月28日),西蒙诺夫出生在彼得格勒一个军人的家庭。他的生父米哈伊尔·西蒙诺夫是沙皇军队的一名参谋军官,在儿子出生之前就在第一次世界大战的战场上"失踪"了。母亲是彼得格勒名门望族奥波林斯基家族的贵族小姐。因此可以说西蒙诺夫是出身于名门望族的"将门之后"。但是1917年10月的一场革命风暴,彻底推翻了沙皇、贵族的统治,也彻底改变了奥波林斯基家族和西蒙诺夫一家的命运。奥波林斯基家族被遣送出彼得格勒。西蒙诺夫的大姨妈柳德米拉住在梁赞,西蒙诺夫的母亲便带着幼小的西蒙诺夫来到梁赞。西蒙诺夫的母亲就是在这里改嫁给了另一个俄国军官亚历山大·戈里高利耶维奇·伊万尼舍夫,他就成了将西蒙诺夫抚养成人的继父。(西蒙诺夫的好友卡拉甘诺夫在他的《亲近与距离》一书中说,伊万尼舍夫实际上就是西蒙诺夫的生父,但是作者对此一说并没有列举任何证据。)伊万尼舍夫出身平民,是个铁路职工的儿子,他没有财力去上大学,靠着顽强的毅力进了士官学校。他参加过日俄战争和第一次世界大战,受过五次伤。他为人正直,由于作战勇敢,他这个"平民出身"、没有任何"关系"的士官生也当上了上校。十月革命后,他脱离沙皇军队,参加了红军。国内战争结束后,他在梁赞的一所军事学校当战术课教员。他同西蒙诺夫的母亲结婚后,住在军校的军官宿舍里。西蒙诺夫的母亲也在军校中当了"打字员"和"办事员"。西蒙诺夫在他的十卷本文集第一卷的《自传》中有比较详细的记述。

"我们家住在军官宿舍里。我的周围是一派军人生活的气氛,邻居都是军人,而且整个军校的生活也都摆在我的眼前。早上和晚上的点名就在窗外的操场上。我的母亲和其他军官家属参加各种'促进委员会'的活动。父母的来客最常谈论的也是部队工作和军队事务的话题。我和其他孩子每月两次到粮库去领取军官给养。

"晚上,继父坐在那里准备上课用的草图,有时我也给他帮点忙。我们家有严格的、纯粹军人的纪律。每天的日程安排得很严,一切都要按照钟点,准时、正点地完成,不许延误,也不准推诿,无论对谁都要言而有信,任何谎言,即使最微小的谎言,都会受到鄙视。

"我们家的气氛和父亲工作的军队的环境,在我身上培养起一种对军队、对一切同军队有关的事物的迷恋,一种夹杂着崇敬心情的迷恋。这种童稚的、尚未完全意识到的感情,正如后来所证实,已经融化在血液里,渗透到心灵中了。"

西蒙诺夫的这段回忆记述了他童年和少年时代的生活环境。但是实际的生活并不是这样一帆风顺的。十月革命的风暴完全摧垮了沙皇贵族的统治,西蒙诺夫母亲的家族不可能不受到冲击。事实也正是如此。

20 世纪 30 年代,西蒙诺夫在列宁格勒的亲戚,都被放逐到奥伦堡州。他的二姨妈不喜欢苏维埃政权 ,十月革命后出家当了修女,被放逐了;拥护苏维埃政权、在图书馆勤奋地工作的三姨妈也被放逐了。西蒙诺夫当教师的表姐、当建筑工程师的表哥都遭到放逐。只有大姨妈的长子列昂尼特留在了列宁格勒,因为他在"红三角"工厂工作,是厂里不能缺少的专家,厂方出面为他说话,才留在了列宁格勒,继续在"红三角"工厂工作。但是他的弟弟却没有他那样幸运,也随同家人被放逐到奥伦堡。在卫国战争期间,西蒙诺夫已成为著名的军事记者和作家,他利用自己这个身份,在战争最紧张的时候,把他的大姨妈和他的大表姐以及表姐的女儿迁回了莫斯科。其他的两个姨妈都死在了流放地。西蒙诺夫在他的回忆录中说:"不是一去就死的,而是死于 1937 年末和 1938 年。当时不知出于谁的需要，把已经在流放地的她们又投入了监狱，结果两姐妹都死在了监狱里。”这件事对西蒙诺夫的刺激很大，直到晚年他还在回忆录中愤愤地写道：“当我听说索菲娅三姨在那儿，在流放地被投入监狱，后来便再也没有她的消息时，当有人极其简单地通知我们，说她已经死了，不知什么原因也不知死于何处时，记得我非常强烈、非常痛苦地感到她受到了不公正的对待，对她很不公正，比对其他任何人更显得不公正。这种感觉深深印入了我的心……永远留在我的记忆里的这种感觉是苏维埃政权对我个人的不公正，是由于它不可挽回因而更让人痛苦的不公正。”①

这样的“不公正”不仅他的姨妈们遇到了，他的继父、他本人都曾遭受过。当他还是技工学校的一个学生的时候，有一天夜里，突然有人敲门，当时西蒙诺夫的母亲正在生病发烧，他的继父出去开门——有人进来搜查。搜查持续了很长时间，搜得很仔细，把他们家的两间住房都查遍了，甚至包括西蒙诺夫在技工学校上课的笔记本。搜查完毕，继父就被带走了。继父被捕后，西蒙诺夫在技工学校并没有感受到特别的变化，但是在军校却大不一样了。虽然西蒙诺夫的继父在军校工作勤勤恳恳，备受尊敬，但是军校的政委和校长却下令把被捕的教员伊万尼舍夫的家属从居住的公房里搬出去。西蒙诺夫的母亲正在病中，他把母亲安置在邻居家中，自己出去找房。他在街上转了半天，好不容易在城市郊区找到一处住房，又是找车、请人，才把家具和生病的母亲搬了过去。那一年他才十五岁。西蒙诺夫回忆说，这件事他一辈子都忘不了，“但是却并不怀恨，甚至还有点洋洋得意，瞧，我竟对付过来了”②。他仍旧在技工学校上课，同时又在工厂找了份工作，以微薄的工资度日。西蒙诺夫的性格中有不畏困难、不向强势低头的非常倔强的一面。还在梁赞上小学时，他的这种性格就表现出来了。三年级的时候，老师在班上发练习本，发到西蒙诺夫的练习本时，老师看到西蒙诺夫的练习本油渍斑斑，很不整洁，突然大发雷霆，怒斥西蒙诺夫，说他拿着这样的练习本竟不怕丢人，随手就把西蒙诺夫的练习本撕成两半。但是西蒙诺夫，这个十来岁的小男孩，并没有被老师的突然发怒吓倒。他猛地从座位上站起来，大声对老师说，您为什么要这样

---

① 康·西蒙诺夫：《我这一代人眼里的斯大林》，裴家勤、李毓榛译，北京：中国新闻出版社，1989年，第31页。

② 同上书，第13—14页。

做，您没有权力撕练习本！全班同学都惊呆了，因为这是一位非常严厉的老师，常常惩罚学生，让完不成作业或回答不上问题的学生到墙角去罚站。西蒙诺夫，这个十来岁的小男孩，自尊心很强，他收起撕碎的练习本，说道，我要到学生委员会去控告！据西蒙诺夫小学时的同学卡尔别利采娃回忆，那位老师在教师委员会上承认，她不该发火，过分急躁了。[①]

西蒙诺夫的继父被捕后，在监狱里关了四个月就放回来了。他回到家门的时候，身穿军装，戴着营级军官的肩章，腰里还挎着手枪，完全不像从监狱里释放回来的样子。他说，在监狱里对他的所有指控，都是造谣诬陷，事实证明他是清白无辜的，因此他被无罪释放。他回到军校后，得知校长和政委竟然做出把妻儿赶出学校这样不近人情的事情，把校长和政委大骂一顿，辞职离开了军校，到莫斯科的一所高等学校教军事课去了。西蒙诺夫一家也就迁到莫斯科。

姨妈死于监狱，继父平白无故被捕蹲了四个月的监狱，军校领导竟然不分青红皂白就把家属扫地出门，这些事在少年西蒙诺夫的心里不可能不留下痕迹，使他清醒地认识到当时的社会生活充满了复杂的矛盾。在学校、在工厂，虽然他没有受到“另眼相看”的对待，但是从家庭和亲戚们的遭遇，他却不能不想到外祖父家的“门第”和生父的“军官地位”对他的影响，他坚定地不愿按照继父的意愿去考大学，而是投考技工学校，当一名工人，是不是有“改换门庭”加入工人阶级队伍的意思呢？

西蒙诺夫的母亲出身名门，受过良好的教育。她毕业于彼得格勒斯莫尔尼贵族女子学院，有很好的文化修养。她喜爱文学，特别喜欢俄罗斯的诗歌。她能背诵普希金、莱蒙托夫、丘特切夫的诗歌作品。在母亲的影响下，西蒙诺夫自幼就喜爱诗歌，在技工学校上学的时候，他像当时的青年人一样，特别喜欢马雅可夫斯基的诗，而且在自己的练习本上学习写诗。开始是自己写，自己读，后来禁不住也读给自己的朋友听，再后来就常常在工人的小组会上朗诵自己的诗了。西蒙诺夫逐渐展现出他的文学才华，成为很受工人群众喜爱的小诗人。

关于西蒙诺夫拒绝上大学而投考技工学校，他在《自传》中是这样说的：“1930 年春天，我在萨拉托夫七年制中学毕业以后，没有再上八年级，

---

① 据卡尔别利采娃：《童年》，载《同时代人回忆西蒙诺夫》，莫斯科：苏联作家出版社，1984 年，第 10 页。

而是进了技工学校学习镟工。这是我个人决定的，起初父母并不十分赞成，但是最后，一向十分严肃的继父说：‘这是他的事情，就让他照自己的决定去做吧！’”

“现在回忆起这个时期的事情，我想，当时促使我这样做而没有采取其他做法的重要原因有两个：第一个原因，也是主要的原因，就是五年计划，离我们不远的斯大林格勒新建成的拖拉机厂以及普遍的浪漫主义的建设热忱，还在上六年级的时候，就已经使我坐不住了。第二个原因是希望独立谋生。我们的日子很拮据，勉强维持生活，所以在技工学校第二年我每月三十七卢布的工资竟成了我们家财政预算中的一笔重要收入。”

西蒙诺夫虽然出身于非无产阶级家庭，不是工农子弟，但他是在苏维埃政权下长大的，是受社会主义教育成长起来的。尽管他的家庭和亲戚遭遇了种种不测，但是国家的前程和远景，举国一致的建设热情，对一个正在成长的少年人的吸引和鼓舞，是不可估量的。20 世纪的 30 年代正是苏联轰轰烈烈地开展社会主义建设的年代，在俄罗斯贫穷落后的废墟上，苏维埃政权领导下的俄罗斯人民意气风发地建设着自己的国家，用自己的双手建设社会主义的新生活。规模宏大的、现代化的拖拉机制造厂建设成功，这在当时的苏联是一件举国欢腾的大事。而且，这件大事就发生在离他们不远的城市斯大林格勒，这对少年西蒙诺夫的吸引和鼓舞是可想而知的，怀着报效祖国的理想和信念的少年西蒙诺夫投入这个宏大的热潮中就是不难理解的了。这使人想起了新中国刚刚成立的 20 世纪 50 年代，饱经忧患的中国人民不也是这样满腔热情地掀起了建设祖国的热潮吗？有多少出身于旧家庭的科学家、学者，抛弃了在国外优裕的生活条件和学术地位，冲破种种阻挠赶回祖国，有多少并非工农出身的青年知识分子怀着建设社会主义强大祖国的理想忘我地、奋不顾身地投入这股历史潮流中啊！西蒙诺夫这种投身祖国建设的热情是完全可以理解的，他的歌唱新生活的诗歌正是这样的青春激情的表现。

西蒙诺夫从 1932 年开始写作，这个年轻的业余诗人引起了专业文学工作者的注意，被吸收参加了国家文学出版社组织的文学创作辅导小组。西蒙诺夫孜孜不倦地进行创作，热情地歌颂周围沸腾的生活。1934 年，他的一部长诗《白海运河的建设者》的片段，发表在专门刊登初学者作品的文集《力量的检阅》上，这是西蒙诺夫第一次发表作品。

关于《白海运河的建设者》这首诗创作的过程，他在《自传》中有比较详细的叙述:“1933年秋,报纸上满篇都是报道白海工程的文章,在这些文章的影响下,我写了一首题为《白海运河的建设者》的长诗。朗诵时听众反映还不错。有人建议我拿它去文学出版社的咨询部试试——没准会被看中出版呢?”

“虽然我并不抱有多大的信心,但毕竟抵挡不住发表作品的诱惑力,于是我来到大切尔卡斯巷,在四层楼上一个摆满桌子的拥挤的房间里,找到了国家文学出版社文学咨询部。领导这个部的是捷林斯基,有一个时期他曾以列昂季·科托姆卡为笔名在《真理报》上发表过许多文章,而从事咨询工作的却是科托夫、巴尔特尼克和科里亚振。当时他们都是年轻人,干劲十足,热爱自己的工作,然而同初学写作者打交道是一件需要耐心细致的工作,并且远不是都能得到感谢的。我来得正是时候,国家文学出版社咨询部正筹备出版第二本青年作者的作品集,书名叫做《力量的检阅》。

“读完我的作品之后科里亚振说我不无才气,但作品还需要大大地加工。于是我便开始加工了:半年之中,几乎每隔两个星期我就要重抄一遍长诗,拿去给科里亚振看,但他总是一遍又一遍地让我重改。最后到了春天,科里亚振认为我们两人对这首长诗已经尽到了最大的努力,便拿去见国家文学出版社的诗歌编辑卡津。卡津也认为我是有才能的,但是长诗就像这个样子,他不能接受,他说,这首诗里只有个别的地方,或者如他所说,个别片段是成功的。即使这些片段,也还要经过我一番修改加工之后,才能收进《力量的检阅》这个集子里去。

“整整一个春天,直到初夏,每天下班回来,我就坐在家里埋头修改这些片段,直到深夜。当我在大量修改的重压下筋疲力尽的时候,我一向觉得很严厉的卡津却突然说:‘行啦,现在可以发排了!’《力量的检阅》这个集子终于送到印刷厂,现在就剩下等着它的问世了。”

写《白海运河的建设者》这首诗的时候,西蒙诺夫并没有到过白海运河的建设工地,他是看到报刊上有关这项工程建设的许多通讯报道,凭着青年人的热情和想象写出来的。作品发表后,他很想利用假期到白海运河的工地亲眼看看那里的情景。他把自己的想法试探地对出版社咨询部的人说了之后,想不到竟得到了出版社的大力支持,并补助了他这次行程的费用。出版社还给他开了介绍信,说明他是个业余的青年诗人,到运河工地去搜集创作素材,请给予帮助等等。西蒙诺夫在白海运河工地待了一个月，看到了那里的人和事，回来之后，又写了一首诗，题名叫《地平线》。虽然作品的水平不高，但西蒙诺夫却认为这是自己根据亲眼所见、亲身感受所写的作品。国家文学出版社咨询部的编辑们认为西蒙诺夫是个有培养前途的、有才华的青年工人业余作者，便推荐他报考新近成立的高尔基文学院去进行深造。1934 年 9 月，西蒙诺夫通过考试，被文学院录取，成为文学院的正式学员。

西蒙诺夫从一个工人业余作者也算一帆风顺地进入了文学殿堂，从此在众多著名诗人和作家的教诲和指导下，迅速成长，一边学习，一边创作，也发表了一些诗作。这个时期激起西蒙诺夫创作灵感的是社会主义建设的成就，对为祖国建立巨大功勋的向往，投身于伟大革命事业的热情。他曾写过一首题为《胜利者》的长诗，歌颂奥斯特洛夫斯基的不朽功绩。长诗塑造了一个把毕生精力贡献给革命事业，即使重病缠身仍旧奋斗不息的苏维埃青年的形象。特别是在长诗的结尾，诗人已经敏锐地感到他们一代青年也将面临保卫十月革命成果的战斗：

那社论和诗句发出的火药味，
你可已经听到？
那冲压笔尖的钢铁，
明天必将化作刺刀。

在文学院学习四年，到 1938 年从文学院毕业，西蒙诺夫已经是出版了四本诗集的青年诗人了。在西蒙诺夫成为著名的作家之后，直到他的晚年，他都念念不忘在文学院学习时前辈作家和诗人的教导。他在晚年写的自传中写道：

“回顾青年时代，我不能不想起我在文学院诗歌班的导师卢戈夫斯科依[①]、安托科利斯基[②]，他们在我的写作生涯中都曾起过不小的作用。”西蒙诺夫在成为著名的诗人和作家之后，仍然念念不忘文学院的导师们对他的教诲，他在一篇回忆文章中写道：

“我是安托科利斯基的学生之一，我记得，他那时还不到四十岁，他是

① 卢戈夫斯科依(1901—1957)，俄罗斯诗人，从 20 世纪 20 年代开始创作，作品格调庄严，抒情浓郁，代表作是自传体长诗《世纪的中期》。

② 安托科利斯基(1896—1978)，俄罗斯诗人，从 1921 年开始发表作品，作品具有浓厚的浪漫主义色彩。卫国战争年代写有大量爱国主义诗篇，代表作长诗《儿子》曾获斯大林奖金。

我们的导师。那时他比我现在的年龄还小四分之一世纪呢。我记得他对我们的诗作非常严格,而对我们这些人却又非常慈祥。我忘不掉他对我们的关怀。如果我们犯了错误,只要这些错误是诚实的,他都表示理解。但是他对任何人的怯懦和口是心非,即便是他平常喜欢的人,也都表现出断然不留余地的厌恶。"①

西蒙诺夫从这些前辈诗人的教诲中首先学会了做人,他学到的不仅是写作技巧,更重要的是学到了文学创作的宗旨:俄罗斯文学贴近生活、忧国忧民的优良传统。一个作家或者诗人,应该是民族、民众的喉舌,要义不容辞地表达人民的心声,同自己的民族、自己的人民同生死,共患难。在苏维埃社会主义制度下成长起来的西蒙诺夫深深感到,自己这一代青年肩负着建设社会主义祖国的神圣任务,青年人要抛弃平静安逸的生活,投身到为祖国建立功勋的大业中去。

1936 年,德国法西斯武装干涉西班牙革命,苏联等五十几个国家组成国际旅支援西班牙人民的斗争。匈牙利作家马杰·扎尔卡化名鲁卡奇成为国际旅的司令,后来鲁卡奇将军在一次战斗中阵亡。西蒙诺夫从报纸上刊登的消息中得知这位传奇般的将军原来就是作家马杰·扎尔卡。这件事对西蒙诺夫震动很大。这位将军作家的事迹使他联想到,在这革命的时代,我们这一代青年的命运应该是怎样的?应该以谁为榜样度过自己的一生?他写了一首诗表达自己的这些思想和情绪,他在诗中写道:

> 他离开匈牙利已经很久,
> 但是无论他走到哪里,
> 他头顶上都是匈牙利的天空,
> 他的脚下都是匈牙利的土地。
>
> 匈牙利的红旗
> 照耀着他的战斗行程。
> 无论他在哪里战斗,
> 都是为自己的祖国而斗争。

---

① 西蒙诺夫:《最后一次见面》,载《西蒙诺夫文集》第十卷,莫斯科:"文学艺术"出版社,1985 年,第 564 页。

西蒙诺夫认为这首题为《将军》的诗是表达了他的胸怀的成功之作。西蒙诺夫说："是的，我正是希望能够像马杰·扎尔卡那样度过自己的一生。是的，为此而献出自己的生命，我将在所不惜。《将军》一诗韵律不工，有的诗行笨拙累赘，但是我觉得，我的内心所包含的感情力量却使这首诗成为我的第一首真正的诗作。"

正当西蒙诺夫满怀激情要为建设社会主义祖国贡献自己的一生的时候，却遭遇到一次使他终生难忘的打击。

1937年，文学院的几个学生，也是当时的青年作家，沙皮罗、萨布林等计划到北高加索去沿国内战争的路线旅行，集体写一本关于奥尔忠尼启则[①]的报告文学。他们邀西蒙诺夫也参加这次行动，希望西蒙诺夫写一些关于奥尔忠尼启则的诗歌，以丰富他们的报告文学。他们的计划得到了苏联作家协会的支持，时任苏联作家协会书记处书记的斯塔夫斯基还专门找他们谈话，并带他们去见正在莫斯科开会的北高加索州委书记。当一切都准备好，几个年轻人正要出发的时候，有一天下课之后，西蒙诺夫突然被斯塔夫斯基叫去。一见面，斯塔夫斯基便对西蒙诺夫说：

"讲吧，讲讲你在学院里有什么非苏维埃的言论。你准备要去写奥尔忠尼启则，却在散布称赞白卫军的言论。"

西蒙诺夫被这突如其来的一击打懵了。斯塔夫斯基说他手里有别人揭发的材料，要西蒙诺夫老实交代。西蒙诺夫虽然出身于沙皇俄国军人的家庭，身上有贵族的血统，但他是在苏维埃社会长大的，受的是社会主义教育，他从本心里是热爱这个社会、热爱苏维埃的现实生活，从来就没有想到什么反对苏维埃政权、赞扬白卫军的言论。他对斯塔夫斯基直言

① 奥尔忠尼启则(1886—1937)，苏共早期的领导人之一，国内战争时期领导了外高加索和北高加索的革命斗争。

不讳地说，他根本就没有这样的想法，更不会说出这样的言论。斯塔夫斯基顿时大发雷霆，当即取消了西蒙诺夫去高加索写奥尔忠尼启则的资格。他说西蒙诺夫是一边宣传反革命的诗篇，一面又想去寻找奥尔忠尼启则的革命足迹。这件事对西蒙诺夫打击很大，他心情非常沉重，他百思不得其解，后来他突然想起，新来的班主任曾同他谈过一次话，谈话中班主任问他对20世纪初期俄罗斯阿克梅派的诗人古米廖夫[①]怎么看。西蒙诺夫说他对古米廖夫的看法很一般，但是对他的有的诗作如《迷途的电车》《雪豹》也很喜欢。西蒙诺夫想这可能就是斯塔夫斯基所说的"宣传反革命诗篇"。西蒙诺夫怎么也想不到新来的班主任竟是这样的人，西蒙诺夫认为，这个人打小报告诬陷别人，是在借此巩固自己的地位，他选中西蒙诺夫只不过是看到西蒙诺夫的家庭出身有那么一点把柄可以利用而已。这件事给了西蒙诺夫深深的刺激，也使他更加深了对苏联社会的复杂性的认识。

从后来西蒙诺夫的经历看来，这次事件对西蒙诺夫后来的发展并没有起什么消极的影响，大概是查无实据，不了了之了。所以西蒙诺夫在高尔基文学院学习四年之后，又考取了文史哲研究所的研究生，但是西蒙诺夫在这里并没有学到毕业。1939年在中蒙边境上爆发了日本关东军和苏联红军的武装冲突，这就是苏联历史上所谓的"哈勒欣事件"(我国历史上称"诺蒙坎事件")。西蒙诺夫被紧急召去当军报记者，西蒙诺夫没有结束学业，便立即出发到蒙古去了。

---

① 古米廖夫(1886—1921)，俄罗斯诗人，阿克梅派的代表人物之一，十月革命后在一桩冤案中被打成反革命，遭到处决。

第二章

战争的洗礼

高尔基文学院在莫斯科开学的那一年,法西斯在德国掌握了政权。西蒙诺夫在文学院上学的时候,文学院的学员们都有一种迟早会同法西斯德国打一仗的预感。西蒙诺夫后来回忆:"那个年代可以不考虑文学问题和个人在文学上的道路问题,却不能不思考,你,作为一个初登文坛的文学家,迟早要面临着参加同法西斯的搏斗,只不过不知道是用手中的笔还是用手中的枪。"[①]西蒙诺夫正是怀着这样的思想在蒙古的哈勒欣迎接了战争的洗礼。

1939年日本帝国主义在中蒙边界的哈勒欣河地区(即诺蒙坎地区)挑起与苏联军队的武装冲突。所谓"冲突",实际上,其激烈的程度和双方投入的武装力量的规模,不亚于一场真正的战争。激烈的战斗持续了四个多月,苏联方面参战的飞机近一千架,在战斗中日本方面有两万五千多士兵被击毙。西蒙诺夫是在战争的后期被召去的。对于这次的哈勒欣之行,西蒙诺夫

① 西蒙诺夫:《这是生活的目的》,苏联《文学报》,1973年11月28日,转引自拉扎列夫:《康·西蒙诺夫》,莫斯科:"文学艺术"出版社,1985年,第18页。

在他的《遥远的东方》一文中有详尽的描述。1939年6月，苏联革命军事委员会政治部主任梅赫利斯邀请一部分作家到红军各部队去做一次采访，西蒙诺夫是被邀请的作家之一，他被分派到堪察加部队去。西蒙诺夫还没有动身，8月间，新近接替梅赫利斯任政治部主任的库兹涅佐夫，把西蒙诺夫叫到政治部，让西蒙诺夫不要去堪察加了，赶紧到哈勒欣去。西蒙诺夫下午1点接到通知，当天便乘下午5点的西伯利亚特别快车出发了。乘了五天五夜的火车，到达远东的西伯利亚城市赤塔，又过了一天一夜，才乘飞机到达哈勒欣地区苏军的驻地。向导把他带到一座蒙古包前，说到了，就是这里，请进去吧，然后回身开车走了。

西蒙诺夫走进蒙古包，里面只有一张桌子，旁边坐着斯塔夫斯基和团级政委奥滕贝格，他是军报的编辑。简短的寒暄之后，他让西蒙诺夫到旁边的蒙古包里安排好住处，立即随斯塔夫斯基到前线去。旁边的蒙古包里有四张床，已经有三位作家——斯拉文、拉宾和哈茨列文——住在那里。后来西蒙诺夫才知道，正是他们向奥滕贝格建议调一位诗人来编辑部，因为奥滕贝格经常要他们以诗歌形式写一些英雄人物的报道，他们颇感为难，才向编辑提这个建议，但是调谁来，他们并不知道。

西蒙诺夫放下行李，便随斯塔夫斯基乘车到前线去了。由于那次在文学院的事情，西蒙诺夫对斯塔夫斯基的印象很不好。西蒙诺夫认为这个人简单粗暴，不公正，因此觉得这个人虚伪，让人不可捉摸，也确实感觉到这个人对自己很不好。但是在哈勒欣，斯塔夫斯基像变了个人似的，完全颠覆了西蒙诺夫在莫斯科对他的印象。斯塔夫斯基到哈勒欣已经很长时间了，对各方面的情况都已非常熟悉，已经掌握了在前线生活的经验，而西蒙诺夫是第一次来到战争前线的环境，不仅环境非常陌生，而且还带有许多恐惧、激动的紧张情绪。斯塔夫斯基不仅没有嘲笑他、轻视他，而且非常关切地照顾他，像兄长般地指导他。西蒙诺夫在《遥远的东方》里详细地描述了他第一次跟随斯塔夫斯基上前线的感受：

“我是第一次看见轰炸。我觉得它最像是地平线上突然出现的一片黑树林。后来我们就开车走了。日本人又来轰炸，这一次离我们很近。我们停下汽车，爬进掩蔽壕里。我记得我吓坏了，忙乱之中我没有爬进掩蔽壕，而是爬进一个弹坑里了，我觉得它很深，应该是安全的。我们爬出来的时候，斯塔夫斯基生气了，他说我落在他们后面了，我应该保持在他身边的位置，后来……他开始耐心地向我解释，什么是掩蔽壕，为什么要在一个角落里挖掘，为什么它比弹坑更安全。

“随后我们又在草原上继续往前行驶。先到炮兵师的阵地，那里的大炮都盖在伪装网下面，不停地向一个黄色高地的山脊开火……

“但是开火的不仅是这个炮兵营，还有几个炮兵营也在开火。沙丘的脊背有点下凹，就像火山口：那里一直在爆炸，冒着浓烟，很像是火山的爆发，特别是从望远镜里看去。虽然我从上学的时候就知道光速和声速的差别，但是山脊上的爆炸火光和爆炸声的不相协调在整个第一天里都在无意识地让我惊奇。”

离开这个炮兵团后，斯塔夫斯基和西蒙诺夫又来到一个步兵团。指挥这个团的是位少校，他原来是副团长，因为团长受伤了，所以由他来指挥这个团。

“我们的汽车停下来，因为不能再往前开了：前面的地方已在步枪的射程之内，于是我们同少校步行走到新的团指挥所。时不时有子弹落地的声音，当时我们觉得似乎很远，但是当一颗子弹落在近处，我看到那砂子像喷泉一样竖立起来。……我们爬上一座低矮而长长的山丘的山脊，那是刚刚拿下的一个日本人的掩蔽所。在这个掩蔽所附近，在高地山脊的后面，安置了团的指挥所，而营指挥所还在前面，还要再走 100 米。”①

初到前线的西蒙诺夫，第一天就跟随斯塔夫斯基在前沿阵地的各部队跋涉一整天，晚间还在前线部队的帐篷里宿营。对一个初上战场的人来说，这一天的印象和感受是特别深刻的，那种恐惧、那种紧张、那种激动，都是在和平的日子里难以体会到的。特别是看到前线战士奋不顾身地前进、冒着敌人的炮火冲锋的那种勇敢精神，一向崇尚勇敢精神的西蒙诺夫又是感动，又是钦佩，一天的行程在他的脑海里积满了新鲜的印象和感受。疲惫不堪的西蒙诺夫回到《英勇红军报》编辑部的蒙古包，去见主编奥滕贝格。

“蒙古包里很热。蒙古包中间生着一个铁炉子，煤烟通过烟筒从蒙古包顶上出去。奥滕贝格穿着军装坐在单人床上睡着了，两手伏在桌子上，脸埋在两臂中，桌子上放着一份新印的《英勇红军报》清样。他每天一清早就下部队去，半夜才回来，报纸出版后就又走了。我们进来的时候，他抬起头，睡眼惺忪地看了看我们，又看了看他面前的清样，用红笔一

---

① 西蒙诺夫：《遥远的东方》，《西蒙诺夫文集》第十卷，莫斯科："文学艺术"出版社，1985年，第13—14页。

挥——他睡着了手里还拿着红笔——删去了几个段落，然后想了想，看了看我，又删去整整一栏。然后说道：

"'应该给这期报纸写首诗。您需要多少行？60行够吗？'

"我甚至不知道该说什么。

"'60行，'他说，'我拿掉了整整一栏。您写去吧。'

"夜里，我为我们的军报写了第一首诗。这是我第一次用诗的形式写前线的故事，写的是真名实姓的具体人。这样的东西我在哈勒欣写了十首还是十二首。……我躺在蒙古包里的单人床上，把诗写好了，拿给奥滕贝格看。他坐在那里看清样，又把头和手伏在报纸上睡着了。我进来之后，他机灵一下醒了，一声不响地拿过诗稿，读了一遍。

"'很好。'接着又问道：

"'所有的事实都准确吗？'

"我肯定地回答了。

"'那么也许不值得用真名实姓？'他又问了一遍。

"我又说了一遍，所有的事实准确无误，可以用真实姓名。

"'那好吧，您睡觉去吧。'

"我去睡觉，但久久不能入睡。和我住在同一蒙古包里的斯拉文、哈茨列文、拉宾都不在；他们一早就走了，还没有回来。"①

这是西蒙诺夫到达哈勒欣后第一天的经历和印象。西蒙诺夫到哈勒欣的时候，已经是哈勒欣事件的后期，苏军已经克服种种困难和牺牲，取得了对日军的绝对优势。苏军展开全面进攻，胜利已经指日可待。但是日军仍在负隅顽抗，战斗进行得十分紧张、激烈。西蒙诺夫等记者们到前方去采访，往往不得不乘坐坦克，因为一路都是沙丘和开阔地，都在日本人的射程之内，乘一般的汽车既不安全，又难以通行。西蒙诺夫写下了他乘坐坦克的感受：

"坐在坦克里，除了巨大的轰鸣声和无数次的撞击，我没有体验到任何感觉。我被挤在一个座位上，有个人就半坐在我身上，我无论用什么办法也看不到任何东西。在坦克单调的吼叫和轰隆声中不时传来另一种轰隆声。我们到达后才弄明白，一路上日本炮兵都在朝我们射击，总算一切

---

①　西蒙诺夫：《遥远的东方》，《西蒙诺夫文集》第十卷，莫斯科："文学艺术"出版社，1985年，第19页。

顺利地过来了。”[①]

在哈勒欣，西蒙诺夫经常到坦克部队采访，而去的最多的是米哈伊洛夫营，为了解巴彦查冈附近的战斗情况，西蒙诺夫在米哈伊洛夫营待了很长时间。米哈伊洛夫曾带着西蒙诺夫去看巴彦查冈战斗的场景，在那里，苏军坦克部队没有步兵协同，单独歼灭了渡过哈勒欣河来到这边岸上的一个日军师。这次战斗决定了哈勒欣战斗第一阶段的最后结局，打破了日军包围苏军部队的企图。这个营的指挥员米哈伊洛夫给他留下了非常深刻的印象。

“在坦克兵那里，我去得最多的是米哈伊洛夫营，他是最早的苏联英雄之一，当时还是少校，后来升为上校，在卫国战争中牺牲在加里宁附近，那时他已指挥一个坦克师了。我和米哈伊洛夫成了好朋友。我很喜欢这个外表绵软、神态端正而内心非常严厉的人。他的脸上总是带着温和的笑容，但当他生气的时候，他的眼睛便放射出狂暴的光芒。他很自爱，在我看来，也很自尊，同时又很完美地保持着他认为必要的谦逊姿态。这种谦逊不是有生而来的，而是通过意志的训练和冷静的理智而养成的。他身上的这一切我那时都很喜欢。”[②]

因为在这次战斗中的战功，米哈伊洛夫获得了苏联英雄的称号，1941年在伟大卫国战争爆发之前，西蒙诺夫写了一首长诗，题名《遥远的东方》，讲的就是苏军坦克部队在草原上进军和巴彦查冈战斗的故事。

在哈勒欣，最让西蒙诺夫钦佩的人应当是朱可夫。有一次他同一些骑兵军官闲谈，其中有一个年轻的上校，他是同朱可夫一同开始在骑兵军服役的，他说在哈勒欣战斗中围歼日本人的整个计划，是朱可夫提出的方案，是他本人编制并向上级报告的，同其他人没有任何关系。他说话时那断然的语气，令人不能不信服。他说朱可夫是个天才，他说他很清楚，这个歼敌计划，除了朱可夫，任何人都同它没有关系。西蒙诺夫认为上校的这番话不是随便闲聊，有很深刻的令人深思的内涵，而上校说话时那种不容反驳的语气，更令人不能不信。

朱可夫是这个集团军的司令，当时他还是个旅长，是从白俄罗斯军区

① 西蒙诺夫：《遥远的东方》，《西蒙诺夫文集》第十卷，莫斯科："文学艺术"出版社，1985年，第16页。

② 同上书，第23页。

调来的。朱可夫严厉、坚毅，做事果断，他亲自领导军事行动。那位上校的话确有其事。朱可夫制定的歼敌计划，没有得到部队其他领导的支持，但是他坚持自己的意见，便直接向莫斯科汇报，在莫斯科那边，斯大林和伏罗希洛夫都支持朱可夫的计划，最后终于取得了决定性的胜利。

还有一次行动也表现出朱可夫的处事果断，给西蒙诺夫留下了深刻印象。

日军在哈勒欣战败投降之后，双方派出代表谈判交换俘虏等事项。日方派出的代表是少将军衔，而苏方准备派出的代表波塔波夫是上校军衔。朱可夫得知后，不愿让苏方的谈判代表的军衔低于日本人，便向莫斯科提出要求，莫斯科当即同意朱可夫的意见，授予波塔波夫少将军衔。于是波塔波夫第二天便戴着新的少将肩章去参加谈判了。

为了报刊发布一条重要消息的新闻稿，西蒙诺夫跟随主编奥滕贝格去见朱可夫。这是西蒙诺夫第一次见到朱可夫，在《遥远的东方》中有这样一段描写：

“司令部依然设在哈马尔达普，朱可夫的掩蔽部却是新的，显然是昨天或前天才用新砍的圆木搭建的。

“朱可夫坐在角落里一张颇像办公桌似的桌子后面。他大概刚刚洗完澡出来，脸上红通通的，头上冒着热气，没穿军装，而是穿了一件塞在马裤里的黄色绒布衬衣。他的宽大胸脯把衬衣撑得满满的。他个子不高，坐在那里更显得又宽又大。”①

记者们是带着问题来访问朱可夫的。有个记者问朱可夫，这里会不会再爆发战争，因为他们接到通知，要他们到西方去，说西方可能爆发新的事件，如果这里还会爆发战争，他们就不去西方了。

朱可夫非常忧郁地说：“我不知道。”过了一会又重复说，“我不知道。我想，他们是在吓唬我们。”沉默了一会，又补充了一句：“我想，这里不会再发生任何事情。这是我个人的想法。”他最后的这句话仿佛在把自己和持不同看法的人区别开来。针对记者们的去留问题，朱可夫说，“你们可以走了。”

在西蒙诺夫的一生中不止一次地采访朱可夫，而且每次都谈到哈勒欣发生的战斗。卫国战争胜利之后，1950 年，朱可夫已经成为世界闻名

---

①　西蒙诺夫：《遥远的东方》，《西蒙诺夫文集》第十卷，莫斯科："文学艺术"出版社，1985 年，第 27 页。

的苏军将领、苏联元帅。在苏联南方一个著名的疗养地，西蒙诺夫偶然遇见朱可夫，那时西蒙诺夫也已经是名扬天下的著名作家和记者，他向朱可夫提出采访请求，并且自报家门，还说曾在蒙古的哈勒欣见过他。朱可夫欣然接受西蒙诺夫的采访请求。作为新闻记者，西蒙诺夫把每次对朱可夫的采访都做了记录，他本想给朱可夫做一个电视纪录片，材料都准备好了，但是由于苏联政局变化，拍摄电视片的事情受到阻拦，他的设想没有得到实现。后来西蒙诺夫写了一篇回忆朱可夫的文章，题为《哈勒欣散记》(关于朱可夫的笔记)，收在《西蒙诺夫文集》第十卷中。

关于朱可夫到哈勒欣去的任命，西蒙诺夫记录了朱可夫的这样一段话：

“我是这样到哈勒欣去的，后来人们才给我讲述了这件事的始末。那时候，五六月份，我们在那里最初遭到失利，斯大林同伏罗希洛夫讨论这个问题，当时在场的还有铁木辛哥和白俄罗斯共产党中央委员会书记波诺马连科。斯大林问伏罗希洛夫：‘谁在那里指挥部队？’‘军长费克连科。’斯大林问：‘这个费克连科是什么人呀？他表现怎样啊？’伏罗希洛夫说他不能立即准确地回答这个问题，他本人不认识费克连科，也不知道他的表现。斯大林很不满意地说：‘这是怎么回事？人们在战斗，谁在你那里作战，谁指挥部队你都不清楚呀？应该另派一个人去纠正这种状况，这个人要能够主动行动。这个人不仅能纠正这种状况，还要抓住机会教训教训日本人。’铁木辛哥说：‘我这里有个人选——骑兵军司令朱可夫。’‘朱可夫……朱可夫……’斯大林说：‘我好像记得这个姓。’……铁木辛哥从好的方面对我做了介绍，说我是个很坚定的人，可以胜任。波诺马连科也作证，说对于完成当前这个任务，我是最好的人选。

“当时我是白俄罗斯军区部队的副司令，正在野外视察。军事委员苏萨伊科夫给我打电话，通知我第二天到莫斯科报到。我问他：‘你从侧面是否知道，为什么叫我去？’他说：‘不知道，只知道一点：明天早上你必须到伏罗希洛夫的接待室报到。’那好吧，遵命。

“我来到莫斯科，接到飞往哈勒欣的命令，第二天就飞走了。

“最初的命令是这样的：‘弄清情况，报告所采取的措施，报告您的建议。’

“我到了那里，弄清了情况，报告了所采取的措施和我的建议。一天之内接连收到两份密码电报：第一份，同意我的结论和建议，第二份，任命我代替费克连科任在蒙古作战的独立军司令。”①

朱可夫是个军事天才，在哈勒欣同日本人的作战中，他因时因地突破以往军事条令的陈规，大胆创新，指挥坦克部队在没有步兵协同的情况下，独立地迅猛出击，不仅取得了战役的胜利，歼灭了大量日军，而且创造了坦克部队在没有步兵协同的条件下单独作战取得全胜的光辉战例。多年后，在西蒙诺夫采访他时，他向西蒙诺夫谈到了当时的情况。

“在巴彦查冈地区，我们造成了摩托步兵落后的态势。费久宁斯基团晚了两三个小时，错误地走到了另一个终点地区。日本人却把一个加强师渡到我们这边的岸上。他们晚上六点开始渡河，早上九点渡河完成。他们运过来两万一千步兵，只有第二梯队少量东西还留在那边岸上。他们投入一个师，并且组织了双重的反坦克防御——一个是消极的，一个是积极的。第一，只要他们的步兵一来到这边岸上，立即就能隐蔽到他们的圆形反坦克坑里，您记得这些圆坑吧。第二，他们随身运过来全部的反坦克炮，有一百多门。这就构成一种危险，他们会把我们的部队包围在这边岸上，迫使我们放弃哈勒欣的登陆场，然而我们全部的希望都在这里，在这个登陆场上。考虑到未来，绝不能让他们达到目的。我决定让雅克夫列夫的坦克旅在行进中向日本人发动进攻。我知道，没有步兵支援，坦克旅会遭到严重的损失，但是我们明知道也要这样做。

“这个旅是很强的，将近有二百辆坦克。他们调转方向，大胆地向前冲去。他们受到日军的炮火攻击，遭受了很大损失，但是，我再说一遍，我们对此是做好了准备的。全旅人员伤亡将近一半，坦克也损失了一半。

① 西蒙诺夫：《哈勒欣散记》（关于朱可夫的笔记），《西蒙诺夫文集》第十卷，莫斯科：“文学艺术”出版社，1985 年，第 475—476 页。

但是我们知道有损失也要上。苏联和蒙古的装甲部队支援了坦克旅的冲锋,他们的损失更大。坦克就在我的眼前烧毁了。在一个阵地上展开了36 辆坦克,但是很快就有 24 辆被烧毁了。然而我们却完全彻底地把日军的一个师摧垮了。

“这一切开始的时候,我正在塔木查格布拉克。他们向我报告,说日本人渡过河,在巴彦查冈山布置了阵地。我立即下令用无线电做出部署:‘雅克夫列夫的坦克旅,列索沃伊的摩托装甲旅,费久宁斯基团和蒙古的装甲营,向部队发出警报,在行进中向占领巴彦查冈山的日军发起冲锋。’

“他们还有 60—70 公里的路程,于是他们就走直路,穿过草原,成功地歼灭了日军部队。”①

日军的坦克装备很差,朱可夫说日军手里的坦克能够称得上坦克这个称号的一辆也没有。日军只有一次出动坦克参加战斗,全被苏军击毁了,以后再没有出动坦克和苏军战斗,但是日本人的陆军却是一支训练有素的顽强的部队,朱可夫说日本人打仗“很残酷”,这是一个“很难对付的、可怕的”敌人。在同西蒙诺夫的谈话中,他特别强调要正确估计敌人。

“日本人打仗很残酷。我反对一谈到敌人就把他贬低。这不是蔑视敌人,而是对他们估计不足。其结果不仅是对敌人估计不足,而且对我们自己也估计不足。日本人打起仗来出奇的顽强,基本上都是步兵。我记得,我曾审问过驻扎在哈勒欣河地区的一些日本人。他们是在一片芦苇地里被俘的。这些日本人在芦苇地里被蚊子叮咬得全身无一处好地方。我问他们:‘你们怎么会被蚊子咬成这样?’他们回答说:‘我们受命秘密地守在那里,一动不许动。所以我们一动也不敢动。’确实是这样,他们是秘密地埋伏在那里的。可是他们的上司把他们忘了。情况发生了变化,他们营被击溃,他们却依然在那里蹲了两昼夜,一动不敢动,直到我们把他们俘虏了。”朱可夫说:“这才是真正的士兵!”②

在哈勒欣战斗开始的时候,朱可夫在军队中服役已经有四分之一世纪了,经历过第一次世界大战和国内战争,走过了从士兵到军长的历程。但是作为一个军队统帅来说,指挥哈勒欣战役是他的一块试金石。朱可

---

①　西蒙诺夫:《哈勒欣散记》(关于朱可夫的笔记),《西蒙诺夫文集》第十卷,莫斯科:“文学艺术”出版社,1985 年,第 470—471 页。

②　同上书,第 474 页。

夫号称“常胜将军”，真实了解敌人，正确估计对手，知己知彼，正是一个精明睿智的将领所具备的必要素养。“真正了解对手，估计敌人，才能显示出我们的战士打败的是什么样的敌人，也才能显示出我们的战士真正的优良品质。”朱可夫对西蒙诺夫说：“我们有一种不正确的倾向。前不久我读过一本小说 。小说中把希特勒在战争初期的样子写得像战争快结束时的样子。众所周知，战争快结束的时候，德军整个都分崩离析了，他确实变得完全是另一个人了，看上去一无是处。但是他曾经是个阴险、狡猾、强大的敌人……如果拿德国人来说，他们对他的态度并不是始终如一的，也不都是采取否定的态度。相反，最初他们都赞扬他。成功，一个接一个。他的威望很大，德国国内对他的态度，特别是德国的军事指挥机构方面对他的态度，在不同的阶段都是不一样的。如果我们从一开始就把他描写成近乎白痴，那就等于缩小了我们自己的功绩。人家会说你打败的是个什么样的人呀？是个傻瓜！而实际上同我们作战的是一个很难对付的、危险的、可怕的敌人。应当这样描写才对。”[①]这番话对于西蒙诺夫来说具有非常重要的意义，对他后来的一系列的军事文学的创作中如何正确地描写敌人，刻画敌人的形象，都有深刻的启示作用。

如果说哈勒欣之战为朱可夫成为一个具有创新精神的战无不胜的军事将领奠定了基础，那么，对西蒙诺夫来说，哈勒欣的经历是对他的一次真正的血与火的战争洗礼，对他一生的文学创作、审美情致、艺术观、人生观，都产生了深刻的、终生难忘的影响，在他之后所写的作品中都留下了鲜明的痕迹。

到达哈勒欣不久，西蒙诺夫有一次跟随斯塔夫斯基下部队采访，回来的时候，他们路过一个小山丘，看到了这样一个场景：

“我们开车往回走。天越来越黑了。在沙堆和山丘的斜坡上，零零落落地到处都是我们的被烧毁的坦克和装甲车残骸的黑影。在其中一个残骸的旁边，我们因故停了下来，斯塔夫斯基爬上去看了看。这是一辆轻便的通讯装甲车，前轮陷进日本人的战壕里，机枪的枪筒插进了地里。车旁边有一双靴子从地里露了出来。大概是装甲车的驾驶员被草草盖上沙土在旁边掩埋了。斯塔夫斯基说了句：‘你走到底了，小家伙。’

---

① 西蒙诺夫：《哈勒欣散记》(关于朱可夫的笔记)，《西蒙诺夫文集》第十卷，莫斯科：“文学艺术”出版社，1985年，第473—474页。

“到现在我还记得，对这辆小型的装甲通讯车的这个称呼，我觉得很受感动。实事求是地说，在心里对这辆装甲车有一种惋惜之情：这么一个小家伙，都冲到跟前了，却栽倒战壕里，在最后一刻牺牲了。

“我们坐上汽车后，我心里产生一个想法，我当时就对斯塔夫斯基说了：这场冲突结束之后，不要树立一般的纪念碑，要在草原的高岗上放置一辆在这里被击毁的坦克，它身中无数炮弹，依旧左冲右突，不可战胜。

“斯塔夫斯基激烈地同我争论，他说，作为胜利的纪念，为什么要放上一堆被打坏的、吃了败仗的、生锈的废铁！既然坦克已经被打坏、被摧毁，它就不适合作为胜利的标志。

“我们争论了很长时间，观点始终没有取得一致。”①

这辆被摧毁的坦克的情景久久地使西蒙诺夫的内心难以平静，他便写了《坦克》一诗表达他的想法和心情：

如果让我在这沙漠里，
建造一座烈士纪念碑，
我要在花岗岩的底座上，
安放一辆子弹洞穿的坦克；
那满身的弹孔，撕裂的铁板，
我怎能想出它原来的模样。
这斑斑伤痕，片片烧伤，
蕴含着永不凋谢的战士荣光。
我们的胜利来之不易，
它是理所当然的见证：
敌人是那样强悍，
因此我们更加光荣。

这首诗形象地表达了西蒙诺夫要以被损毁的坦克建造纪念碑的理念。纪念碑不是一个外表漂亮的装饰，那被损毁的坦克正是胜利来之不易的见证；那满身的弹孔、撕裂的铁板，那斑斑伤痕，片片烧伤，见证着敌人的强悍，我们的战士更加英勇顽强，能够不怕牺牲，一往无前，英勇地战

① 西蒙诺夫：《遥远的东方》，《西蒙诺夫文集》第十卷，莫斯科：“文学艺术”出版社，1985年，第18页。

胜这样的强敌,更显示出我们战士的英雄气概和那为国捐躯的不朽功勋。因此这不是一个简单的如何建造纪念碑的意见分歧。这是一个在艺术上如何表现战争的真实性的原则问题:现实生活中的战争是什么样子,在艺术作品中战争应该描写成什么样子。俄罗斯军队中流传着一种说法:战马,有的是用于作战的,有的是用于检阅的。用于作战的战马,当然是勇敢无畏、敢冲敢拼的,但不一定英俊悦人;用于检阅的战马,则相反,是否能在战场上拼搏厮杀放在了次要位置,而英俊悦人却放在了首位。检阅是展现军容的威武、壮观,但是在战场上却是另一种景象,那是硝烟弥漫,血肉横飞,那是你死我活的拼搏。关于纪念碑的争论,实际上反映了苏联文艺界关于如何描写战争的分歧,是把战争描写成顺顺当当、轻而易举?是把战争描写成一场壮观的检阅?还是写成艰难困苦的严峻考验?西蒙诺夫在哈勒欣第一次看到战场的真实情景,看到了战士们的艰苦、流血和牺牲,亲身体验到战争的严峻和灾难。他提出要以受伤的坦克作为战争胜利的纪念碑就表明,经过战场的洗礼,他认识到战争是鲜血淋淋的,胜利是以生命的代价取得的,绝不是坐在书桌前大笔一挥那样一帆风顺。后来西蒙诺夫还专门写文章批评一些把战争写得一帆风顺的文学作品是"虚假的浪漫主义"①。直到晚年西蒙诺夫仍然坚持在描写战争的作品中"避免描写我在前线从未见过的那些隆重场面和做作的姿态","避免使用任何豪言壮语",总是"以非常现实的笔调描写战争,通过士兵和军官们的日常劳动和生活表现英雄主义"。② "尽最大努力来遵循生活的真实"③,这是西蒙诺夫在哈勒欣经受战争的洗礼和考验所领悟的最大心得,也是他一生坚持的创作原则和艺术上得到成功的根本原因。

经历了哈勒欣战火的洗礼,西蒙诺夫的思想感情发生了很大的变化。战斗生活的艰辛、冒着炮火克制着内心的恐惧、每天都发生的流血牺牲、战士们的英雄主义精神,既使他深深感动,又让他对生活有了新的认识和感悟,同时也激励着他的创作灵感。他写了许多诗,收入两本诗集:《1939年诗抄》和《致蒙古包的邻居们》。仿佛这些诗歌作品还不能完全表达他在

---

① 西蒙诺夫:《真实的诗歌》,原载苏联《真理报》1941年1月17日。转引自拉扎列夫:《西蒙诺夫的战争小说》,莫斯科:文艺出版社,1974年,第19页。

② 西蒙诺夫:《既是自白,也是宣传》,载苏联《文学问题》杂志1978年第12期。

③ 西蒙诺夫:《写在新的创作之前》,载苏联《文学问题》杂志1961年第5期。

哈勒欣的感受，他又接连写了两个剧本《一场爱情的纠葛》和《我城一少年》。

《一场爱情的纠葛》写的是曾经真诚相爱的阿列克塞和卡佳却突然要离婚。他们的儿子死了，卡佳仿佛感到阿列克塞不再需要她了，而阿列克塞则以为卡佳和他在一起是出于怜悯。他决定从军到哈勒欣去参加那里的战斗。他在心里猜测，他离开之后，卡佳会去和他的朋友瓦冈诺夫结合。但是实际上并没有发生那样的事，卡佳并没有去爱瓦冈诺夫。阿列克塞从蒙古回来，两人又破镜重圆了。这是西蒙诺夫创作剧本的一次尝试，很显然，无论从思想内容上，还是在戏剧的艺术表现方面都是比较薄弱的，不够成熟的。但是另一个剧本《我城一少年》却获得了巨大的成功。

《我城一少年》写的是中学生谢尔盖・卢阔宁这个聪明顽皮、做事果断的少年。他向往战士的生活，想当个坦克兵到边疆去保卫祖国。他考取了坦克学校，经受了严格的训练，成为一名优秀的坦克兵。西班牙爆发内战，他作为志愿军来到西班牙前线，在一次战斗中受伤被俘，幸而被战友救出，历经艰险，回到祖国。当日本帝国主义在哈勒欣进行挑衅时，他又离别爱妻和亲人，驾驶坦克，来到蒙古沙漠。战争的锻炼使这个顽皮的少年成长为一个勇敢果断、足智多谋、善于战斗的坦克指挥员。剧本通过卢阔宁成长的历程表现苏维埃时代培养起来的一代青年的优秀品质，也凝聚着西蒙诺夫本人的生活体验。特别是在剧本的最后，主人公卢阔宁遥望西方的天空说出他对未来战争的预感："……说老实话，听到那些法西斯家伙们在欧洲进军的消息，简直是有些刺耳。他们总有一天会走得太远，势必要勒住他们的咽喉，终止他们的前进。"①

哈勒欣战斗结束的时候，《英勇红军报》的记者们曾采访朱可夫，问朱可夫这里是否还会重起战火。朱可夫很坦率地对他们说，这里不会再发生战事了，记者们可以回去了。但是敏感的记者们却对西方爆发战争的危险看得越来越清楚了。西蒙诺夫也敏锐地预感到未来战争的危险，他在《我城一少年》中已经把德国法西斯在西欧的扩张、西班牙内战、日本帝国主义在东方的挑衅，和未来的苏联卫国战争联系起来了。主人公卢阔宁在西班牙战争中锻炼成长，又到遥远的东方粉碎了日本法西斯的挑衅，他已经感觉到法西斯的侵略战火将要烧到自己的祖国，他下定决心要投入保卫祖国的战争。1941 年 5 月在苏联作家协会讨论这个剧本时，西蒙

① 西蒙诺夫：《我城一少年》，楚大江、胡伟译，北京：中国青年出版社，1954 年，第 127 页。

诺夫说正是对反法西斯战争的预感促使他写了这个剧本:“如果不是今年,那么就是明年,我们将面临一场战争。因此我才写了这个在许多方面还很差的剧本。”①

《我城一少年》的主人公卢阔宁是个很真实的人物。他的性格、他的思想品德、战斗作风,乃至经历,都有现实生活的依据。西蒙诺夫在哈勒欣去的最多的部队就是雅可夫列夫的坦克旅和米哈伊洛夫的坦克营,这两位坦克部队指挥员和坦克部队的英雄事迹都给西蒙诺夫留下了非常深刻的印象。这些坦克兵的指挥员和战士,很自然就成为了西蒙诺夫刻画卢阔宁形象的现实的生活依据。

1938年秋天,西蒙诺夫在列宁格勒认识了曾在西班牙作战的苏联飞行员鲍里斯·斯米尔诺夫。他向西蒙诺夫讲述了苏联志愿军在西班牙作战的英雄事迹和战场经历。苏联志愿军在西班牙的参战,虽然全世界都知道,但在苏联国内却是保密的。著名的苏联作家科利卓夫从马德里发回的报道,都要改成西班牙人的署名,他在报道中写到的苏联飞行员的英雄事迹,也必须改成西班牙人的姓氏。所以分别时斯米尔诺夫关切地问西蒙诺夫,他们谈到的这些情况,他是否会用在今后的创作中。西蒙诺夫回答说,肯定要用,但是什么时候,怎么个用法,现在还很难说。苏联反法西斯卫国战争爆发前不久,西蒙诺夫邀请斯米尔诺夫去看他的话剧《我城一少年》的首演式。斯米尔诺夫后来在一篇回忆录中写道:

“幕布缓缓拉开。舞台深处挂着一张比利牛斯半岛——西班牙的巨幅地图!地图前面是一张桌子,桌子后面坐着一个穿德国军装的军官,旁边有两个警卫和一个衣衫褴褛的俘虏。

“演员们还没有说一句话,观众突然站了起来,爆发出暴风雨般的掌声。一瞬间大家都明白了。

“西蒙诺夫的名字一下子广泛传开。许多人都感受到他创作的胆识和表现苏维埃人国际主义品德的愿望。从那时候起西蒙诺夫成了战斗在西班牙的苏联志愿军的好朋友。”②

显然,斯米尔诺夫给西蒙诺夫讲述的苏联志愿军在西班牙作战的事

---

① 转引自拉扎列夫:《康·西蒙诺夫》,莫斯科:“文学艺术”出版社,1985年,第54页。

② 鲍里斯·斯米尔诺夫:《战争的日子与和平的日子》,载《同时代人回忆西蒙诺夫》,莫斯科:苏联作家出版社,1984年,第64—65页。

迹成了剧本主人公卢阔宁在西班牙经历的现实生活的依据。《我城一少年》的成功是西蒙诺夫哈勒欣之行的重大收获。1941年，在苏联卫国战争爆发之前，这个剧本在苏联各地上演，对于激发苏联人民的爱国主义精神，预告祖国面临的战争危险，起了很好的宣传作用。卢阔宁的形象成了那一代青年为保卫祖国而战的榜样。在反法西斯卫国战争中，苏联许多地方的报刊在报道本地青年在前线的战斗事迹时，常常以"我城一少年"为标题。

西蒙诺夫1939年的哈勒欣之行，对于他一生的创作都产生了深刻的影响。他不止一次地说过："我平生第一次听到枪声就是1939年在蒙古……战争是什么，那最初的概念就是在哈勒欣同日本人发生冲突时，我在军报的工作中得到的。……我亲身感受到了什么是战争，我因此而创作的诗歌就是组诗《致蒙古包的邻居们》……"①

西蒙诺夫在哈勒欣对于战争的体验，虽然是初步的，和后来在反法西斯卫国战争中的经历和体验不可相提并论，但是它却奠定了西蒙诺夫文学创作的基本方向。正是在哈勒欣他看到了军人的流血牺牲，使他产生了对军人功勋的尊敬，对士兵的感激之情。无论生者还是死者，他们在祖国面前、在人民面前，都履行了、完成了自己的神圣职责。作为作家、艺术家，真实地展现他们以自己的血肉之躯捍卫祖国和人民的功绩是责无旁贷的神圣任务。西蒙诺夫一生都坚持在作品中表现战争的真实，形成了他的一贯的创作原则，哈勒欣的洗礼是西蒙诺夫生命历程中关键的一页。特别应该提到的是，哈勒欣的体验奠定了西蒙诺夫的价值观、人生观和美学理想的基础。他和斯塔夫斯基的争论不是简单的意见分歧，是他们不同的价值观和美学观念的具体体现。斯塔夫斯基当时是苏联作家协会的领导人之一，而西蒙诺夫还是一个第一次上战场的、初出茅庐的战地记者，他能够不畏权势、不盲从上级而坚持自己的正确观点，说明他有独立思考的判断，他能够根据生活的真实而得出自己的结论，这对一个作家来说是非常重要的，所以哈勒欣的经历是他终生难忘的。

---

① 西蒙诺夫：《军旅抒情诗》，莫斯科："苏维埃俄罗斯"出版社，1968年，第3—4页。转引自芬克：《康・西蒙诺夫》，莫斯科：苏联作家出版社，1983年，第65页。

第三章

在反法西斯卫国战争中成长

1941 年 6 月 22 日，德国法西斯向苏联发动了突然进攻。苏联人民奋起抵抗，展开了艰苦卓绝的保家卫国的战争，苏联历史上称之为“伟大的卫国战争”。战争初期，德国集中了几乎全欧洲的人力物力资源，在经济上和军事上都占有很大优势。德军长驱直入，逼近莫斯科城下。苏联军民顽强抵抗，在莫斯科城下挡住了德国侵略军的攻势，随后在 1942 年 1 月，苏军利用天时地利，发动攻势，粉碎了德军一举占领莫斯科的战略意图。莫斯科保卫战的胜利，扭转了苏军在战争初期的被动局面。接着苏军于 1942 年 6 月至 1943 年 2 月在伏尔加河上的斯大林格勒地区组织了斯大林格勒战役，歼灭了德军大量有生力量，基本上扭转了战局，奠定了伟大卫国战争胜利的基础，成为全世界反法西斯战争的一个转折点。从此苏军开始转入反攻，德军开始向西方败退。苏联人民经过四年的浴血苦战，终于在 1944 年将法西斯侵略者赶出国土，并于 1945 年 5 月，直捣柏林，同盟军一道，取得了世界反法西斯战争的最后胜利。

面对法西斯入侵、祖国危亡，苏联人民同仇敌忾，举国奋起抵抗敌人。苏联作家也和全体苏联人民一样，拿起笔和枪，以各自不同的方式投入了保卫祖国的斗争。许多作家以中央或地方报刊“前线记者”的身份，下到前线部队。当时，在苏联军报《红星报》工作的作家有爱伦堡、西蒙诺夫、格罗斯曼、巴甫连柯、彼得罗夫、诗人苏尔科夫等，在《真理报》工作的有法捷耶夫、索波列夫、波列伏依、科热夫尼科夫等。有许多作家参加地方报刊的工作，诗人吉洪诺夫、剧作家维什涅夫斯基、女诗人别尔戈利茨参加了列宁格勒和波罗的海战线的报刊工作。作家戈尔巴托夫在南方方面军军报《为了祖国的荣誉》，诗人特瓦尔多夫斯基先在西部方面军的报刊、后在白俄罗斯第三方面军的军报《红军真理报》工作，他们深入部队采访，写了许多鼓舞人心的报道。有的作家参军入伍，以战士或指挥员的身份，直接拿起枪，投入前线的战斗。他们同祖国人民同生死，共患难，浴血奋战。据统计，当时有一千多名作家上了前线，有五百多位作家获得各种勋章和奖章，其中有十八人获得了“苏联英雄”的称号。但是作家队伍也付出了重大的牺牲，有二百七十五位作家战死疆场，其中有著名的儿童文学家盖达尔，《油船“德宾特”号》的作者、著名作家克雷莫夫，和西蒙诺夫一道参加哈勒欣战斗的斯塔夫斯基，幽默小说家彼得罗夫。肖洛霍夫的好友、农村作家库达绍夫，因眼睛高度近视不能参加正规军，以民兵的身份参加保卫莫斯科的战斗不幸被俘，在德军战俘营里受尽折磨死去。

从哈勒欣回来后，西蒙诺夫一直忙于《我城一少年》在各地的演出活动。卫国战争爆发后，他被召到苏军政治部。被招来的有三十多人，他们都被分配到各家报刊，西蒙诺夫被分到西部方面军的一家军报。他先到国防委员会去签发证件，然后到白俄罗斯格罗德诺的第三军军报报到。

西蒙诺夫到白俄罗斯格罗德诺去的经历，就仿佛他在长篇小说《生者与死者》里写的军报编辑辛佐夫回部队找他的报纸编辑部的经历：先是坐火车，火车在半路就不通了，他满处找部队，但是到处都是一片混乱。西蒙诺夫在他的日记中很详细地记述了这段经历：“我应该在明斯克到达方面军政治部，从那里再去第三军的军报。车厢里坐的主要是休假归来的军官。大家都很沉重……早上六点钟，在巴里索沃下了火车。火车不能再往前开了。有消息说，到明斯克的铁路被炸坏了，让伞兵给截断了。”①

① 西蒙诺夫：《战争中不同的日子》，《西蒙诺夫文集》第八卷，莫斯科：“文学艺术”出版社，1982年，第10—11页。

在战乱中，几经周折，西蒙诺夫终于来到莫吉廖夫，找到西部方面军政治部主任列斯捷夫。列斯捷夫一道命令决定了西蒙诺夫的命运：他让西蒙诺夫在西部方面军军报《红军真理报》工作。

当西蒙诺夫在白俄罗斯前线的一片混乱中寻找西部方面军政治部的时候，西蒙诺夫在哈勒欣时的战友和上级奥滕贝格正在莫斯科打电话四处找寻西蒙诺夫。西蒙诺夫在哈勒欣的表现给奥滕贝格留下了很好的印象，反法西斯卫国战争爆发之后，苏军总政治部主任梅赫利斯任命奥滕贝格为《红星报》主编，随后他就到处打电话找西蒙诺夫。实际上，在6月22日，卫国战争一开始，他就同西蒙诺夫约定好两人一块儿上前线。关于这一段经历，奥滕贝格的回忆录中做了详细的记述：

"6月30日，我正式被确认为《红星报》的责任主编之后，便立即开始找他。我打听到，他大概是被任命为第三集团军的《战旗报》记者了。我向那里发了封电报，请他们帮助我同西蒙诺夫联系上，没有收到回电。我又发了第二封加急电报，依旧没有回答。……正是这个时候，西蒙诺夫的通讯报道开始出现在《消息报》上。""我决定扩大寻找范围，准备往各个集团军、西部方面军政治部发电报，突然，西蒙诺夫自己来了，真是踏破铁鞋无觅处，得来全不费工夫。他到莫斯科来一天，为前线编辑部要汽车，准备第二天早上再回前线去。我的电报他没有收到，也根本无法收到，因为他现在也没有找到集团军《战旗报》在哪里。方面军政治部临时把他安排到方面军报去了。"至于在《消息报》上发表的通讯报道，西蒙诺夫是这样对奥滕贝格说的："我没有想到你会留在《红星报》。后来，我写的报道有太多的平民色彩，说老实话，我不好意思把它们寄到中央的军报上去……"①

"我放走了西蒙诺夫，但是再三严肃地告诫他，千万不要离开莫斯科。我立即写了一个命令草案：'任命作家西蒙诺夫为《红星报》特派记者——苏联国防部副人民委员，一级军队政委梅赫利斯'。我带着这个命令草案飞驰总政治部，梅赫利斯马上签署了这道命令。

"第二天早上，西蒙诺夫来到《红星报》的时候，这道命令就放在我面前的桌子上，我正式地向西蒙诺夫宣读了命令。他站得笔直。我看到他两手紧贴裤缝，不知怎么搞的，靴子的脚尖却有点朝里……我宣读完了之

---

① 奥滕贝格：《我所认识的西蒙诺夫》，载《同时代人回忆西蒙诺夫》，莫斯科：苏联作家出版社，1984年，第89—90页。

后，他笨拙地，像老百姓那样，把手举到帽檐上，还说了一句完全不合条例规定的话，我们俩都哈哈大笑，抛下一本正经的腔调，拥抱在一起了。”①

就这样，西蒙诺夫正式被任命为《红星报》特派记者。作为中央级的军报特派记者，西蒙诺夫在苏联反法西斯卫国战争的四年期间，不仅写了大量的前线报道，而且创作了许多文学作品，其中包括诗歌、小说和戏剧，下面分别予以记述。

1.《红星报》特派记者西蒙诺夫

西蒙诺夫战后曾对朋友们谈起他作为军事记者的感受，他说：“从哈勒欣回来之后，我已经开始明白，军事记者应该是怎样的一个人。《英勇红军报》对于我来说，首先是一所‘报纸速度’的培养学校。我明白了一个普通的真理：没有什么必要在编辑部闲坐着，瞎呆着，要到最前沿去，一定要亲眼看到战斗和战斗中的人们，快速地写下来，快速地向编辑部提供材料，快速地重新到前线去。这就是《英勇红军报》的风格，这个经验我终生都铭记不忘。”②

作为《红星报》的特派记者，西蒙诺夫的足迹遍及各条战线的方面军。战争一开始他被派到白俄罗斯的西部方面军。在一片败退的惊慌失措中，他报道了库捷波夫团坚守莫吉廖夫并击毁大量德军坦克的事迹。他在自己的战地日记中生动地记下了他到库捷波夫团的经历。他和摄影记者特罗什金在师政治部听说莫吉廖夫近郊的库捷波夫团击毁大量德军坦克的消息，便在师政治部的向导陪同下，和特罗什金连夜赶往库捷波夫团去采访。“在莫吉廖夫郊外五六公里的地方，我们转弯开进一片树丛中，在这里我们立即被拦住了。莫吉廖夫的秩序令人高兴，我们刚拐下大路立即就被人拦住也令人高兴。显然，在这个团里，夜间出行若想不碰上哨兵，哪里也走不通。”

“我们三人被哨兵押送到团指挥部。一个身材高大的人从战壕里站了起来，问我们是干什么的。我们说是新闻记者。当时天很黑，根本看不

---

① 奥滕贝格：《我所认识的西蒙诺夫》，载《同时代人回忆西蒙诺夫》，莫斯科：苏联作家出版社，1984年，第89—90页。

② 同上书。

清人的面容。

"'什么新闻记者?'他喊道。'什么新闻记者会半夜两点钟到这里来?谁派你们来的?我现在就把你们撂倒地上,叫你们躺到天亮。我不认识你们。'

"我们说是师政委派我们来找他的。

"'我要把你们撂倒在这里,等到天亮我再报告师政委,叫他以后不要再把不认识的人半夜三更派到我团的辖区来。'

"一开始吓蒙了的向导这时终于说话了。

"'上校同志,我是米隆诺夫呀,师政治部的,您认识我呀。'

"'是的,我认识您,'上校说。'认识。就是因为认识,我才没把他们撂倒这里等天亮。你们自己想想,'他的口气突然缓和下来,转身对我们说:'新闻记者同志,你们自己想想,你们知道,现在是什么状况?不能不严格点。周围都是破坏分子。破坏分子,我已经听腻了。我不愿意让我的辖区里有任何破坏分子的谣言流传。我不承认这些破坏分子。如果正确地执行保卫工作,任何破坏分子也不可能存在。请到掩蔽部去吧,到那里检验一下你们的证件,然后再进行谈话。'"①

这位库捷波夫上校是第一次世界大战时的老军人,一个真正的士兵,他告诉西蒙诺夫:"我们不会后撤。我们彼此都已下定决心:不管周围发生什么情况,不管那边有什么人向后撤退,我们就在莫吉廖夫固守,只要一息尚存,就要坚决挺住。你们可以到处走走,看看我们挖了多少战壕。多么好的战壕,多么好的掩体!难道能把它们扔下吗?战士们挖工事可不是为了把它们一扔了之呀。道理很简单,自古如此,可是我们这里的人都把它们忘到九霄云外了。挖,挖。我们挖好了,我们决不放弃。至于别人怎么样,不关我们的事。"②

事实也正是如此,这个 127 步兵师 388 团在莫吉廖夫近郊同德军坦克激战了十天没有退后一步。在它的战壕前面堆满了被击毁和烧毁的德军坦克。西蒙诺夫曾数过这些坦克的数目,摄影记者特罗什金拍了照片。当库捷波夫向西蒙诺夫说这番话的时候,他没有告诉西蒙诺夫,德国人已

---

① 西蒙诺夫:《战争中不同的日子》,《西蒙诺夫文集》第八卷,莫斯科:"文学艺术"出版社,1982 年,第 102—104 页。

② 同上书,第 105—105 页。

经从莫吉廖夫的左右两侧渡过了第聂伯河，他和他的团已经处在被德军包围的状况中了。西蒙诺夫和特罗什金被库捷波夫团的将士们顽强抵抗侵略军的热情所鼓舞，决心要同库捷波夫团的战士们一道，坚守莫吉廖夫。但是库捷波夫认为，他们肩负着报道前线战况的重任，及时把这里的情况报道出去才是他们的首要任务，所以就把他们送走了。西蒙诺夫的报道和特罗什金拍摄的那些被击毁的、躺在一片田野里的德军坦克残骸的照片，打破了德国人不可战胜的神话，在苏军到处溃败的情况下，对处在严峻情势下的苏联军民是令人兴奋的巨大鼓舞。

西蒙诺夫一辈子都不会忘记莫吉廖夫近郊的这片田野。战后，西蒙诺夫多次讲到，当自己的战友面临生死存亡的严峻处境时，你却不得不离开他们，不能和他们生死与共，这种状况是非常令人沉痛的。1979 年秋，当西蒙诺夫病重时，他留下遗言，把自己的骨灰撒在莫吉廖夫近郊的这片田野里。西蒙诺夫的战友和上级奥滕贝格在西蒙诺夫死后曾来到他的墓前，他在文章中写道：

“这片田野上有一块花岗岩的巨石，那是西蒙诺夫简朴的墓碑，莫斯科、白俄罗斯以及全国其他地区的作家经常到这里来。我也常到那里去。有一次我来到这里的时候，遇见一个小男孩，他是八年级的学生，我好像不经意地问他：

“‘这片田野叫什么名字？’

“‘物华天宝，’他回答说。

“‘它有什么特别著名的地方？’

“‘西蒙诺夫曾在这里战斗过……’

“对于这个回答还需要再加以解释吗？……”①

西蒙诺夫在北高加索方面军采访的时候，路过一个小村庄，村中央有个小花园，他在花园中看到一座新坟，坟前有一块简朴的墓碑，碑文上写着：“亲爱的同志们！你们在大地上行走，呼吸空气，胜利的阳光、幸福生活的阳光，照耀着你们。这样的生活来之不易，是在残酷的战斗中得来的。你们要为这样的生活奉献一切，就像我们的同志们一样：他们是切尔尼科夫中尉、上士科罗捷耶夫、红军战士梅索夫、红军战士福明。请记住他们、热爱他们，不要忘记他们！请常到这座坟前来看看！”看了墓碑上的

---

① 奥滕贝格：《一九四三年》：莫斯科：“政治文献”出版社，1991 年，第 127 页。

话，西蒙诺夫非常激动，他在文章中写道："我不知道这些话是谁写的，但是只要看过一次，就永远难以忘怀了，因为它们太美了。这些话把两种崇高的感情一下子结合起来了。现在正是这两种崇高的感情引导我们的部队穿过战场的硝烟，一往无前。这是对胜利的信心，对幸福之星的信心。与此同时，又是义无反顾地牺牲生命的决心。"①

西蒙诺夫在南方方面军采访的时候，遇到一位自愿参军入伍的姑娘。她叫帕莎·安诺申科，是一个盐场的女工。反法西斯卫国战争爆发后，她自愿参军，开着自家的吨半卡车，给部队向前线运送弹药。由于战事紧急，没有来得及换上军装，姑娘穿着褪色的连衣裙，头上裹了一条三角巾，就冒着德国人的迫击炮火，开着自己的卡车，直接把弹药运送到前线，她开车到达的地方离前线那么近，连有些男司机也不敢去。她的事迹吸引了西蒙诺夫的注意，就对她进行了专访。西蒙诺夫日记中记述了这次专访的情况：

"我和她在一个干草堆上并排坐下，我就开始询问她的生活情况。这位可爱的姑娘，说话很快，带南方口音，还热烈地打着手势。她所讲的实在是最平常、最一般的故事。帕莎一直没有来得及换上军装。她的原本就瘦削的面庞现在更显得瘦削了，她的脸上只有那对大眼睛最显眼。

她讲了最近两天他们这里发生的事情之后，便拉着我的手去看她的吨半卡车，让我看昨天晚上她运伤员时迫击炮弹片打中卡车的地方。所以我就在被打中的卡车前给她照了张相——戴着头巾，穿着连衣裙。"②

西蒙诺夫把她的事迹写成一篇特写，题目就叫《盐场姑娘》，特写和照片都刊登在《红星报》上。西蒙诺夫本意是要表彰姑娘的英雄事迹，但是却给姑娘带来意想不到的麻烦。这是西蒙诺夫始料未及的。

战争结束十五年后，西蒙诺夫写的中篇小说《潘捷列耶夫》里，写到了一个没来得及换上军装，穿着连衣裙，开着自家的吨半卡车上前线的姑娘。正是这篇小说使西蒙诺夫又联系上了帕莎·安诺申科，知道了她后来在战争中的遭遇。

有一天，西蒙诺夫收到一封来自刻赤的信件，回信的地址和写信人的

---

① 转引自奥滕贝格：《一九四三年》，莫斯科："政治文献"出版社，1991年，第77—78页。

② 西蒙诺夫：《战争中不同的日子》，《西蒙诺夫文集》第八卷，莫斯科："文学艺术"出版社，1983年，第318页。

名字,都是陌生的。打开一看,原来写信者正是帕莎·安诺申科,她结婚后随丈夫改姓,名叫科鲁波娃,所以西蒙诺夫不认识了。安诺申科在信中写道:

"我写信是有件事情请您帮助。事情涉及《莫斯科》杂志刊登的一篇题为《潘捷列耶夫》的中篇小说。您在这篇小说里写到了克里米亚、阿拉巴特沙嘴和格尼切斯克地区发生的事件。小说里提到一个往前线运送弹药的女司机。我读过小说之后,认出那个女司机就是写的我,这是1941年9月末的事。我是编外人员,要我带着卡车来巩固城防。我从格尼切斯克往前沿阵地运送炮弹。……我们在少先队营地旁边的一座小屋前卸下炮弹。射击一直没停,有的直接命中小屋,这就保住了汽车和炮弹。……这些事后来报纸上都写了,标题是《盐场姑娘》,我记得,日期是1941年10月2日。许多年过去了,战争年代的岁月也都淡忘了。有一位女教师,以前我曾给她讲过我参加格尼切斯克保卫战的事,有一天她给我送来一本杂志,里面有描写这些事情的文章。我们全家一块儿读了这篇小说,随后我就寄给了在列宁格勒的我的儿子(他在那里上学),但是他又借给别人看,后来就丢失了。我手边再没有什么能够使我回想战争年代的东西了……我很想有描写战争年代我的这段生活的报纸,哪怕一份也行。我不知道这样的报纸在哪里保存着。也许,您能帮我找到?再见,此致敬礼。"下面是写信人的署名和回信地址。①

西蒙诺夫在1956—1961年间写的中篇小说《潘捷列耶夫》,收在他的小说集《洛帕京札记》第一卷中。小说中写到了女司机帕莎。

《红星报》特派记者洛帕京和师政委潘捷列耶夫要到一个营地去,正在等待汽车。

"'喂!'洛帕京听到了一个女子的尖细声音夹杂着制动器刺耳的嘎吱声。一辆吨半载重卡车在他面前停住,方向盘后面是一个淡黄色头发的姑娘,穿着褪了色的淡蓝连衫裙,扎一条沾上灰尘的白头巾。透过驾驶室的玻璃甚至可以看到她那极其大胆的蓝眼睛和只有火红色头发的男孩子才有的那些大颗雀斑。

"'嘿,指挥员同志,'姑娘从卡车踏板上跳下来,快活地叫了一声,'就

---

① 西蒙诺夫:《战争中不同的日子》,《西蒙诺夫文集》第八卷,莫斯科:"文学艺术"出版社,1982年,第321页。

是因为您挡着，发动机才停了！想轧死您，又舍不得！'

"她从洛帕京身边走过，露着雪白的牙齿冲他的脸一笑，用男孩子的动作把头巾挪向脑后，灵活地插入发动机的摇手柄，一连转动了几下，洛帕京看见她那瘦削的肩胛骨在褪色的蓝印花布下面在使劲动作。

"可是卡车没有发动起来。

"'让我来帮您，'洛帕京站到她旁边说。

"'有比您年纪轻的人，'姑娘朝洛帕京半转过身；他现在已经可以十分清楚地看到，她脸上长满了密集的雀斑……

"姑娘弓下身子，又抓起了摇手柄。

"卡车还没发动起来……

"她把两腿叉得开开的，就像真正的男司机一样，弯着身子，肩胛骨使劲地动着，又摇了几下摇手柄——汽车呼隆一声，发动起来了。

"'总算弄好了，'她喘了口气说，疲倦地用手背擦去脸上的汗，又朝洛帕京笑了笑。

"'我们坐你的车走吗？'走到跟前的潘捷列耶夫问。

"'坐我的车走，首长同志，请上车吧！'

"'你们没有战士吗？'潘捷列耶夫瞟了姑娘一眼，问站在他背后的巴布罗夫。

"'我就是战士，'姑娘大胆地说道。

"'你算什么战士？'

"'平平常常的战士，和卡车一起被动员来的。我服役两天了。'可以感觉得到，她喜欢说'服役'，也喜欢说'动员'，总之，她喜欢的是参加军队这件事。

"'只是没有发给我制服，您给说说吧，首长同志，'姑娘说，她对军阶的标志还没有弄清楚，可是准确无误地猜中了潘捷列耶夫是首长。'只发了一双靴子，'她对着自己从宽大的厚油布高筒靴里露出来的光膝盖点点头，补充说：'还发了一支步枪。我要件军大衣，可是没有发。'

"'好吧，我们会弄清楚的，'潘捷列耶夫说。'你会打步枪吗？'

"'我都会，'姑娘快活地说，钻进了驾驶室。"①

---

① 西蒙诺夫：《洛帕京札记》第一卷，姚龙宝等译，上海：上海译文出版社，1983年，第18—20页。

这是小说中写帕莎一出场就以她那爽朗、活泼的性格引起人们注意的场面。小说接着又以营参谋长向师政委报告的方式，描写了她英勇无畏地向前沿阵地运送迫击炮和炮弹的事迹。师政委在等待帕莎的卡车。他问营参谋长，卡车到哪里去了。

“营参谋长带着抱歉的样子说：‘她运炮弹箱到迫击炮阵地上去了，’接着他又用手朝左面沙丘指指，‘她就是在炮火底下把迫击炮拉到那边去的。她把炮挂在车后边，拉了就走，就这样一门一门地把炮拉去。这是个有战斗精神的姑娘。’他以年轻人毫不掩饰的赞扬口气补充说。

“潘捷列耶夫看看他那涨得通红的脸，嘲笑而不是生气地说：

“‘姑娘有战斗精神，可你们不太有战斗精神。偏要叫她一会儿拉迫击炮，一会儿送迫击炮弹，你们就没有别的驾驶员吗？你们高兴的是一个姑娘比你们所有的男子都勇敢，有她，你们就一个劲地叫她来回奔走！’

“‘身边没有其他的驾驶员，师级政委同志，她是自告奋勇，干脆说，她硬是要去。’……

“‘好吧，我们就等一会。假如她活着回来，我要给她呈请奖章。’……”①

她的活泼、乐观、颇有点男子汉的豪爽之气的风度，引起了《红星报》特派记者洛帕京的注意。因此在小说的后半部就有了洛帕京和帕莎深入交谈的一个情节。帕莎告诉记者，七年制中学毕业后，就来到盐场工作，开始时是晒盐，后来在汽车场当洗涤工，再后来就进了汽车司机培训班。她现在开的这辆吨半卡车就是从一个上前线的司机手里接过来的。

西蒙诺夫在小说中写道：

“在她的一生中，她似乎觉得只有最近三天确实有意思。她领到步枪和靴子以后，便开始在阿拉巴特沙嘴开车，时而运送这批军人，时而运送那批军人，还运送他们的东西——时而是原木，时而是暖水瓶，时而像今天这样运送一箱箱炮弹。当她把架在像大桌面似的铁座盘上的迫击炮挂在吨半卡车上拉往前线的时候，她觉得，今天特别有意思。当她把第一门迫击炮拉到叫她拉去的地方——锡瓦什湖岸边挖战壕的战士们旁边，又能安然回来，而派她去的上尉热烈地长时间握着她的手的时候，她感到非常惊奇。后来，当她拉第二门迫击炮的时候，卡车左右两侧开始飞腾起一

---

① 西蒙诺夫：《洛帕京札记》第一卷，姚龙宝等译，上海：上海译文出版社，1983年，第55—56页。

股股黑烟，一块弹片甚至咣的一声打在卡车发动机的盖上。可是，她没有害怕，把第二门迫击炮拉到第一门的地方，只是在回去的路上，当震耳欲聋的呼啸声一次，二次，三次，四次从驾驶室顶上掠过的时候，她才感到害怕！她伏在驾驶盘上，不择道路驱车快跑。她害怕这些直接在她头顶上掠过的呼啸声，可没有想到正是这些呼啸声救了她，这是我们的海炮连轰击德国迫击炮手，迫使他们停火，从而救了帕莎·戈罗贝茨和她的吨半卡车……

“当她第三次运送炮弹箱回来的时候，狂喜的上尉感情冲动地抱住她，笨拙地吻她的面颊。她丝毫不知道自己有功劳，所以她认为上尉这样不问一问就吻简直是男人的胡闹，她涨红了脸，生气地夺手跑掉了。”①

战争中幸存下来的、现实生活中的帕莎，看到作家的这些描写，当然会回忆起当年的情景，回想到当年《红星报》上的那篇报道和她的照片。但是事隔多年，她已无法找到当年的报纸了，所以才写信向作者求助。西蒙诺夫收到普罗斯科菲娅·科鲁波娃的信，知道当年那个勇敢的女司机还活着，非常高兴。西蒙诺夫立即给她写了回信，西蒙诺夫在信中说：

“我在《盐场姑娘》这篇特写里写了您的事迹，它同您的照片一块刊登在《红星报》上。现在我手头没有这一期报纸，但是一定找到或者用照片复制下来给您寄去。……特写中写到了过去所发生的一切，而且写了您的真实姓名。至于短篇小说《潘捷列耶夫》，里面既有真实的，也有虚构的。所以它叫做短篇小说。但是基本上也都是暗指真实的人。军政委尼古拉耶夫的姓，我改为潘捷列耶夫，您的姓安诺申科改成了戈罗别茨。随信给您寄去载有这篇小说的一本书，留做纪念。”西蒙诺夫在信中告诉安诺申科，1941 年和 1942 年他创作《俄罗斯人》剧本时想到了她和她在克里米亚和阿拉巴特海角的英勇壮举，便把她写进了剧本，剧中女司机华丽亚用了安诺申科的姓。西蒙诺夫请她写一写 1941 年 9 月后她的遭遇处境、她的家庭、孩子，这些年来工作和生活的情况。西蒙诺夫在信中最后说：“您健康地活着，您给我写了信，找到您了，我非常非常高兴。坦白地

---

① 西蒙诺夫：《洛帕京札记》第一卷，姚龙宝等译，上海：上海译文出版社，1983 年，第 75—76 页。

说，我不相信有这样的可能性……”[1]

不久，西蒙诺夫便收到了她的回信：

“……您让我给您讲讲 1941 年 9 月后的生活遭遇，现在我要仔细地给您写写。

“1941 年 11 月 2 日指挥部命令暂时撤离，我们就穿过海峡撤到塔曼。这时，我是在医疗车上工作，我带着伤员渡海到塔曼。在塔曼，乌里扬诺夫上校把我叫去，对我说，我们团要解散，我要和战士们去克拉斯诺达尔边疆区罗戈夫镇 217 医疗站。在那里，我见到了我的丈夫别斯比亚特金·葛奥尔基·叶菲莫维奇，那时他是个中尉。我是临到战争爆发之前出嫁的，没来得及换身份证，所以我仍旧姓娘家的姓。我们在一块儿生活的时间不长，3 月 22 日，我们第 156 师奉命去支援刻赤陆战队。5 月 9 日开始撤退。我开着医疗车从米哈伊洛夫村向刻赤要塞运送伤员。5 月 14 日一位上尉告诉我，我丈夫在保卫刻赤的战斗中牺牲了。

“从刻赤撤退之后，我们又转到了罗斯托夫前线。在罗斯托夫马内奇河附近，我们陷入了包围。按照指挥部的命令，我们分成许多小组，开始连夜突围。白天的时候，我就换上便服，去给我们小组的人找吃的。我们走的是萨里斯基草原。我们的穿越行动越来越困难时，他们对我说，我一个快做母亲的人，一个人走会更好些。于是我便一个人走了。行路非常困难，基本上是夜间行动，全是挑那些乡村小路走，整整走了一个月零十天。

“我没有回我从前工作的盐场，因为人家告诉我，德国警察在到处搜捕我，警察局长办公桌的玻璃下压着一张剪报，上面有我的照片和关于我的文章，他一直在打听我回来了没有。所以只好在刻赤附近的另一个盐场安身了。但是这里也都知道我曾在军队中服役。当地的警察审问我，我回到这里来的目的是什么，并且打人。这期间我的儿子诞生了。为了纪念牺牲的丈夫，我给他起名叫葛奥尔基。

“伪警察的妻子很袒护我，她很可怜我这样一个带孩子的女人。但是伪警察仍旧向一个德国军官告发我，说我是一个俄国士兵，我的丈夫是军官。这个德国军官来到我们家，把我打了一顿，声言要枪毙我。他还威胁

---

① 西蒙诺夫：《致科鲁波娃（安诺申科）》，载《西蒙诺夫关于战争的书信》，莫斯科：苏联作家出版社，1990 年，第 323 页。

我,如果我逃走,就把我的亲属全部枪毙,他亲自乘车去找盖世太保,总算我幸运,他没有开到盖世太保那里,半路被打死了。我带着孩子逃到伊斯拉梅特尔区去了,在那里一直住到刻赤解放。这些地方,盐场撤退到那里的人,他们都知道我的事,但是没有人出卖我。他们捡到传单,都拿给我看。

"克里米亚解放之后,区征兵委员会立即派我到马尔夫卡当司机去了。我在那里一直干到1947年。在马尔夫卡我认识了科鲁波夫·瓦西里·伊万诺维奇。他是二级残废,战争期间,他在列宁格勒经历了围困。他一个人带着两个孩子生活,于是我就嫁给他,抚养我的儿子和他的两个孩子。我们全家来到阿拉巴特沙嘴,我仍在那里当司机。"

信的最后,她告诉西蒙诺夫她现在的生活情况:"她在'黎明'集体农庄工作,仍旧干她的老本行,当司机。他们家的三个孩子都已长大成人,成家立业了。一个当通讯主任,一个当矿山技师,第三个当司机。还有四个小的,三个女儿一个儿子,都还在上学,最小的一个,瓦西廖克,刚上一年级。"①

帕莎·安诺申科的英雄事迹的确让西蒙诺夫非常感动。他的《盐场姑娘》那篇特写,真名实姓地报道帕莎·安诺申科的英雄事迹,并且配上姑娘本人的照片,本意是要赞扬她的英雄气概,让全苏联人民都认识这位英雄的年轻姑娘。在1941年苏军接连败退的情势下,毫无疑问,《红星报》刊登的这篇报道和照片的确会给前方和后方的苏联人民带来巨大的鼓舞。但是作者西蒙诺夫和《红星报》的编辑无论如何也没有想到《红星报》会流传到敌占区,会给撤退到这里的英雄战士造成这么大的麻烦和不幸。这是作者和编者都始料未及的。幸而人民群众是爱护自己的战士和英雄的,他们保护了这位女战士,使她幸运地活下来了。这也是让西蒙诺夫几十年后看到帕莎的来信后感到欣慰的地方。

帕莎·安诺申科是西蒙诺夫在战争期间遇到的少有的一位女英雄,的确给西蒙诺夫留下了非常深刻的印象。所以,当西蒙诺夫创作话剧《俄罗斯人》的时候,这位"盐场姑娘"又成为剧中另一个英雄的女司机的原型。

---

① 西蒙诺夫:《战争中不同的日子》,《西蒙诺夫文集》第八卷,莫斯科:"文学艺术"出版社,1982年,第322—323页。

作为《红星报》的特派记者，西蒙诺夫的足迹遍及各条战线，有时，他正在南方部队采访，北方的战线又出现了严重的情况，报社急需这方面的报道，他就要立即赶往事件发生的地点，这种路途的奔波，在战争年代也并非易事。他的战时日记中有许多篇页都记载了这种路途的奔波和艰辛。

战争期间，西蒙诺夫在莫斯科没有自己的住处，出差回来往往就住在报社编辑部的办公室里。有时为了赶写稿子，编辑部特意在莫斯科的旅馆给他安排个清静的房间。这一天，他刚刚交出一篇报道，晚上又传来西南方面军攻克利别茨州重镇叶列茨的消息，他又奉命前往叶列茨出差。西蒙诺夫在日记中详细地记下了叶列茨之行的经过。

"……从晚上就预料到，这次是四人同行：维索科奥斯特罗夫斯基、我和两位摄影记者别任什泰因和捷米。明天清早要分乘两架飞机前往叶列茨。但是第二天早上，到机场才知道，开头是'乌—2'的飞机没准备好，接着又是某个飞行员不知在什么地方耽搁了，后来又是天气不好，再后来是在雪地里停放在雪橇上的飞机一动也无法动。不过，尽管风很大，我们终究还是起飞了，眼看着莫斯科的高楼大厦在飞机翅膀的上方摇晃，我们终于飞走了。我们飞过梁赞，不过到了那里的时候已是下午三点。趁飞机加油的工夫，飞行员吃午饭。事情很明显，今天再飞往叶列茨为时已晚。吃过午饭之后，我们在机场同机场勤务营的营长和政委谈了谈，便躺下休息了。打算明天一早起飞。

"飞行员都躺下睡觉了，在睡觉之前也没有去检查一下我们的飞机在机场上是怎么停放的，是否加固好了。一夜狂风暴雪肆虐。早上飞行员们来到停机坪时，飞机不见了。他们跑着到处找飞机，最后垂头丧气地回来了，说有人把他们的飞机弄跑了。正如发生这种情况时常常会有的那样，一时间各种说法议论纷纷。甚至有人说曾看到不知谁的飞机起飞了，诸如此类，不一而足。

"我从来就是一个不信神鬼的人，便拦了一辆加油车，满机场去找。不一会儿就在机场尽头，一个不显眼的斜坡下，发现了那两架丢失的飞机。这里离我们昨天降落、停机的地方大约有两公里。两架飞机停在那里，相距不远。一架飞机的起落架折断了，另一架丁字形支撑干断了。

"这两架飞机是怎么跑到机场另一端的尽头的？显然，只有一种解释：昨夜暴风雪太厉害了，机场的场地有点向山沟的方向倾斜，两架飞机最终就出现在山沟的边沿了，因为飞机下面有滑雪板，而且没有加固。大概，大风一吹，就把它们吹跑了。

“事后弄清楚了，总之，在飞机没有修好之前，最近两天是不可能继续往前飞了。由于这个愚蠢至极的事故，我们现在就不能到达叶列茨，不得不在梁赞白白地等上两天。有什么办法呢？

“清早来的快讯中说，昨天晚上，我军部队解放了米哈依洛夫市。米哈依洛夫市离梁赞也就是一百来公里，我和伙伴们商量了一下，觉得，与其坐在这里白等，不如到米哈依洛夫市去，哪怕收集点资料也好，到那里就清楚了。于是就这样决定了。

“机场勤务营的营长答应给我们一辆吨半卡车和两床被子。当时是零下 35°的严寒。我们上了车，一人在驾驶室，其余在车厢里。有时换一换，但是仍旧都冻感冒了，在离开梁赞大约 70 公里之后，车在半路上抛锚了。吨半卡车的离合器坏了，不能往前开了。一开始这辆车就很不好用，一路上停了好几次，这次停车的时候已快到晚上了。总算我们幸运，离合器是在一个村庄的村口坏的。我们把汽车推到路边上，就朝最近的一家农舍走去。这家的主人是个老头，当地消防队的头头。从他说的话看来，他是个积极参与社会活动的人，可是他那副尊容，却像个十足狡猾的人。他答应我们在他家过夜……

“从他的话里我们听出来了，老头非常清楚我们的情况，如果我们给他酒喝，那我们所需要的东西，奶油、土豆，就什么都有了。

“事情也正是这样。老太太给我们煮了一锅土豆，加上了奶油，我们也拿出了酒精。我们冻了一天，晚饭吃得香喷喷的。老头一杯接一杯地喝酒，不过他好像是偷偷地喝，不时地斜眼向隔断后看看，悄悄地自言自语：‘千万别让老太婆看见。’……

“但是不管奶油土豆多么香，也该给机场勤务营打个电话，让他们另派一辆车来支援。但是我们决定，明天早上找一辆顺道的车，自己到米哈依洛夫市去，不过这辆车也要想办法处理。

“开头我们去了村苏维埃。那里空无一人。玻璃都打碎了，屋里寒气袭人。这是几天前德国人进攻时，德国侦察兵在莫斯科以南到达的最后一个村庄。德国侦察兵潜入这个村庄，打死两个民警就跑了。村苏维埃的电话机还在，但是电话线断了。

“我们从村苏维埃来到一家乡村医院。这里是个伤员的中转站，有两个护士在值班，这是两个很年轻的姑娘，她们建议我们都在医院的一个小房间里过夜。她们招待我们喝茶，还弄来一架带喇叭的老式留声机。我们在这里坐了两个来小时，热茶呀，留声机音乐呀，还有温暖的房间，这些普通的事物都使我们感到十分高兴。然后我们在地板上，在从医院拿来的草垫子上胡乱躺下睡了。

“早晨，司机到邻近村子给他们机场勤务营打电话，我们就上了一辆顺路卡车，两个小时之后就到达了米哈依洛夫市。”①

关于这次米哈伊洛夫市出差采访，《红星报》主编奥滕贝格在他写的回忆西蒙诺夫的文章里曾特别提到：在苏军即将攻克叶列茨时，编辑部向那里派出了以西蒙诺夫为首的一组记者，中途飞机出了问题，没有飞到目的地。“但是西蒙诺夫和他的同伴没有让编辑部失望。他了解到第十军已经拿下米哈伊洛夫市，这里离梁赞已经不远了。西蒙诺夫决定，不必和编辑部联系，这太费时间了，直接到米哈伊洛夫市去。他找到一辆吨半卡车，就向那里奔去。傍晚他们到达目的地。从米哈伊洛夫市，他们同部队一起向叶皮凡和博戈罗季茨克前进。这次按照西蒙诺夫个人的主动性所做的改变行程，给《红星报》带来许多独一无二的照片和我们在莫斯科城下反攻时期西蒙诺夫的一篇杰出的特写《道路向西方》。”②

在库尔斯克战役正在进行的时候，西蒙诺夫从前线发回一篇特写《打“豹”猎手》。这篇特写描写一个坦克手几天之内击毁四辆德军“豹”式坦克的事迹。这个坦克手叫叶罗欣。特写中写道：

“叶罗欣回忆起他第一次碰上‘豹’式坦克的情景，他回忆起他如何对着它的前脸连射三发炮弹，全然无效；后来他巧妙地转了个弯，又打了两发炮弹，敌人的坦克就起火了。他发现了‘豹’式坦克的弱点：备用汽油桶。他明白了，应当朝着坦克侧面备用汽油桶的地方打，那样这些‘豹’式坦克就没戏了。他还讲怎样同这辆‘豹’式坦克长时间周旋。显然，在里面驾驶坦克的是个老有经验的德国人。西蒙诺夫在特写的结尾处写道：同志们都叫叶罗欣是‘打豹猎手’……他又一次露出了俄罗斯人那种机敏而又狡

---

①　西蒙诺夫：《战争中不同的日子》，《西蒙诺夫文集》第八卷，莫斯科：“文学艺术”出版社，1982年，第439—442页。

②　奥滕贝格：《我所认识的西蒙诺夫》，载《同时代人回忆西蒙诺夫》，莫斯科：苏联作家出版社，1984年，第100页。

狯的笑容,仿佛在说德国人再怎么狡猾也是他的手下败将……”①

作为《红星报》的特派记者,西蒙诺夫跑遍伟大卫国战争的各条战线,那奔波的辛劳在和平年代是难以想象的。在苏军部队解放加里宁市时,编辑部需要一篇苏军攻进加里宁市的报道,西蒙诺夫刚给编辑部交上一篇特写,主编就叫他乘飞机迅速赶往加里宁市,了解那里的情况,写出报道,第二天天黑之前要带回材料,赶紧见报。西蒙诺夫和一位摄影记者同往,但是机场给他们提供的飞往加里宁市的是一架包括飞行员只能容纳两人的飞机。后座的人还要会使用航空机关枪,怎么办?摄影记者只好面朝上躺在机身上,西蒙诺夫坐在旋转机枪后的座椅上,并学会使用机枪,以便在遇到攻击时进行自卫。就这样他们及时赶到加里宁市,完成了主编交给的任务。

1945 年苏联红军攻克柏林,彻底摧毁了德国法西斯的老巢。西蒙诺夫也跟随红军部队来到柏林。作为记者,他很想了解德国的普通百姓现在是一种什么状况。苏军警备司令部给他找了一个翻译,据说还是德国共产党的地下党员。西蒙诺夫告诉他,他是个新闻记者,很想了解当地居民的一些情况,请他介绍一个家庭,他去采访一下。希望这个家庭不算富有,但也不太穷;这家的人过去没有参加过共产党,但也不是德国法西斯的人,最好是儿子在前线,家里还有男人。这个翻译考虑了一会儿,提出了三个家庭供西蒙诺夫选择:一个是医生的家庭,一个是工人的家庭,还有一个做香肠的商人之家。西蒙诺夫选中了这个做香肠的商人之家。

在去采访之前翻译通知了这家主人。接待他们的是一个胖胖的老人,但是依然保持着男子汉和军人的气派。西蒙诺夫对主人说,他是一个新闻记者,他很关心德国居民的生活情况,在写报道时不会透露他的姓名,而且,他提的问题也不代表苏联军方,所以请他畅所欲言,不必有顾虑。

西蒙诺夫问他是否当过兵。老人说他在第一次世界大战中曾在军队中服役,他特别强调是在西部战线,在法国作战,是个上士。1917 年中毒气受伤,因而得到一枚铁十字勋章。中毒气受伤后他就退役了。他说,他父亲开了个香肠作坊,有五个工人。1919 年,他父亲死后,他就继承了父亲的作坊和现在住的这栋房子。他不仅仍旧经营香肠作坊,而且还到农

---

① 奥滕贝格:《一九四三年》,莫斯科:“政治文献”出版社,1991 年,第 319—320 页。

村采购肉类,一部分作为制作香肠的原料,一部分就在小商店里出售。

西蒙诺夫转而问他 1932 年和 1933 年帝国国会选举的问题。老人连连摇手,反复说,他是反对希特勒的。西蒙诺夫向他解释,他作为一个记者,并不认为当时在德国拥护希特勒的人都是法西斯。希特勒在德国刚上台时曾给德国带来某些好处,如消灭失业、提高生产水平,那时的德国人对他表示满意,并不就是法西斯。老人说,当时他没有反对希特勒,但也没有投民族社会党的票,在最后一次帝国议会的选举中,他投的是中央天主教党的票。

西蒙诺夫问他关于希特勒上台后提出修改凡尔赛和约的问题,老人说,他是个商人,并不关心这些事情。西蒙诺夫说,作为一个外国人,他认为希特勒提出修改凡尔赛和约中有关莱茵河的条款和归还萨尔的要求是完全合理的。老人便说,他也认为是合理的。并且他支持对波兰和法国的战争,当德国收回了阿尔萨斯和洛林之后,他非常高兴。但是后来就不相信希特勒了。为什么?因为他是个老兵。他把水杯里的水倒了一点在桌子上,说,这是德国,这点水不可能浸满整个桌子。它占的地方太多了,因为我是个老兵才这样说。西蒙诺夫问到他的儿子的情况。老人说,儿子学医,医学院还没有毕业就应征入伍,到东方战线,当了一名军医,1944 年在维捷布斯克附近阵亡了。在结束采访时,西蒙诺夫看出,虽然他的提问都很平和,但对于结束采访,老人还是大大地松了口气。

关于西蒙诺夫在战争期间所写的通讯报道,西蒙诺夫的好友、文学评论家拉扎列夫在他的专著《康·西蒙诺夫》中有这样一段话:"如果说西蒙诺夫的大部分特写都避免了仓促从事、浮光掠影的缺陷,那不仅是因为他的目光特别敏锐,还有非常重要的一点:他总是力求亲身体验他所描写的人物命中注定应做的一切,力求与他们甘苦与共。

"这里不单纯是职业良心的问题。老实说,无论如何要亲临热点地区采访的追求,都远不是编辑部的任务所规定的,之所以迫使自己这样做,还有更为重要的需要。关于这一点,西蒙诺夫说得非常正确:'在报社当军事记者是我们这个年龄的人应该做的事中最微不足道的。其他一些像我们这样的人,只要拿到军事委员会的通知就上前线了,至于是列兵、上士和中尉,那就看各人在什么部队或受过什么军事教育而定了。在战场上,军事记者的工作并不是最危险的。既不是最危险的,也不是最繁重的。不明白这一点的人,既不是一个真正的军事记者,也不是一个真正的人。而那些明白这一点的人,即便没有领导的要求,自己也会力求使自己的工作成为危险而繁重的那种,尽力做好所能做的一切,既不利用自己的职业在前线相对自由的有利条件,也不管身边有没有领导的目光。'……"①

西蒙诺夫正是怀着这样一种保卫祖国、不畏艰险、挺身而出的责任感,在前线的采访中,为了取得前线最真实的第一手材料,总是不顾个人安危,去采访最前沿的士兵。西蒙诺夫说过,如果他没有体验到战士们所感受到的东西,他就没有资格向这些战士问长问短。他曾跟着水兵乘潜艇到罗马尼亚的港口去布雷;在克里米亚,他曾跟着一个步兵连投入进攻阿拉巴特狭长地带的战斗;1941 年,战争初期,他到白俄罗斯采访几个遭受德军坦克打击的部队,不幸陷入敌军包围,他和苏军部队一道在浴血混战中突出重围,回到自己人一边。在斯大林格勒战役最紧张的时刻,他去采访被德军紧逼到伏尔加河岸边的戈罗霍夫旅。他曾随海军侦察小分队深入北极圈内的德军后方,也曾乘飞机去采访南斯拉夫的游击队。他对战争的了解既广阔,又深入,他写的报道既及时又真切,能够说出战士们的心里话。战后,西蒙诺夫的通讯和特写结集出版,题为《从黑海到巴伦支海》,整整有四大本。无论是编辑部同仁,还是前后方的读者都喜欢他的通讯报道。《红星报》编辑部人才济济,都是精兵强将,西蒙诺夫以自己的努力成为他们之中的佼佼者。苏联著名诗人吉洪诺夫说西蒙诺夫是"他那一代人的喉舌"②。爱伦堡在他的回忆录《人·岁月·生活》中曾说道:"在所有的报纸工作人员中,奥滕贝格最喜欢西蒙诺夫:大概是年轻的西蒙诺夫的通讯和诗歌所流露出的吉卜林式的语调很符合他的爱好。"(吉卜林是个英国作家,诺贝尔奖获得者,他的诗歌作品近似民间歌谣。)《红星报》主编奥滕贝格喜欢西蒙诺夫未必就如爱伦堡所说,只是因为西蒙诺夫写的通讯和诗歌的语言风格"很符合他的爱好",更为深刻的、真正的原因是西蒙诺夫在工作中的表现。1966 年,苏联《文学遗产》上一篇文章中的话更为符合西蒙诺夫的实际情况:"我们编辑部里都喜欢西蒙诺夫那些严峻的、勇敢而又内容充实的军事报道。然而编辑部里特别喜欢西蒙诺夫是因为他的有求必应和勇敢大胆。西蒙诺夫是一个毫无怨言地被

---

① 拉扎列夫:《康·西蒙诺夫》,莫斯科:"文学艺术"出版社,1985 年,第 63 页。

② 吉洪诺夫:《战斗青年的歌手》,《红星报》1942 年 4 月 17 日。转引自芬克:《康斯坦丁·西蒙诺夫》,莫斯科:苏联作家出版社,1983 年,第 4 页。

编辑部从一个困难地区‘投放’到另一个困难地区——从白令海到黑海——的人之一。而且我们知道，他总是能够穿过战火最激烈的地区，在任何困难和危险面前都不会停留，而是一往直前地去完成自己的任务。”①

这段话可以作为西蒙诺夫在苏联卫国战争中前线记者工作的历史结论了。

2. 诗人西蒙诺夫

尽管西蒙诺夫在哈勒欣曾经受过战争的洗礼，尽管他对未来同德国法西斯必有一战已有预感和思想上的准备，但是德国法西斯的突然进攻，战争的突然爆发，仍旧在他的心灵中造成极大的震撼。多年后，西蒙诺夫回忆起当时的情况，曾这样说：

“我对哈勒欣战斗的最初印象同 1941 年战争在我心灵中所产生的一切是远不能相比的。那只是一场突然降临的灾难，这场灾难，我的确是从一开始就感觉到它是个悲剧……这种感觉，在哈勒欣那边，我完全没有。那时候我感到所发生的一切，不过是涉及我们的责任、我们的威信、我们的自豪感的一场战争。这种观念在那里经受了检验，但是即使在经受这种检验的时候，也丝毫没有涉及最大的悲剧问题：祖国的命运，亲人、亲朋好友的命运，我们的城市、我们的土地的命运——这一切都没有涉及。那时对战争的感觉是浪漫主义的，而不是悲剧性的。”②

也就是说，在西蒙诺夫的思想里，哈勒欣那场“小战争”只不过是一次危险而光荣的出差任务而已，而 1941 年夏天爆发的保卫祖国的战争才是一场大战，是对所有人的一次严峻的、巨大的考验。西蒙诺夫的这种感觉在他的诗歌作品中也有明显的表现。在哈勒欣，他是以诗人的身份去完成报道苏军将士英雄事迹的任务的，他那时写的诗大多是以歌颂、赞扬苏军将士的英雄事迹为内容的。虽然也蕴含着诗人的激情，但可以感觉到

---

① 《伟大卫国战争前线上的苏联作家》，《文学遗产》第 78 卷，莫斯科：1966 年，第 271—272 页。转引自卡尔甘诺夫：《亲近和距离》，莫斯科：苏联作家出版社，1987 年，第 34—35 页。

② 西蒙诺夫：《在遥远的东方》，转引自拉扎列夫：《康・西蒙诺夫》，莫斯科：“文学艺术”出版社，1985 年，第 59 页。

是理智多于感情的，最为突出的是他那首最有代表性的《坦克》。在这首诗里，仿佛他仍在和斯塔夫斯基进行关于建造烈士纪念碑的争论，他以铿锵的诗句和具体的形象在论证他的主张的正确与合理，虽然诗句中也洋溢着诗人的激情，但是给读者的印象是在理智的摆事实，讲道理。然而在1941年伟大卫国战争爆发后，西蒙诺夫的诗作给人的感受却完全不一样了。他的诗句的含义散发着诗人浓郁的内心情感，他把人们日常生活中身边的事物都和伟大的祖国联系起来，升腾起庄严的爱国主义的激情。他在诗中告诉人们：

当最后一颗手榴弹
你握在手中的时刻，
一瞬间你想起了
我们身后留下的一切。

你想起的不是那个
你走遍和熟悉的泱泱大国，
你心中怀念的祖国，
是你自幼就看到的模样。

是那依傍三棵白桦的一片乡土，
是那绕过树林的漫漫长路，
是那清清的溪流，喧嚷的渡口，
是那细沙的河岸和丛丛的矮柳。

这就是我们有幸降生的地方，
是我们一生一世牢牢铭记，
那引以为豪的一方土地，
她就是整个祖国大地的标志。

西蒙诺夫这首诗题名《祖国》，让人读了无不动容，诗中激荡着的是一股温暖的乡情、一股绵绵的亲情，它涌动在内心的深处，让人热泪浮上眼眶。不用讲什么道理，当你拿起最后一颗手榴弹时，为了保卫自己心中的这一方土地，你会义无反顾，奋不顾身，流血牺牲，在所不惜。为保卫心中这珍贵的一切，献出自己的血肉之躯，值了。

西蒙诺夫，作为《红星报》的战地记者，他的主要任务是报道前线的战况、前线人物的特写，编辑部并没有给他下达写诗的任务，但是作为一个感情敏锐、激情洋溢的诗人，经受了如此深刻的精神和心灵的震撼，面对祖国危亡，亲人离散，这现实的一切，怎么可能抑制住诗歌创作的冲动？事实也正是如此，西蒙诺夫在优秀地完成报社编辑部交给的任务之余，也创作了大量诗歌作品。

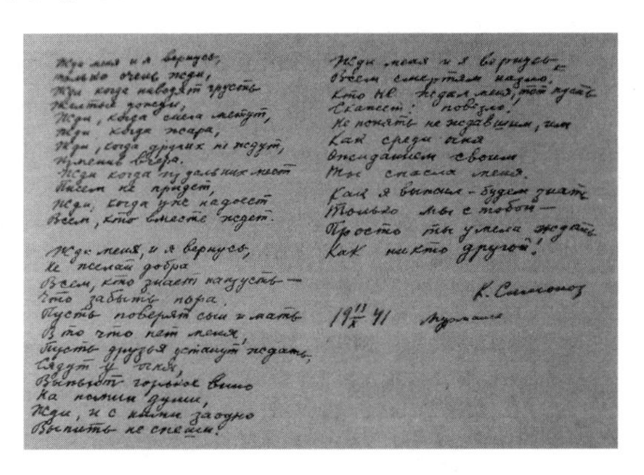

Жди меня и я вернусь,
Только очень жди,
Жди когда наводят грусть
Желтые дожди,
Жди, когда снега метут,
Жди когда жара,
Жди, когда других не ждут,
[illegible] вчера.
Жди когда из дальних мест
Писем не придет,
Жди, когда уж надоест
Всем, кто вместе ждет.

Жди меня, и я вернусь,
Не желай добра
Всем, кто знает наизусть —
Что забыть пора.
Пусть поверят сын и мать
В то что нет меня,
Пусть друзья устанут ждать,
Сядут у огня,
Выпьют горькое вино
На помин души,
Жди, и с ними заодно
Выпить не спеши!

Жди меня и я вернусь
Всем смертям назло.
Кто не ждал меня, тот пусть
Скажет: повезло!
Не понять не ждавшим, им
Как среди огня
Ожиданием своим
Ты спасла меня.
Как я выжил — будем знать
Только мы с тобой —
Просто ты умела ждать
Как никто другой!

К. Симонов

有一次，西蒙诺夫从前线出差回到莫斯科《红星报》编辑部，他交上了从前线带来的通讯报道和特写，同时还拿出了两首诗，一首是《阿廖沙，你可记得斯摩棱斯克的道路……》，另一首就是传遍苏联前线和后方的《等着我吧》。《阿廖沙，你可记得那斯摩棱斯克的道路……》是题献给诗人苏尔科夫的。诗中写道：

阿廖沙，你一定记得那斯摩棱斯克的道路，
那连绵不断的恼人的大雨，
那给我们送水的疲惫的女人，
那为避雨淋而怀抱水罐的拳拳热忱。

她们悄悄地擦抹眼泪，
随后又轻声祝告：上帝保佑你们！
她们重新又自称战士，
就像在远古伟大的俄罗斯。

走过的里程大多用眼泪丈量，
爬上山坡才隐去那期盼的目光！
村庄，村庄，那连着墓地的村庄，
就像整个俄罗斯都聚集在这里一样。

仿佛每个村庄的村口，
都有先祖来自四面八方，
用双手的十字护卫着生者，
为不信神的子孙祷告上苍。

你一定知道，祖国毕竟不是
我住得舒适的城里那座大楼，
而是祖先走出的这些乡村土路，
和他们那立着普通十字架的俄罗斯坟墓。

不知你如何，而我是被战争
第一次带到这乡村的土路，
那一路的忧愁笼罩着村村落落，
还有寡妇的眼泪和女人的悲歌。

阿廖沙，你一定记得，波里索沃那栋农舍，
那少女死命地呼叫，
满头白发的老妈穿着丝绒外套，
还有那一身白衣的老爷爷，像要参加葬礼。

我们说什么话才能安慰他们？
而老妈妈却理解我们，你一定记得，
她说：亲人们，不管走多久，
我们等着你们！

牧场在对我们说："我们等着你们！"
森林也在说："我们等着你们！"

阿廖沙，你记得，整夜整夜的
我身后仿佛都有他们的声音。

按照俄罗斯的习俗，只有漫天大火
在后面烧遍俄罗斯大地，
战友们才会撕破胸前的衬衫，
在我们的眼前死去。

子弹暂时绕过了我和你，
但我坚信，生命虽已走尽，
为这最可爱的、苦难的降生之地，
我依然豪情满怀。

我骄傲有幸死在祖国大地，
俄罗斯母亲把我生在人世，
俄罗斯女人送我上战场，
俄罗斯式地拥抱我三次。

诗人在斯摩棱斯克的道路上看到的情景，那冒着大雨站在路边“提壶携浆”送行的女人，那寡妇的眼泪和少女的悲歌，那一双双期盼的眼睛，还有白发苍苍的老奶奶那句催人泪下的“我们等待你们”的话语，在西蒙诺夫心中掀起了无穷的波浪和难以抑制的痛苦，祖国危亡，妇孺无依，民族的生存，祖宗的遗骨，这一切都和我们血肉相连，都激起人们撕心裂肺的痛苦！诗人目睹这一切，亲身感受到这一切，心中激起了誓死保卫祖国的豪情。这首诗让读者感受到的不仅是“国破山河在”时人们受欺凌的悲情，更为重要的是它唤起人们誓死保卫所出生的乡土、赖以生存的大地的热情。

后来，当苏军开始反攻解放了斯摩棱斯克以后，西蒙诺夫重访斯摩棱斯克地区，写过一篇特写《在斯摩棱斯克原先的道路上》，在这篇特写的开头有这样的一段话：

“斯摩棱斯克地区，它的道路，它那些白桦树，低矮的山坡上那些树丛——它们触动人的心灵的话语太多了！我虽然诞生在离这里很远的地方，但恰恰是这些地方让我感到就同故乡一样，让我觉得这是我们祖国大地上最可爱的地方。这大概是因为战争爆发时我正好是在这里，在这些道路上，在斯摩棱斯克地区遭遇到人生最大的伤痛——丧失祖国土地的伤痛……在这里，我回首望去，我看到了丰收在望的田野，但是我知道，我们已经不可能去收割了。在这里，我停下汽车，到井边去喝水，我不敢正视那些农村妇女的眼睛，因为她们的眼神似乎在默默而又哀伤地询问：'你们真的要走吗？'而除了一个痛苦的'是的'，我无法回答她们。"①

这首诗就是诗人经过痛苦的思索，可以说是用眼泪和心血组成的诗句，对那些乡亲，对祖国大地的回答。《红星报》的主编奥滕贝格一眼就看出这首诗的价值和意义，他非常喜欢，当即决定可以在报刊发表，但是对另一首却颇为踌躇，似乎觉得《等着我吧》是一首纯粹写爱情的诗，在《红星报》上发表未必合适。按照奥滕贝格的说法，"离别已经够痛苦了，何必再去触动战士们的心呢！"②于是就把诗稿还给西蒙诺夫了。西蒙诺夫没有同主编争论，他当时也很犹豫，发表这样一首诗是否合适。

后来《等着我吧》也终于发表，但是发表的过程颇有戏剧性。西蒙诺夫研究家、朋友、熟人，对这首诗的发表经过都有记述，他们的记述大同小异，但是西蒙诺夫自己在日记中的记述是最可信和详尽的。

"那时候，我们《红星报》和《真理报》《共青团报》都在同一栋大楼里。从费奥多西亚出差回来之后，我从打字室出来，半路上在编辑部走廊里遇上了《真理报》主编彼得·尼古拉耶维奇·帕斯彼洛夫。他让我到他的办公室去喝杯茶。我想，他是要问我一些去费奥多西亚采访的情况。他平常就习惯把人叫到办公室去，喝杯茶，问问到什么地方去了，都看到什么了。但是这一次和我的预料相反，没有谈外出采访，而是谈诗歌。帕斯彼洛夫先是抱怨说，最近以来《真理报》上刊登的诗歌少了点，随后就问我有没有适合的东西。起初我回答说没有。

"'可是同志们告诉我，你好像不久前还朗诵了些什么。'

"'说来也有点，'我说，'不过这些诗未必能适合报纸上用，最起码对《真理报》就不合适。'

"'为什么对《真理报》不合适呢？也许对《真理报》正好合适呢。'

"于是，我在稍稍犹豫之后，就把《红星报》没要的《等着我吧》给帕斯

---

① 转引自奥滕贝格：《一九四三年》，莫斯科："政治文献"出版社，1991年，第125页。

② 奥滕贝格：《一九四三年》，莫斯科："政治文献"出版社，1991年，第113页。

彼洛夫朗读了一遍。”①

等着我吧,我一定会回来,
但是你要苦苦地等待……
等待着吧,当那凄凉的秋雨,
勾起你心头的愁绪,
等待着吧,当那纷扬的雪花漫天飞舞,
等待着吧,当那暑热难御,
等待着吧,当大家都把昨日遗忘,
不再等待别人返乡。
等待着吧,当从遥遥的远方,
再没有音信回响,
等待着吧,当那些一齐等待的人
都已厌倦了期待的愁肠。

等着我吧,我一定会回来,
不要向劝你忘却的人祝愿,
不管他们的絮叨如背书一般,
说什么已到忘却的时间。
即使儿子和母亲都已相信
我已不在人间,
即使朋友也疲于等待,
围坐火堆旁,
痛饮一杯苦酒,
把我的亡灵祭奠……
等待着吧,不要急忙
跟着他们拿起酒盏。

等着我吧,我一定会回来,
要教所有死神都遭到失败。

---

① 西蒙诺夫:《战争中不同的日子》,《西蒙诺夫文集》第九卷,莫斯科:“文学艺术”出版社,1983年,第37—38页。

就让那些不等待我的人
说我“走运”吧，
他们没有等待，也不会明白，
是你在纷飞的战火中
以你那坚毅的期待
把我拯救出来。
只有你和我两人知道，
我是怎样活了过来。
只是因为你比任何人，
都善于等待。

“我刚一读完，帕斯彼洛夫就从椅子上跳了起来。他两手深深地插进蓝色短棉袄的口袋里，在他的寒冷的办公室里快步地来回走了起来。

“‘怎么？我看是首好诗，’他说，‘让我们在《真理报》上发表吧。为什么不行呢？不过你那里有一行‘黄色的雨’（中文译作：凄凉的秋雨）……来，‘把这行诗再读一遍。’

“我又读了一遍：

“‘等待着，当黄色的雨勾起心头的忧愁的时候……’

“‘为什么是黄色的？’帕斯彼洛夫问。

“为什么是黄色的，我很难从逻辑上给他解释。

“‘我不知道为什么是黄色的，也许我是想用这个词来表达我的忧愁吧。’

“帕斯彼洛夫又来来回回地在办公室里走了几趟，便给雅洛斯拉夫斯基打了个电话。

“‘叶梅里扬·米哈伊洛维奇，请你到我这里来一趟……’

“几分钟后，留着灰白的小胡子，冻得披着短皮袄的叶梅里扬·米哈伊洛维奇·雅洛斯拉夫斯基走进了主编办公室。

“‘请你把这首诗再给叶梅里扬·米哈伊洛维奇读一遍。’帕斯彼洛夫说。

“我把《等着我吧》又朗读了一遍，这次是他们两个人听了。

“雅罗斯拉夫斯基听完了诗，说：

“‘我看，很好。’

“‘叶梅里扬·米哈伊洛维奇，这黄色的雨您觉得怎么样……为什么雨是黄色的？'帕斯彼洛夫问道。

"'很简单，'雅罗斯拉夫斯基说。'难道您没有发现雨的颜色往往也是多种多样的？如果土地是黄的，那么雨也会是黄的……'

"他本人是个业余画家，所以他给我的'黄色的雨'找到了一个更合逻辑的依据，因而，对于帕斯彼洛夫来说，他的说法比我的解释更有说服力。

"然后，他们两人又叫我把这首诗再读一遍。我读完这第三遍之后，帕斯彼洛夫说：'我们要发表它。'这样我就把诗稿给他们留下了。

"过了几天，我从还没攻下的莫扎伊斯克近郊回来后，看到我的《等着我吧》刊登在《真理报》第三版上。"①

1942年1月14日，《真理报》发表了《等着我吧》，这首诗立即传遍了前方和后方，受到军人读者和后方民众的热烈欢迎。《红星报》的编辑们悔之莫及。

苏联时期，有的西蒙诺夫的研究者曾考证，西蒙诺夫的《等着我吧》这首诗是纯粹为心爱的人，为瓦莲金娜·谢洛娃写的一封诗体的书信，是献给她的一首诗，诗里写的全是个人的感情，都是对着她、对着自己的爱人的。西蒙诺夫自己也曾在一篇文章中承认：他写的一些抒情诗是他"个人的事"。但是后来的情况使他改变了看法。"……但是后来，过了几个月之后，我来到遥远的北方，暴风雪和恶劣天气有时候迫使人不得不整天整夜地躲在地窖里或大雪拥堵的木屋中，在这样的时刻，为了打发时间，我给人们朗诵诗歌，他们是各种各样的人，正是这些各种各样的人，在煤油灯下或打着手电筒几十次地把《等着我吧》这首诗抄在一小片纸上。……正是人们抄写这首诗的事实，说明它触到了人们的心灵。这使我在半年后决定在报刊上发表它。"②

诗人的创作，毫无疑问，是发自内心的感情，来自心灵的冲动。激发诗人写诗的最初动机也许是要表达对爱人的思念和别离之情，表达对胜利的信心和团聚的希望。但同时也是对那些沦陷在法西斯占领的那些地方的同胞的一个回答。当西蒙诺夫在斯摩棱斯克的道路上撤退的时候，那些冒着大雨在路旁提壶携浆送行的妇女，白发苍苍的老人那期盼的目

---

① 西蒙诺夫：《战争中不同的日子》，《西蒙诺夫文集》第九卷，莫斯科："文学艺术"出版社，1983年，第37—38页。

② 转引自拉扎列夫：《康·西蒙诺夫》，莫斯科："文学艺术"出版社，1985年，第71页。

光和“我们等着你们”的那坚定的话语，那寡妇的眼泪和少女的呼喊，都激起诗人撕心裂肺的痛苦。在痛定之后，诗人这句“等着我吧，我一定会回来的”，既是对亲爱的人的许诺，也是对那些失去家园的同胞们的回答。这掷地有声的坚定话语，既是诗人发自内心的誓言，也是广大人民群众对苏维埃祖国的坚定的信念和打败法西斯侵略者的必胜信心。这首诗中那流畅的诗句、简明直白的内涵，痛快淋漓地表达出前方和后方人们的心声和期盼。那沦陷在法西斯铁蹄下的人们日日夜夜的期盼就是亲人归来，驱逐德寇，重获自由；那前方的战士和后方的亲人都期望着胜利之日的团聚和欢欣。遍布全国各地的人们，心中的千言万语，都在这“等着我吧，我一定会回来”的一句话中表达了。因此这首诗一发表，就受到全苏联人民的热烈欢迎和喜爱。人们把这首诗从报纸上剪下来，从前方寄到后方，从后方寄到前方，用铅笔抄在笔记本上，珍藏在贴身的口袋里。苏联诗人苏尔科夫后来回忆，在战争初年，在前线碰到的人，几乎没有一个不拿着刊登《等着我吧》这首诗的《真理报》的。这首诗的作者西蒙诺夫一夜之间成了全苏联家喻户晓的诗人，成为人人喜爱的作家。西蒙诺夫曾经收到一位战士的来信，这位年轻的士兵在信中说：

“您是否完全了解，您的《等着我吧》一诗对于我们这些卫国战争中年轻的‘小兵’来说是什么吗？我们不信上帝，不知道祈祷词，也不会祈祷，但是当时的情况是需要向某个人倾诉：‘保佑我们不要牺牲吧。’于是您的《等着我吧》出现了。这首诗从后方寄到前线，从前线寄到后方。它让那些相信有人在等着他的人和那些正在等待亲人的人充满了希望。每天我都不知多少次地去看看邮箱，像祈祷似的轻声细语：‘等着我吧，我要战胜一切死亡，我会回来的……’并且，我还要加上一句：‘是的，亲爱的，我要等下去，我能够等下去的。’”①

西蒙诺夫作为《红星报》的战地记者，首要的任务当然是为报纸写通讯报道，但是战争的现实，不可能不触动诗人的创作激情，西蒙诺夫在采访的间隙写了不少抒情诗，他把这些诗作编成一本诗集，题名叫《聚散情思》。他把这本诗集拿到莫斯科“青年近卫军”出版社联系出版。出版社看了诗集中这些诗作都是抒情诗，不敢冒险印行。经过一番争论，出版社

---

①　转引自芬克：《康·西蒙诺夫》，莫斯科：苏联作家出版社，1983年，第84—85页。

同意出版,但要删去许多篇诗作。西蒙诺夫不同意,没有达成协议。西蒙诺夫说他马上要到前线出差,请出版社考虑考虑,他出差回来再谈。

这期间法捷耶夫给《红星报》打电话,说谢尔巴科夫要见西蒙诺夫。那时候谢尔巴科夫是苏共中央委员、莫斯科市委书记,同时又是情报局的领导人。西蒙诺夫问什么事,法捷耶夫没有回答,只给了他一个电话号码。西蒙诺夫后来在日记中详细地记下了这次关乎他的诗集能否出版的会见。

"我打了电话,对方给我接通了谢尔巴科夫。谢尔巴科夫问我,能不能马上到他那里去一趟。半小时后,我来到卡列特内路莫斯科市委他的办公室。

"如同这次召见一样,谈话也同样出人意料。前不久我把一本诗集交给了'青年近卫军'出版社。诗集有两个部分,第一部分包括二十五首诗,就是后来收入诗集《聚散情思》的那二十五首诗,第二部分是我写前线的几首长诗和其他一些军旅诗歌。大约在谢尔巴科夫召见之前一个礼拜的样子,我同出版社谈了一次,这次谈话的过程中我们没有达成一致。我收入诗集第一部分的诗作,大部分是抒情诗,不是十五首,就是十七首,主编,更确切地说是出版社不敢冒险印行……

"我来到谢尔巴科夫的办公室,同他寒暄之后,惊奇地看到,我交给出版社的诗稿就放在他的办公桌上。只有出版社的那份诗稿才能转到他这里,第二份手稿还留在我家里,没有其他手稿。我看到了我的诗稿,谢尔巴科夫也注意到,我看见诗稿了,但是他并没有说诗稿的事,而是问我什么时候到前线去。我回答说打算后天走。

"'到哪里去?'他问。

"我说到卡累利阿方面军,摩尔曼斯克战线。

"'干什么去?'他的这个问题使我感到有点莫名其妙。

"我给他解释为什么要到那里去,因为我准备给《红星报》写几篇报道。

"'可您已经去过北方了,而且在那里待了很长时间。'谢尔巴科夫说。

"我回答说,去是去过,但是我想再去一次,在主要战线平静无事的时候,到那些已经去过的地方,从那里发出的材料,报纸可能更感兴趣。

"'正因为平静无事,'谢尔巴科夫说,'您可以利用这个时间在莫斯科,坐在家里干点事。非您去不行吗?谁赶您去的?'

"我当即肯定地回答,是我自己要去的,都已做好准备了。

"'您看着办吧,'谢尔巴科夫说,他又重复了一遍:'您看着办吧。现在我们来谈谈您的诗。您交给了出版社一本书稿?'

"我承认是交了一本书稿。

"'我们从那里要过来,看了看,'他这个'我们'说得含含糊糊,因而不能理解为他指的是自己,但又不愿说是'我要来的',或者是他指的不单是自己,还有别人。因此当时我没弄明白,这到底是怎么回事。'我们看了一下,'谢尔巴科夫说,'您同出版社有什么可争执的?吵什么架?'

"我说,根本没有吵架,只不过是我和出版社没有谈妥,等我从前线回来再谈。

"'没谈妥是什么意思?什么没谈妥?'谢尔巴科夫问。

"我给他解释说,诗集第一部分的二十五首诗中,出版社只要七到八首。可我认为,所有的诗,除一首之外,都可以出版。

"'他们反对的都是些什么诗呢?'谢尔巴科夫问道,他让我坐到办公桌旁,和他并排坐着。'让我们来看看这些诗。'

"我们面前的桌子上放着诗集手稿,上面有编辑写的全部意见和我熟知的在页边做的各种记号。

"我们翻阅诗稿。一首接着一首地翻阅,在编辑部提出反对意见的每一首诗前都停下来。对这些诗中的每一首诗,谢尔巴科夫每次都说,他认为可以出版。

"'就是这些?'我们翻到最后一页时,谢尔巴科夫问道。

"'就是这些。'

"'我们来和出版社谈谈,'谢尔巴科夫说,'我想,他们会同意我们的意见的,这些诗都可以出版。这样一来就没有问题了……等一等,您刚才说有一首诗您同意他们的意见了。这首诗在哪里?咱们来看一看?'

"我说,不行,我们看不到了,因为我同意出版社的意见之后,就从手稿中删掉了。

"'也许没有必要删掉呢?'谢尔巴科夫问。

"'我不知道,也许没必要,'我说,'不过,我觉得,主编的意见也有道理。他说这首诗别人的理解也许和我写的不一样。'

"'您是怎么写的呢?'

"我说,我觉得这首诗根本不是颂扬轻浮的爱情,诗中写的不过是生活中常有的事,不过在写到这一点时,有一点对真正爱情的期盼。

“‘也许别的人在这首诗中读到的也正是您在这首诗中所注入的内涵呢?’谢尔巴科夫说道:‘请读一下,可以吗?’

“我给他背诵了《瞬间记住的名字……》这首诗。

“他让我再背一遍,我就又背了一遍。

“他沉默了一会儿,然后说道:

“‘您知道,在我看来,这些诗中没有任何模棱两可的话。比如,我理解的作者的原意,恰恰就是您对我说的那个意思。也许别人会有不同的理解,但是您所理解的,和我所理解的是一样的。这就是说,我们两个已经是一致的了。’他笑了笑。‘把这首诗也放进来吧。让他们把它也印上。’

“谈话有这样的转折,让我又惊又喜,我对他的支持表示感谢。

“‘现在,’谢尔巴科夫合上诗稿说道。‘我想同您谈这样一件事。有一种感觉,您在前线上过于冒险。如果说得严重点,您是在自己找死。怎么样?是不是事实?’

“他关注地、探索式地看着我。

“这样的问题怎么回答?我并没有自己去找死,这不是事实。但是冒险的事,特别是在1941年,发生过不止一次。有几次的采访出差就是这么个情况。谢尔巴科夫的这个问题在某种意义上让我感到受宠若惊:看来,我在前线的表现他都知道。总的说来,我不是胆小鬼,也遭遇过几次困难境地。但是他的问题同时也让我大吃一惊,他是从哪里知道的?他都知道些什么?主要的是他为什么这样问我?

“我回答他说,并不是这样,我并不是自己找死,从来没有这样做过,以后也不会这样做。我说,我没有任何原因要这样做。

“‘没有任何原因?’谢尔巴科夫固执地又问了一次。

“于是,我首先想到,他了解我的私生活的某些情况。

“‘没有任何原因,’我回答。

“这是实话,因为无论在哪里发生过什么情况,我确实没打算自己去找死。

“‘可是这里,您的诗里有一个诗节把我吓了一跳,’谢尔巴科夫拿起诗稿,翻了几页,找到一首诗便大声读出来了:

即便我命中遭遇不幸,
但是无论谁来评判我们,

我都是自己对自己，
做出生命的判决。

“无论是那时候，还是现在，我都没有觉得这个诗节里会有让人想到自取灭亡的含义。显而易见，正是‘即便我命中遭遇不幸’和‘生命的判决’这样的诗句让人产生了这种虚假的印象，所以，谢尔巴科夫读了这个诗节之后，又目光锐利地审视着我。

“‘这几行诗怎么理解？’

“我回答说，我很难解释这些诗句，但是我并不想死，相反，我非常渴望活到战争结束。

“‘那好吧，’谢尔巴科夫说，‘这就是说，诗的问题，我们就这样决定了。’

“他站起来，向我伸出手。

“‘您到前线去的时候，要小心点，不要冒险。您必须答应这一点。您应当保重自己。至少，不要做傻事。’”①

西蒙诺夫的诗歌感情真挚，诗句明快、流畅，朗朗上口，他的抒情诗中几乎看不出什么艺术手法的运用，全是诗人发自肺腑的真挚的感情，让读者从身边的事、心中的情，从普通人的切身体验，唤起人们心灵的共鸣。村外路边的三棵白桦，清澈的溪流，喧嚷的渡口，雨中送行的女人，白发苍苍的老人，世世代代祖宗的坟墓，这些人人皆有的情，世间常有的事和物，在西蒙诺夫笔下，都是那么亲切，那么激起人的感情。在战争年代，这些身边的事物、日常生活的情景最容易引起人们对祖国的联想，使人们在暗夜中看到光明，在困难中增加力量。在抗美援朝中，在最困难的时刻，一曲《我的祖国》仿佛使上甘岭的志愿军战士们看到祖国的一条大河，闻到稻谷的芳香，顿时增加了抗击敌人的信心和力量。这样的抒情艺术的手法和西蒙诺夫的抒情艺术是非常一致的。高明的艺术家总是能够从现实生活中、从普通人的日常生活中提炼出感人的艺术手法，丰富自己的艺术创作。在苏联反法西斯卫国战争中，西蒙诺夫的诗给愁苦的亲人带来慰藉，给期待的人们增强信心，使前方将士受到鼓舞，增添其信心和力量。

---

① 西蒙诺夫：《战争中不同的日子》，《西蒙诺夫文集》第九卷，莫斯科：“文学艺术”出版社，1983年，第90—93页。

在那艰苦的年代，西蒙诺夫的诗篇给苏联的男女老幼，带来的是温暖，是希望，是信心，是力量。有位苏联文学评论家说："一首《等着我吧》使西蒙诺夫立即成为文学上最为响亮的名字。在苏联的诗歌史上未必会找到第二篇作品能够得到这样群众性的反响。"①

关于西蒙诺夫的诗歌在群众中的反响，西蒙诺夫在战时的日记中记载了这样一段"轶事"。

西蒙诺夫到中亚某地出差，在卧铺车厢里和一位空军少校同住一个包厢。这位少校飞行员认出了他，于是就对西蒙诺夫表现得关怀备至，非常殷勤。当时西蒙诺夫的军衔是高级营政委。入夜，西蒙诺夫躺在卧铺上看书，发现这位空军少校在铺位上辗转反侧，没有入睡，后来索性转过身来，对西蒙诺夫说，高级营政委同志，我认出您来了，《等着我吧》这首诗是您写的吧？听到西蒙诺夫肯定的回答后，他对西蒙诺夫说，他请求西蒙诺夫给他的妻子写一封信。西蒙诺夫不知所措。空军少校说，他的妻子在后方"红杏出墙"，他听说后，一怒之下就写报告让后勤部门中断给她寄军饷。这次他出差到中亚去，政委让他顺道回家看看，处理好他们夫妻之间的事情。刚开始他还奇怪，过后明白过来，原来政委扣压了他的中断寄军饷的申请，他的妻子仍旧作为家属一直享受着他的军饷。少校回到家后，妻子对他一如往常，但是少校却态度冷淡，住了几天，就返回部队。西蒙诺夫问他，以后怎么办，少校回答说："我不知道以后应该怎么生活，高级营政委同志，我相信她再没有同他在一起，彻底离开他了。人们也都是这样告诉我的。但是我一想起这件事就心里难过。"西蒙诺夫问该怎么替他写这封信，少校说："您在诗里怎么写的，就照样替我写吧。"西蒙诺夫刚要开始写，少校又说："您给她这么写。告诉她，她不是个好女人，要让她感觉到这一点，同时又要告诉她，我爱她，原谅她。"西蒙诺夫深知这封信的重要性，既不能按少校的原话照写，又要表达出少校的心意，他措词颇费踌躇，尽心尽力，写了很长时间。写完后，少校看了，立即从卧铺上跳下来，拉住西蒙诺夫的手，连声感谢。"我永远不会忘记您的帮助。现在她应当感觉到了，高级营政委同志，您可帮了我的大忙了。"这位空军少校兴奋起来，滔滔不绝地说起他的妻子怎么怎么好，他怎么爱她，再也不提过去的事了，仿佛这封信翻开了他生活的新的一页。

---

①　拉扎列夫：《康·西蒙诺夫》，莫斯科："文学艺术"出版社，1985年，第66页。

西蒙诺夫战争年代的诗歌不仅激励了他那一代青年，而且也得到老一辈作家的赞赏。战争期间，为安全起见，老作家阿·托尔斯泰撤退到中亚，有一次他因事到莫斯科，其间，他专程到《红星报》编辑部去看一看他不认识的青年诗人西蒙诺夫。战后，西蒙诺夫和《红星报》原主编奥滕贝格的通信中详细地回忆了那次会见的情景。

“我有事到编辑部去，好像到你那里去了一下，因为还有什么事要做，便又出来了。后来人们喊我，叫我到主编那里去。我到了你那里。我不记得还有谁，大概是卡尔波夫还是什么人在那里，再就是阿列克塞·尼古拉耶维奇·托尔斯泰。

“桌上除了报纸、文件和报刊合订本之外，其他什么东西都没有。你好像是对阿列克塞·尼古拉耶维奇说了句，这位就是西蒙诺夫，可能还补充了一句类似这种精神的话，这位就是您想同他谈谈、您想要称赞的西蒙诺夫，究竟怎么说的，我不记得了。

“在这之前我的诗集《聚散情思》中的一些诗已经在《新世界》《红色处女地》发表过了，甚至在“青年近卫军”出版社出了单行本。不过，最后一点，我记不清了。

“我与阿·托尔斯泰的认识最初只是远远的，怀着崇拜的心情。我们更接近的相识，要更晚一些，那是在一块儿出席哈尔科夫的审判之后了。我从没有到他家去过，但是在作家协会、文学工作者之家，见过几次。有一次，他对我的《将军》一诗说了些好话，我把那次谈话视作我的诗歌活动的真正开端。

“我和托尔斯泰互致问候。我在他对面的桌旁坐下，他先说话了，他说，他喜欢我的爱情抒情诗。

“从他说话的情况看来，那时候，他确实很喜欢这些诗，很合他的心意。况且，他没有必要说违心的话，没有任何必要嘛。当时他把我叫来就是要对我说些好话。他称赞我的那些诗时的语气，要说得更确切一点，就是男子汉的语气，这是一次男子汉议论诗歌的谈话。

“他说，人们写抒情诗，有的人专写第一次约会，另一些人则相反，主要是因为离别而长吁短叹。而您的爱情诗确实是写爱情的，爱情所具有的一切都包含在内了。没有那种我们习惯在诗歌中所用的羞涩的隐晦。

“这时，他的话有些粗野，他说，有时候读爱情诗，你感觉不到，这是在大地上行走的一个男人爱一个女人，这是穿裤子的男人，他裤子里面男人所应有的东西，都一应俱全，而不单是只想写得更美一点，更带感情一点。

“总之，他喜欢这些诗，谈话就是从这里开始以此而结束的。”①

战争年代西蒙诺夫的诗歌创作，可以说达到了他的诗歌成就的顶峰，那种发自内心的真挚深情，那种汹涌澎湃的激情，那些深入人心的诗句，都是读者与诗人共享，心灵与心灵直通的。战后西蒙诺夫的文学创作转向了以小说为主，虽然仍有诗歌作品问世，但是已经没有面临祖国生死存亡时那种切肤之痛所激发的感情了，已经和战争年代的诗歌不可相提并论了。

《等着我吧》这首诗，在战争年代，在战后，西蒙诺夫本人朗诵过数百次，有时是在无线电广播中，但更多的是直接面对听众：有战士，也有后方百姓。战争结束几十年，时过境迁，西蒙诺夫以为再也不用朗诵这首诗了。能回来的人早都回来了，没有什么可等待的人了。但是有一次西蒙诺夫到远东出差，见到一些商船上的船员、渔民和潜艇的队员，这些人一出海往往要数月才能回来。他们见到西蒙诺夫，就要求他朗诵《等着我吧》这首诗。西蒙诺夫认为，现在和平年代，再朗诵这首诗没有什么意义了。但是海员和渔民们都不同意，他们认为，这首诗依然能够满足那些因为各种情况而需要的人们的精神需求。也就是说，这首诞生于战争年代的抒情诗，在战争过去了几十年后，依然具有很强的艺术生命力。

然而，这首艺术感染力如此强烈的抒情诗也给人带来另一方面的感受。战争结束多年之后，西蒙诺夫收到一个陌生女人的来信，她在信中说：“……在纪念胜利二十五周年的那天，我来到那里。这些年来，我的思绪不知多少次地回忆起您——《等着我吧》的作者，仿佛觉得您有什么对不起我的地方。不错，我去扫墓的时候，总有些乡村的女人走到我面前，安慰我；其中有个人对我说：‘您还有座坟墓，可以到这里来哭一场，这就是莫大的幸福了。如果杳无消息失踪了，或者是牺牲在异国他乡，那就更难过了。’在这里，我想以那些‘比任何人更会等待’，但可惜却没有等回来的人们的名义，向您提个要求。给我们平反吧，写点什么证明我们的无辜吧，否则您这首诗的最后八行让我们这些没有等到亲人的人听了，仿佛是在指责、责备、责难我们……”可以想见，作者西蒙诺夫看到这封信时那种五味杂陈、无言以对的心情。他在日记中说：“现在我能写出什么来回答

---

① 西蒙诺夫：《致奥滕贝格》，载《关于战争的书信，1943—1979》，莫斯科：苏联作家出版社，1990 年，第 469—470 页。

这封信呢？……现在该怎么办呢？现在我朗诵这首诗，既怀着不由自主的过错的感情，又意识到这是难以解决的矛盾。再写首什么样的诗才能解决这个问题啊……”①

3. 小说作家西蒙诺夫

西蒙诺夫是以诗人的面貌登上苏联文坛的。到哈勒欣去，也是以诗人的身份被派到军报去的，他的任务就是写诗。所以，在那里他给报纸写的稿件都是诗，而且大多是有情节的叙事诗。那时候他从来没有想过写散文、小说之类的东西。但是在卫国战争期间，作为《红星报》的战地记者，情况就不一样了。编辑部需要的稿件主要是前方的战况，是鼓舞人心的胜利消息和前方将士的英雄事迹。所以，西蒙诺夫这支诗人的笔就改写叙事体的散文了。然而，西蒙诺夫毕竟具有诗人的才华和气质，面对如此激动人心的现实生活，诗的词句和韵律总是不由自主喷涌而出，但是写诗毕竟已经成为“业余”的了，至于写小说更是从未在头脑中思考过。直到有一天《红星报》的主编交给他一个写小说的任务。

那一天，西蒙诺夫刚刚从克里米亚出差回来，给编辑部上交了此行报道稿件，主编把他叫到了办公室。奥滕贝格问他：

“西蒙诺夫，你还记不记得，上一次你从克里米亚回来之后，曾对我讲过，旅政委尼古拉耶夫对你说：勇敢的人死的少？”

西蒙诺夫一时不知从何说起，便回答说记得。

奥滕贝格对他说：“你最好以这个主题写篇小说。这是个非常重要的思想，而且，从本质上说，也是理所当然的。”

西蒙诺夫在战争年代的日记中记下了接受这个任务之后的心情：

“我心里怀着有点胆怯的心情从他的办公室出来，因为我从来还没有写过小说。在《红星报》当军事记者的工作期间，用我所看到的素材写小说，而不是写通讯报道，我还从来没有这种想法。

“和奥滕贝格谈话之后，关于阿拉巴特沙嘴的回忆突然涌上心头。正是这番回忆使我写出了第一个短篇小说。我想到了尼古拉耶夫和他那最

---

① 西蒙诺夫：《战争中不同的日子》，《西蒙诺夫文集》第八卷，莫斯科：“文学艺术”出版社，1983年，第383页。

坚定、最不可动摇的信念：就是勇敢的人被打死的概率要比胆小鬼小。于是我便把我记忆清晰的那天的某些细节，做了我觉得比较合适的一些安排。两天之后便把我的第一篇短篇小说交到了主编的办公桌上，小说的标题是：'第三个副官'。"①

经过一番构思，师政委尼古拉耶夫的名字改为柯尔涅夫，这就使真人真事的特写成为作家虚构的小说。虽然小说中写的都是真人真事，但是作者却有了更为广阔的自由。既然主编指明要写"勇敢的人死的少"这个主题，西蒙诺夫在小说中开宗明义便写道：

"政委坚决相信，在战场上勇敢的人比懦夫死得少。他喜欢重复这一点，而且，如果有人同他争辩的话，他就要生气。"②

小说的情节围绕柯尔涅夫政委的三个副官的命运来阐明他的这个"理论"，并刻画了这位师级指挥员的鲜明个性。

第一个副官来到他身边，不到一星期就被打死了。这个副官"由于胆怯，从战壕里走出来，要往后爬，他被机枪扫倒了"。对于这个副官的死，政委"冷漠地在副官的尸体旁边走过，甚至连头也没有向死者方向转一下"。

"第二个副官在冲锋时受了伤，子弹穿透了他的胸部。他在被摧毁了的战壕里仰面躺着，张口大口吸气，要求喝水。"政委柯尔涅夫在观察所里用望远镜看到这个情况之后，竟冒着生命危险，到战场上一个被遗弃的军用水壶里去给他找水。随后又命令营长派人把他送往卫生营去抢救。夜间他又亲自到卫生营去探望。医生告诉他，因为流血过多，副官已经死去了。他不能接受这个结果，他对医生说："他是个勇敢的小伙子，他应当活着。你们的工作太差劲了。"说罢，政委生气地走了。"外科医生在后面目送着他。当然，政委是不对的，他不是从逻辑推理说出这番糊涂话的。但不管怎么样，在他的话里却有一种力量和信念，它使外科医生在一瞬间觉得，真正勇敢的人是不应该死的，如果他们最终还是死了的话，那么，这就是说，自己工作得不好。"虽然外科大夫觉得自己这种想法太奇怪，但是他还是决定把卫生救护站再往前设置，距前沿阵地更近些，并且要配备大夫。

---

① 西蒙诺夫：《战争中不同的日子》，《西蒙诺夫文集》第九卷，莫斯科："文学艺术"出版社，1983年，第36—37页。

② 西蒙诺夫：《第三个副官》，李辉凡译，载《苏联短篇小说选》上册，北京：中国青年出版社，1984年，第201页。以后此篇引文不再加注。

看来,政委的责备虽然不合情理,反而起到了推进卫生营工作的效果。

“第三个副官是一个身材矮小的小伙子,长着一头浅色头发和一双浅蓝色眼睛。他刚从中学毕业,头一回上前线。”

这个小伙子很聪明,虽然是第一次上前线,却丝毫没有胆怯的样子。刚来第一天,他跟随政委到营里去,冒着敌人的炮火,一步不离政委左右。在秋天的田野里,“他们已成了德国人炮击的目标,这时政委和副官便卧倒下来。不过,当他们刚刚卧倒,当附近爆炸的烟雾还没有消散的时候,政委便已经起来朝前走了”。敌人的炮火更激烈了,但是炮弹都落在他们后面了。政委便对他的副官说:“如果我和您胆怯了,等着不敢走,炮弹就正好落在我们身上了。任何时候都要快点往前走。”对于这个年轻而又带点顽皮的小伙子,他在战场上的表现,政委在心里是满意的。

一天,师长负了重伤,参谋长也负了伤,他和政委在驻地老乡家里争论政委的“理论”。参谋长说,政委的第一个副官打死了,因为他胆小,但是师长却曾经是一个勇敢的人,您该怎么说呢?政委断然说道:“不是曾经是,而是现在是,他将继续活着。”但是参谋长又举出他们这里几个牺牲的人,他们都死了,都是勇敢的人。于是反问道:“怎么用您的理论来解释呢?”这时政委说出了一番很让人深思的话:“我没有理论,我只不过知道,在同一种情况下,勇敢的人要比懦夫少死一些。如果您总是谈起那些作战勇敢、但又毕竟死了的人,那么,这是因为当胆小鬼死了时,还没有被掩埋就已经被人忘记了;而勇敢的人死了,人们却记着他,讲他的为人,写他的事迹。我们只记住勇敢的人。这就是一切。如果您还是要把这称为我的理论的话,那就随您的便吧。能帮助人们不胆小的理论,总是好理论。”

谈话间,副官来向政委报告,他刚从半岛回来,营长负了伤,现在五连连长瓦西里耶夫中尉在代理营长的工作,五连由一个中士来指挥。政委略一沉思,便倒了半杯伏特加酒,递给副官,说他一路冻坏了,喝杯酒暖暖身子。副官一饮而尽,政委对他说:“那里的情况,我不放心,您再回去吧,您应当成为我在半岛上的眼睛。”副官连大衣都没脱,立即转身回半岛去了。政委看着他离去的背影,说道:“好小伙子,我就是相信这样的人,他们是什么事情也不会发生的,我相信他们会安然无恙,他们也相信子弹打不着我。而这就是最主要的。”

第二天政委亲自到半岛去了。事实和他的预料完全相反。昨夜德国人进行偷袭,战斗进行得极为残酷,守卫半岛的全连战士全部阵亡,无一幸免。看来，副官也牺牲了。政委重又组织兵力，亲自带队向半岛上的德国人发起猛攻，战斗打得很激烈，入侵半岛的德国人全部被歼灭了。打扫战场的时候，政委没有发现副官的尸体，最后在远离战壕的后面，政委找到了他。副官仰面躺着，“手中死死地握着那支干式手枪，胸前军便服上凝结着血污”。

政委俯下身子，检验副官的伤口，是刺刀伤的。随后他惊奇地发现副官还有呼吸，便连忙命人抬去抢救。政委疑虑地想着是否还能救活他，一边又想到另一个问题，他“在战斗中的表现如何，他为什么会死在大家后面的地里呢”。他最后的结论是：“如果一切都很好，如果他表现得很勇敢——就意味着他能活，一定能活。”一个月后，“脸色苍白、身体瘦弱的副官”从医院回来了。他对政委说，他还没有走到五连，还有一百步远，就被包围了……政委没有等他说完，就打断他，说道：“我全知道，您不用解释了。我知道，您是好样的，我很高兴，您活下来了。”

小说的标题虽然叫《第三个副官》，但小说的中心人物是政委柯尔涅夫。小说的情节结构也是围绕着柯尔涅夫提出的“在战场上勇敢的人比懦夫死得少”这一思想而展开的。“勇敢”是政委柯尔涅夫对士兵、军官的第一要求，是他衡量一个军人的主要标准。小说中他的三个副官的表现和他对这三个副官的态度正是他践行这一标准的体现。他本人身体力行，在战场上是一个忘我的、勇敢的人。在激烈的战斗中，为了完成任务，他往往离开作为一个师级政委应在的位置，而身先士卒，带领营或连的队伍，冲锋陷阵。作为一个军人，首先要有勇敢精神。他用这个标准要求自己，也用这个标准衡量别人。他的第一个副官由于怯懦而逃离战场被打死后，对于这个人的死，他毫无惋惜之情，甚至不屑一顾。第二个副官在战场上受重伤，他因为治救不够及时而对大夫大发雷霆，在他的心目中，副官是在战场上勇敢作战才受的伤，如果救治及时，他是不应死去的。第三个副官在离阵地很远的后方受伤倒地，昏死过去，他找到副官时，首先想到他会不会因为害怕而往后跑才被打死的。后来事实证明，这第三个副官是在众寡悬殊的战斗中受了重伤，虽然已经奄奄一息，却活过来了，所以他说他的第三个副官是“好样的”。

在两军相搏的战场上，枪林弹雨，人的生死不过是刹那间的事，不管是勇敢的军人，还是胆怯的军人，战死疆场都是最平常不过的。当师参谋长举出本师一些勇敢的军人都战死沙场的事实来质疑柯尔涅夫政委的

“理论”时，柯尔涅夫的回答让我们认识到问题的实质：作为军人保家卫国是神圣的职责，为国捐躯是生命价值的最高体现。但是面对祖国危亡而要苟且偷生，死了也为人所不齿：“还没有被掩埋就已经被人忘记了；而勇敢的人死了，人们却记着他，讲他的为人，写他的事迹。我们只记住勇敢的人。”小说通过柯尔涅夫政委和他的副官在战争中的表现深刻地揭示了苏维埃人的人生观、道德观。人的生命是最宝贵的，人人都珍惜自己的生命，但是如何去实现自己的人生价值，在那个战争年代，在反法西斯卫国战争的战场上就成为对每个人的考验。西蒙诺夫的这篇小说是根据事实、根据真人的事迹写成的，可以说写的是反法西斯卫国战争中天天都在发生的事，但是经过作家的剪裁和加工就成了一篇感人的艺术作品。

反法西斯卫国战争年代那严峻的、艰苦的现实生活，反侵略战争中可歌可泣的动人事迹，为作家的创作提供了取之不尽的创作素材。西蒙诺夫说过：“我是许多积极行动和重大事件的目击者。除极个别的例外，我不去那些平静的地方，我总是被派往正在准备或已经发生什么事情的地方。我有机会进行比较，我亲眼目睹了战争各个年代各个时期我军的积极行动。”[①]西蒙诺夫在《第三个副官》之后创作了大量的短篇小说和报告文学（苏联文学界称之为特写），这些作品的素材基本上都是根据他在前线采访中所看到的或了解到的真人真事写成的，但是有的写成了小说，有的则写成纪实的报告文学，虽然都是根据真实的人物和事件，但这毕竟是两种不同的文学体裁，其中的区别在哪里呢？后来，西蒙诺夫在谈到这个时期的文学创作时，曾这样说过：

“在战争年代，有些作品以真人真事为基础，但我往往必须给人物另起名字，给事件改头换面，虚构某些情节。这样做是有其内部和外部的各种原因的。有时需要保守军事秘密，不允许用真名实姓，不能指明故事发生的地点，有时我想把人物的思想感情充分揭示出来，但特写的形式有局限性。所有这样写成的东西我都名之曰‘短篇小说’，不可能叫做纪实小说。这些小说基础的纪实的真实性，那是不言而喻的，但在我看来，冠以纪实小说的称号，它们都不够格。既然姓名是虚构的，某些背景情况、细节、形势又是我臆想出来的——就是说，这是短篇小说、中篇小说，而不是

① 转引自拉扎列夫：《康·西蒙诺夫》，莫斯科：“文学艺术”出版社，1985年，第262页。

纪实小说,不是特写,也不是报道。”[①]

1943年8月库尔斯克弧形地带战役期间,西蒙诺夫到布霍夫将军的第十三军采访。这是位很有个性的将军。他的部队里流传着他给战士分赠礼品的故事。在前线尚无战事的平静时期,后方会送来许多慰问前方将士的礼品。布霍夫将军独出心裁,想出了这样一个分赠礼品的办法:他把各个部队的姑娘们——无线电通讯员、护士、卫生员都召集起来,让她们直接把礼品送到战壕里,分赠给战士们,特别要注意送给那些年纪大的老兵。他想用这个办法给这些在艰苦的战争岁月中疲惫不堪的战士们带来些许温暖。这个办法确实也让战士们非常感动。

西蒙诺夫前来采访,布霍夫将军亲自同记者共进早餐。其间,布霍夫将军突然对西蒙诺夫说道:

“您能不能给我解释一下,为什么你们作家,什么人都写就是不写步兵呢?你们写坦克兵,写飞行员,写狙击手,尽管他们也抱怨你们不写他们,但是你们毕竟还是写了。可是关于步兵你们为什么却根本不写呢?”

西蒙诺夫反驳他说:“比如我,写得最多的就是步兵部队的战斗行动。”

“写作战行动,”普霍夫生气地揶揄:“我和您谈的不是部队的作战行动,而是步兵战士。他在泥水里滚爬,在尘土飞扬中行进,忍受寒冷、雨淋,以及任何其他人都不曾忍受的种种艰难困苦。为什么你们不写他们?

---

① 西蒙诺夫:《既是自白,也是宣传》,李毓榛译,载《苏联当代作家谈创作》,北京:北京师范大学出版社,1984年,第277页。

既然你现在又一次来到这里，您就要找到一个这样的人。回到莫斯科，就把他写出来。"①

西蒙诺夫接受了布霍夫将军的批评意见，决心深入连队中了解步兵战士的生活和战斗情况，他在日记中这样写道：

"……在科罗马近郊的师中。接连两天同战士谈话，到处寻找今年从7月5日、6日一开始就参加战斗的战士，然而从那时起就一直参加战斗的战士，往往很难找。我很长时间地询问他们，什么都问，要他们讲出全部细节，甚至无关紧要的细节。我想尽可能准确地了解一个士兵从早到晚一天的生活……"②

经过深入连队的采访和与战士们的亲切交谈，了解到这个连队战士的战斗和生活情况后，结合长时间在部队采访的经验和体会，西蒙诺夫创作了短篇小说《步兵》。小说的中心人物是步兵战士萨维里耶夫。小说像编年史似的写了萨维里耶夫从清早到夜晚整整一天的生活历程。萨维里耶夫的连队从凌晨四点开始战斗行动，先是行军追击，到达预定地点，接着就是紧张地挖战壕，德国人的坦克冲过来，他们依托战壕，打退了敌人的坦克冲锋，随后全连冲锋突击，抢占渡口，一直到深夜十二点才结束战斗行动。在这长达二十个小时的战斗行动中，除流血牺牲之外，又要付出多少的艰苦劳动啊！而且这还是"进攻的第七天或第八天"，是战场上最顺利的日子。不难想象在困难的时刻是怎样的情景了。小说让人看到，在这样平凡的战斗活动中，也可以说在一个步兵战士的"日常生活"中，也不乏一些不亚于那些战斗功勋的英雄主义精神。

早在哈勒欣战斗时，西蒙诺夫就认识到，战争不仅需要流血牺牲，还需要艰辛的劳动和极度的精神紧张。英勇无畏的冲锋陷阵，横扫敌人"如卷席"，是值得赞颂的战士的英雄主义精神，同样的，持久的"日常"劳动，长途跋涉的紧急行军，忍饥挨饿和极度疲劳的坚持，也是值得赞颂的战士的英雄主义精神。没有众多战士这种"平常"的劳动和付出，就不可能取得战役乃至整个战争的胜利。西蒙诺夫的这篇《步兵》没有突出地表现战士们英勇杀敌、以血肉之躯去堵敌人枪眼、拿着手雷或汽油瓶去炸坦克的

---

① 西蒙诺夫：《战争中不同的日子》，《西蒙诺夫文集》第九卷，莫斯科："文学艺术"出版社，1983年，第260—261页。

② 同上书，第261页。

光辉事迹,也就是说,没有描写战士们在战场上的“闪光”时刻,而是通过平平常常的战斗行动来展现一个普通步兵为保卫祖国、战胜敌人而付出自己一切的那种高尚的道德品质和崇高的精神境界。到了战后,在20世纪70年代,苏联文学中出现了一股不写战士的“闪光”时刻,而通过战争中的“日常生活”来展现主人公的精神品质的小说潮流,受到当时读者的喜爱和欢迎。应该说,西蒙诺夫的短篇小说《步兵》是开了这种写法的先河的。

在开始文学创作的时候,西蒙诺夫没有考虑过将来会写小说,他的创作都集中在写诗,写抒情诗或有情节的叙事诗。到哈勒欣的《英勇红军报》去工作,主要任务也是写诗。反法西斯卫国战争爆发后,在《红星报》工作的几年里,西蒙诺夫意识到,他的主要任务是写通讯报道,自觉地从诗歌转向了散文。几年下来,波澜壮阔的反侵略战争的现实生活,他作为记者的广阔视野和个人经历,使他积累了丰富的素材,为他的小说创作打下了坚实的基础。一开始,他虽然没有打算写小说,但是日常的工作,写报道、写特写、写报刊所需要的材料,在不经意间为他积累了小说家必须具备的叙事艺术的经验。不仅如此,在几年中他也养成了小说家积累素材的习惯,四年战争中他用以记录事实、人物、个人感受的笔记本就有几十本之多,成了他毕生写军事题材作品的素材宝库。许多年后,西蒙诺夫回顾自己的创作道路时曾说过:“青年时代,我写过许多有情节的长诗,因为情节故事、抒情叙事诗体对我很有吸引力。显然,这就是对小说创作的预感了。”①

1942年初,德国法西斯侵略军在莫斯科城下遭到迎头痛击之后,调头南下,妄图占领伏尔加河上的战略要地——斯大林格勒,因此苏德双方在斯大林格勒地区展开了一场大会战,激烈的战斗持续了六个半月之久。双方投入的兵力达数百万人,坦克、大炮、飞机,数以万计。战斗极为严酷和惨烈,战前五十万人口的斯大林格勒没有留下一座完整的房子,90%的楼房都已片瓦无存。坐落在市中心的玛玛耶夫山岗每平方米的土地上都能找到500—1250块弹片,山岗上的石头都被白刃战溅洒的鲜血染成了红色。在这场激烈的会战中德国法西斯军队伤亡、被俘达八十多万人,大伤元气,从此走上了节节败退的道路,已经无力挽回其彻底失败的命运了。

---

① 转引自拉扎列夫:《康·西蒙诺夫》,莫斯科:“文学艺术”出版社,1985年,第82页。

一位在斯大林格勒战役中幸存下来的德国将军战后回忆说:“……1942年夏天的战役对德军来说是以惨败而告终的。从这一时刻起德军永远停止向东方进攻了。”①

就在斯大林格勒战役进行得最紧张激烈的时候,《红星报》主编奥滕贝格和西蒙诺夫到斯大林格勒去采访。西蒙诺夫从卫国战争一开始就在前线各部队采访,遭遇过许多危险和困难的局面,但是一听说要到斯大林格勒去采访,心里仍不免感到紧张和害怕,西蒙诺夫和奥滕贝格来到斯大林格勒地区之后,亲眼看到那里战斗的紧张和惨烈,在他内心里引起巨大的震撼。起初他们在斯大林格勒外围的部队采访,这些部队都是从斯大林格勒前线撤出来的。他采访了侦察兵什科连科的事迹,写了一篇特写《士兵的光荣》。什科连科是个普通的列兵,他原来在矿山工作,是矿山的技师,战争爆发的第二天就参军入伍。在斯大林格勒郊区他被派去抓“舌头”。一天一夜的工夫他抓回来两个“舌头”,一个是德军的机枪射手,一个是电话接线员。与此同时,他救出了前一天被德国人俘虏的几个红军士兵。据西蒙诺夫后来了解的情况,什科连科曾荣获红旗勋章,他经历了斯大林格勒的全部战斗,打到乌克兰的时候,他已晋升为中尉,1943年在南斯拉夫牺牲了。

后来西蒙诺夫进入斯大林格勒市区之后,采访一线的作战部队,写了两篇特写,一篇是《近郊的战斗》,写的是特克连科上尉带领一个营在拖拉机厂地区的作战事迹。这个特克连科是戈罗霍夫旅一位二十三岁的营长,斯大林格勒保卫战时他在最北边的防线上作战——也就是后来修建了伏尔加河水电站的地方。斯大林格勒战役之后,他打过许多仗,也受过伤,后来升任团长。卫国战争爆发的时候,他正在乌克兰西部的边境线上。在解放乌克兰的战斗中,他率领他的团队打回了战争初期他们撤退的地方。他找到了当年曾经过夜的那些地方,甚至找到了他们住过的宅院。卫国战争胜利结束的时候,他在安特拉齐特市近郊。退役之后,他们全家就在这里落户了。战后,在庆祝斯大林格勒战役胜利二十周年的时候,他给西蒙诺夫写信,信中讲到战争期间的经历和战后的生活情况。

“战争结束之后,我在军队里又待了一年。1946年5月7日退役。战争期间我身不由己做了许多破坏工作,所以一离开军队我就投入了重

① 转引自拉扎列夫:《康·西蒙诺夫》,莫斯科:“文学艺术”出版社,1985年,第117页。

建顿巴斯的工作。开头两年我给煤业托拉斯总技师当助手。从1948年到现在，我在一个矿山建设系统当安装工。我们恢复了被战争破坏的矿山和许多工厂，在恢复之后，我们又建设新的了……

“简单地说一下家庭情况。我家人口不多，只有六口人，两个儿子，一个女儿，还有妻子和母亲。大儿子已经在苏军中服完了他应服的兵役，现正在一个技术专科学校上学。女儿上的是一所音乐学校，最小的儿子刚上完八年级。我和妻子都在工作，我们的老祖宗，我的妈妈，管理家务……”他让西蒙诺夫代他向过去的战友们致意。“我非常想让我们大家在我家里聚会一下，回忆回忆往事。二十年过去了，一切仿佛就在昨日……”①

另一篇特写的标题是《日日夜夜》。当西蒙诺夫在军事通讯站口授这篇特写的时候，最初的标题是《白天和黑夜》，站在一旁的《红星报》主编奥滕贝格说，还不如用《日日夜夜》呢，于是西蒙诺夫就把标题改为《日日夜夜》。西蒙诺夫曾在一次同记者的谈话中谈到这篇特写的写作情况。他说：“特写《日日夜夜》是力图写出斯大林格勒市内总的战斗情况的一次尝试。当时的情况是，虽然报纸上有关于斯大林格勒战斗的报道，但是关于战斗已经在市内进行的情况，还没有报道过。特写《日日夜夜》应当是第一次报道这一情况，这个报道也使人能感觉到这个城市正在英勇战斗的总的图景。这篇特写直接从军事通讯站用电话发到莫斯科。我还记得，特写的一部分已写好，个别段落是一面核对笔记本上的记事，一面直接口述的。”②

战争结束许多年后，中国作家周立波访问他时，西蒙诺夫曾谈到他的这次斯大林格勒采访的感受：刚到斯大林格勒的时候，感到可怕，“我到达伏尔加河岸，并且看到人们在炮火之下，还是常常渡河到那边去，我已经觉得恐怖减少一些了……我看到人们不感到恐怖，因为他们从事于一种事业，因为他们时时刻刻在工作着。斯大林格勒的战斗是我在战争中所看到的一种最艰苦的工作，而人们却是很平常地看这件工作，他们并不这么想：我们是英雄，我们会胜利。他们知道这一点，知道我们会胜利，但是，他们也知道需要做这个，需要做这件事，要守住这栋房屋，要在今天几

---

① 西蒙诺夫：《战争中不同的日子》，《西蒙诺夫文集》第九卷，莫斯科："文学艺术"出版社，1987年，第144—145页。

② 西蒙诺夫：《第一篇散文》，莫斯科：《文学问题》杂志，1980年第5期。

点钟占领这个区。”[①]西蒙诺夫看到，斯大林格勒的保卫者们，把出生入死地完成战斗任务当作需要做的一件事，把流血牺牲为国捐躯看作一件平常的工作，西蒙诺夫在这里看到了斯大林格勒保卫者们那种非凡的英雄主义精神、百折不挠的刚毅力量，所以他把自己的特写题为《日日夜夜》。

在这篇特写中，西蒙诺夫写到了他们渡过伏尔加河进入市区的情况：“傍晚我们横渡伏尔加河。在漆黑的夜晚，天空中起火的斑点显得特别的红。我们乘坐的机动渡船装载着五辆满载弹药的卡车、一个连的红军战士、医疗营的几个姑娘。渡船在烟幕的掩护下行驶，但是渡河的时间依然显得十分漫长。在渡船的边上，一位二十岁的军医、姓谢宾的乌克兰姑娘坐在我身旁，她的名字有点古怪，叫维克多利亚。她渡河到斯大林格勒那边去已经是第四次或第五次了。……维克多利亚和我的一个同伴是老乡。一半的路程他们两人都在争先恐后地回忆第聂伯罗彼得罗夫斯克，回忆它的街、我同伴住的房子和维克多利亚住的房子。他们不厌其烦地、详细地畅谈故乡的城市，让人感到，在他们心里是不会把城市交给德国人的，永远也不会，这座城市，无论发生什么情况，永远都是他们的城市。……一个二十岁的姑娘，已经两次受伤，在这里已经战斗了十五个月，而且一天要五次去斯大林格勒。以后的日子还长着呢，那全部的生命、爱情，也许还有第一次的亲吻，谁能知道呢！在这样的夜晚，密集的炮声，前方正在燃烧的城市，一个二十岁的姑娘一天要去五次。虽然害怕，但还是要去。十五分钟之后，她就要在那些大火熊熊的房屋中或者在城里街道的瓦砾中冒着弹片的嚣声寻找伤员，并且把他们运回来，如果一切顺利，那么她还要第六次回到这里。”

西蒙诺夫离开斯大林格勒的时候，斯大林格勒战役还没有结束，但是他的这次斯大林格勒之行，感受之强烈，印象之丰富，都超过以往任何一次出差采访。特别是斯大林格勒保卫者们那种精神，那种气质，使他不能不诉诸笔端。开始他想写一部长诗歌颂斯大林格勒保卫者们的英雄事迹，但是又感到，诗歌的形式难以概括斯大林格勒战役的丰富内容，最后决定要写一部长篇小说，题名便是“日日夜夜”。

反法西斯卫国战争正在紧张地进行着。《红星报》前线记者的自由时间非常少，而且没有保障，要时刻准备到前线去采访。但是这段时间正是

---

① 周立波：《西蒙诺夫会见记》，载《北京日报》1952年11月7日。

斯大林格勒战役之后,库尔斯克战役开始之前,正是前线上相对平静的一个时期。西蒙诺夫向主编报告他要写一部关于斯大林格勒战役的小说,奥滕贝格非常支持他,给了他创作假期,但是有个条件,一旦前线有什么动静,要立即停下创作,赶赴前线。西蒙诺夫便利用这个时间开始了小说创作。为了节省时间,提高写作的速度,他请《红星报》编辑部的速记员穆扎·库兹科给他速记,他来口授。工作进行得迅速而又顺利,但是有一次却出了问题。速记员把西蒙诺夫口授的《日日夜夜》一章,不知放到哪里去了,找了很长时间,没有找到。没办法,西蒙诺夫只好重新口授这一章。后来,过了一段时间,丢失的一章又奇迹般地找到了。穆扎·库兹科把两次的记录对照了一下,结果令人十分惊奇,两份记录稿竟然一字不差!这件事不仅说明西蒙诺夫具有很强的记忆力,而且显示出西蒙诺夫对小说中的人物、情节、叙事方式已经烂熟于心,铭刻在脑海中了。

小说的中心主人公是营长萨布洛夫大尉。小说的开始是萨布洛夫大尉所在的部队奉命驰援斯大林格勒,他们所乘的军车到达斯大林格勒近郊的一个火车站,这里是列车的终点,再往前走就只能徒步行军了。营里的战士们都在卸车,萨布洛夫在车站旁的一座小屋里,看到一位老年妇女。老太太是从斯大林格勒市内撤退到这里的。她向萨布洛夫讲述斯大林格勒被毁的情形。她"说出一条条被炸坏的和烧毁的街道。萨布洛夫所不熟悉的街道的名称对于她却充满了特别的意义。现在被烧毁的那些房屋是什么时候的建筑和建筑在什么地方,现在锯下来做街垒的那些树木是什么时候种植和种植在什么地方,她都知道,她惋惜这一切,好像她讲的不是一座大城市,而是讲她的家,那里面她所熟悉的属于她个人的东西都丧失了、毁坏了,这使她非常痛心"①。她告诉萨布洛夫,她的两个儿子早已上了前线,一个已经阵亡,丈夫和女儿仍在斯大林格勒。关于他们的情况,她一点消息都不知道。

萨布洛夫率领他的营步行到达伏尔加河边,乘船渡河。在渡船上萨布洛夫遇见了从斯大林格勒那边护送伤员过河的年轻护士安尼亚,她告诉萨布洛夫,对岸那边还有几个伤员,她要回去把他们护送过来。萨布洛夫问她:

"您每天渡来渡去吗?一天几次?"

---

① 康·西蒙诺夫:《日日夜夜》,磊然译,北京,人民文学出版社,2015年,第2页。

“有多少伤员就渡几次。”姑娘说话的语气是那样镇定、从容，使萨布洛夫禁不住问她：“一天来去这许多次，您不害怕吗？”

姑娘说，害怕，但是把伤员从那边运过来的时候并不害怕，倒是一个人回去的时候，反而害怕。

萨布洛夫在渡船上遇到的这个斯大林格勒少女，每天冒着敌人的炮击和飞机轰炸来往伏尔加河运送伤员，却又这样从容镇定，如同日常的上班下班，这使他对斯大林格勒人民有了新的认识，也增强了他守卫斯大林格勒的必胜信心。

萨布洛夫到达斯大林格勒接受的第一个战斗任务是利用夜晚的黑暗夺取被德军占领的三栋楼房，夺取后要坚守住这三栋楼房。萨布洛夫占领这三栋楼房之后，发现楼房的地下室里还有一个带着三个孩子的妇女。接连几天的战斗，使萨布洛夫感到非常疲惫，这时小说里有一段对他的心理描写：

“他非常疲倦，与其说是由于经常的危险的感觉而疲倦，不如说是由于放在他肩上的那副重担。他不知道南北的情形怎样，虽然从炮轰的声音判断起来，周围到处都进行着战斗，——可是有一件事他坚决地知道并且更坚决地感觉到：这三所房子、被击破的窗户、被击破的房间、他、他的死去的和活着的兵士们、地窖里带着三个孩子的妇人，——所有的这一切就是俄罗斯，而他，萨布洛夫就在保卫它。如果他要死掉或是投降的话，那么这一小块土地便不再是俄罗斯，而成为德国的土地，这是他不能想象的。”①

西蒙诺夫总是把祖国的概念和人们身边的人和事联系起来，祖国的概念不是抽象的，而是具体的、亲切的。保卫祖国就是保卫自己的家园和亲人。当萨布洛夫把地下室里的带着三个孩子的母亲和自己手下的士兵同保卫斯大林格勒、保卫苏维埃祖国联系起来的时候，他也会想到在斯大林格勒郊区小站上见到的那位从斯大林格勒撤退出去的老妈妈。现在一步不退地守住这三座已经打成废墟的楼房就是守护住俄罗斯、苏维埃祖国。萨布洛夫这段内心的独白就是斯大林格勒保卫者们的庄严誓言，也是他们勇敢战斗、坚忍不拔、不怕牺牲的大无畏精神的力量的源泉。

萨布洛夫营的战士用果断的进攻夺回了一个广场和三栋楼房，并且一直坚守了十六个日日夜夜，打退了德军的无数次的反扑，没有让德国人

---

①　康·西蒙诺夫：《日日夜夜》，磊然译，北京：人民文学出版社，2015年，第51页。

占到一点便宜。但是他们也付出了沉重的代价。萨布洛夫向师长汇报时说："这八天里面死了六个，伤了二十个，可是在最初的八天里死了八十个，伤了二百零二……"①

对于这些斯大林格勒的保卫者们来说，一天打退敌人的几次进攻，坚守住这三座楼房，就是他们的"日常工作"。萨布洛夫营的老战士柯纽柯夫做联络兵，从第二连到第一连大白天来回爬了七次，他出生入死完成任务，但绘声绘色地说起来却像讲别人的故事：

"我在爬，那就是说，这是我，可是子弹老在我上面飞，我背着一只空瘪的装东西的小袋，里面装着烟叶和面包，不带它们爬起来虽然轻松些，可是又不能不带——你又不晓得往哪里爬，万一你不能爬回去呢……或者在半路上受了伤呢，仍旧是要抽抽烟，啃啃面包……我背上的口袋上面还有一只小锅，因为无论吃什么东西都缺不了锅。……我爬着，我的锅就从这边晃到那边，发出响声，它发出响声，并不是因为缚得不牢，这是因为子弹打在它上面，它是很高的呀，——我爬着，忽然觉得背上热烘烘的……我拉出刀来在皮带上划，把口袋割掉了，口袋落在我旁边，冒着烟。他（德国人），用燃烧弹把它烧穿了。这时我就笑了起来——我觉得很可笑，因为我想，难道我是坦克吗？而他却把我的炮塔烧穿了……于是，我扔了口袋再往前爬，可是烟叶也完蛋了，烧光了。我又往前爬……完全是平地，可是很脏，又是泥泞，我那样紧贴着地面爬，连烂泥都钻到靴筒里来了。然而他仍旧老是朝我放枪。唉，我已经完全贴着地面了……"

战士们不是第一次听柯纽柯夫讲他的故事了，知道下面有使他们高兴的笑话。

"我爬着，那样紧贴着地面，就连新婚第一年也没有这样紧贴着年轻的妻子，真的，祝她在天之灵，"柯纽柯夫在周围人们的哈哈大笑声中严肃地划了一个十字。"后来我就爬到废墟后面，这样他用机关枪就打不到我，而放我活着又不甘心——他很生气：第二次战斗中老向我瞄准，可是打不中我，子弹擦过去了。好，他就开始向我扔迫击炮弹。四面都是烂泥……迫击炮弹爆炸着，碎弹片在我周围嘘嘘地响，好像羊群在烂泥里走……"

第二连有个战士叫斯杰邦诺夫，参军前是集体农庄庄员，他被召入伍

---

① 康·西蒙诺夫：《日日夜夜》，磊然译，北京：人民文学出版社，2015年，第95页。该书引文之后不再加注。

后立刻就到了斯大林格勒，家里还有妻子和两个孩子。在一次德国人进攻的时候，他和他的战友斯梅施里雅耶夫用反坦克炮向敌人的坦克射击，两发未中，敌人的坦克冲了过来。斯梅施里雅耶夫冲出去，在坦克后面朝齿轮底下扔了一颗重攻坦克手榴弹。手榴弹爆炸了，坦克停下来。但是这时另一辆德军坦克却朝斯梅施里雅耶夫冲过来，将斯梅施里雅耶夫轧死了。被轧得血淋淋的尸体跌进战壕，跌在斯杰邦诺夫身旁。斯杰邦诺夫看到这种惨状，不顾一切地爬出战壕，一直向伏尔加河爬去。直到夜间才在团参谋部的阵地上找到他。团里认为这是逃兵行为，正式向师部做了报告。

斯杰邦诺夫被押送回萨布洛夫营里。军事法庭派了一位侦查员来审查这个案件。斯杰邦诺夫如实讲了所发生的一切。侦查员也不知道该如何处理这个案件。斯杰邦诺夫是逃兵，但他并不是存心这样做的。他忍受不住战友的惨死，忍受不住这个恐惧就往后爬，等他清醒过来也许就会爬回来。可是临阵脱逃的事实总是事实，不严办也是不行的。恰在这时德国人攻上来了，审问者和卫兵都拿起武器投入战斗了。斯捷邦诺夫蹲在一个角落里等着。德国人的进攻被打退了。侦查员的手腕受了伤，他没有卫生包，斯捷邦诺夫掏出自己的卫生包给他包扎。这时德国人又攻上来了。侦查员用那支没受伤的手拿起枪又投入了战斗。卫兵也去战斗了，只剩下斯捷邦诺夫一个人。“他跳到外面，四面张望了一下，只见躺在地上的一个红军战士的尸体旁边有一支步枪，便抓住了它。他跑了几步，在一推砖瓦后面躺下，离侦查员和还有几个也躺在那里的战士不远。当他左面的德国人从墙后跳出来的时候，他和大家一同开始向他们射击。后来他站起来跑了几步，把步枪倒过来，用枪托朝一个向他冲过来的自动枪手的头上打了一下。后来他又倒在石头后面，对着在院子深处冲进来的德国人射击了几次。”

德国人的进攻又被打退了。侦查员的脚上又受了伤。斯捷邦诺夫把他扶起来，背在肩上，把他送回地窖。斯捷邦诺夫找来卫生员给他包扎伤口。

萨布洛夫过来问侦查员审查结论，侦查员说：“哪里有什么结论，他要去作战。这就是了。”萨布洛夫对斯捷邦诺夫说，你捡的这支自动枪就是你的了，回你的连队去吧。

斯捷邦诺夫不是胆小鬼，也不是逃兵。这个刚参军不久的农民，哪里见过在战场上被炮弹打死的惨状？他被吓懵了，才昏头昏脑地向后方爬去，等他清醒过来，他知道已经铸成大错。但是他内心坦然，所以，德国人攻上来时，侦察员去参加战斗，他老老实实地蹲在地下室里，听候处理。侦察员受了伤，他给侦察员包扎伤口。德国人又攻上来时，受伤的侦察员又去参加战斗；这时斯捷邦诺夫已经克服了初上战场时的恐惧心理，自觉地、勇敢地拿起牺牲战友的武器，跳出废墟，去和敌人拼搏，打退敌人的进攻后，又把再次受伤的侦察员救回自己阵地。所以当萨布洛夫问侦察员审问结果时，侦察员肯定地，也是满意地说："他要去作战。"事实证明斯捷邦诺夫不是逃兵，而是一个勇敢的斯大林格勒保卫者。西蒙诺夫在这里表现出他的一个理念：战争不仅制造了伤亡和损失，也把朴实的、胆小的普通农民培养成敢于拼杀、大胆无畏的英雄。多年之后他的这个理念成了他的一部长篇小说的标题：《军人不是天生的》。

一次，安尼亚在抢救伤员时受了伤。战士们把她救回到萨布洛夫的掩蔽部，萨布洛夫叫来卫生兵，把安尼亚抬走。对于这个勇敢的姑娘，萨布洛夫从渡河的那一天就抱有好感，对她有很好的印象。所以在卫生兵把安尼亚抬走时萨布洛夫在姑娘的头上亲了一下。安尼亚躺在担架上，清楚地感到了这一吻。所以她伤好之后，重新往返于伏尔加河上时，有一次抽空来看望萨布洛夫，两人都感觉到彼此之间有一种更为亲近的眷恋。大约过了几天，萨布洛夫带着卫兵和一个属下军官到两军阵地之间的中间地带去察看地形，遇上敌机轰炸，卫兵和那位军官当场炸死，萨布洛夫走在他们的后面，受了重伤。安尼亚和卫生兵连夜把萨布洛夫送过伏尔加河，到卫生营去抢救。经过几天的治疗，萨布洛夫的伤势基本稳定，但是还需要休养些时日。这时安尼亚的母亲也从车站旁的小屋搬到卫生营所在的村庄居住，于是安尼亚便煞费苦心地说服主治医生，让萨布洛夫搬出医院，到她和母亲住的地方养伤。

从在渡船上相识而产生的好感，到这些天来在战斗中、生活中的接触、了解，萨布洛夫和安尼亚都萌生了彼此相爱的感觉。萨布洛夫的受伤使他们埋在心中的感情奋发出来了。萨布洛夫在安尼亚母亲的住处养伤，十来天中他们朝夕相处，都感受到这个爱情给他们带来的温暖和幸福。他们的爱情不是花前月下的甜言蜜语和海誓山盟，而是在严酷战斗中彼此理解、支持和关怀。这十几天养伤的日子，对萨布洛夫来说就像是在战火连天中一支小提琴演奏的缠绵的小夜曲。然而他又不能忘怀斯大林格勒市内的战斗,他那一营的战友和同志,他们驻守的那三栋楼房的阵地。他的营政委玛斯连尼柯夫来看望他,他了解到城内战斗的情况,更是心急如焚,他要赶紧回到部队去。安尼亚请来医院的医生,给萨布洛夫检查了身体,同意出院回队。于是萨布洛夫又来到伏尔加河的渡口,在这里他又遇上了从斯大林格勒运送伤员过河的安尼亚,萨布洛夫登上安尼亚的渡船,返回到斯大林格勒。

"在他离开这里的时间里,斯大林格勒竟变得叫人认不出了。以前全部的视野都被房屋堵塞着,这些房屋纵然是半毁坏的,不过仍旧还是房屋。而现在眼前所展开的地方几乎是一片空场。萨布洛夫的一营人以前所保卫的那三所房屋,实际上已经没有了;只有基地,上面保存着断壁和窗洞底下的部分。这一切看上去像是被锯成两半的儿童玩具。房屋的左右两面都展开着一片废墟。有的地方有烟囱突出来。其余的东西此刻在夜间都融合在黑暗中,看上去像是一个多丘的石头平原。房屋仿佛都到了地下,上面满布着砖砌的坟堆。"

在斯大林格勒战役最危急的时刻,德军曾一度突破苏军防线,达到伏尔加河岸边,萨布洛夫所属的柏罗青柯师的雷米淑夫团和师部之间的联系被切断。为了恢复联系,从两方面夹击德军,师长柏罗青柯特意派萨布洛夫去该团联系,这是柏罗青柯师长对萨布洛夫的器重和信任,因为一旦发现团长雷米淑夫已经牺牲,萨布洛夫就要留在那里担负起指挥该团的职责。为了完成这个任务,萨布洛夫匍匐在冻僵的土地上,在没有任何掩蔽物的地面上,冒着敌人的机枪扫射,一夜之间来回爬了三次。

"萨布洛夫又往前爬。现在他贴着地面爬,竭力不要弄出最小的响声。他又两三次撞到死尸上。后来撞到石头上,撞得很痛,便轻轻地骂了一声。他觉得前面有什么东西在动。他停下来凝神听着。他听见哗啦哗啦的水声。他又悄悄地爬了几步。水声现在听得更清楚了……

"他的手冻僵了,已经不能感觉土地。悬崖上开枪的地方,射击的火花可以看得非常清楚。现在后面(从他来的地方)和前面(从雷米淑夫那里)都可以看见朝开枪的德国人那面飞过去的子弹的轨迹。交射越来越厉害,德国人向下开枪的时候越愈来愈少,而向左右还射的时候愈来愈多。那时萨布洛夫便跳起来往前跑——他不能再爬了。他跌跌绊绊地跑着,跳过木头。他的头脑里闪过一个念头:雷米淑夫那边应该懂得,德国人是向我们这边的人射击。他也不顾黑暗和泥泞,拼命地快跑。只有在有人绊住他的脚的时候，他才停下来，更正确地说，是跌下来……”

萨布洛夫来到雷米淑夫团，见到了受伤的雷米淑夫上校，报告了他来的任务。团长招待他喝了一杯酒——不是伏特加，而是酒精。雷米淑夫团长把目前团里的情况向萨布洛夫做了介绍，并把团里即将进行的战斗部署的书面文件交给萨布洛夫，请他报告师长。雷米淑夫派指挥员裴列普丘克同萨布洛夫一块儿到师参谋部去汇报。裴列普丘克跟在萨布洛夫后面一路爬行。半路上，德国人的射击特别猛烈，有几排枪弹同时落在他们周围。萨布洛夫在前面爬，不断地轻声招呼着裴列普丘克，这时他没有听到裴列普丘克的回答，才发现他已被打死了。

萨布洛夫向师长汇报了雷米淑夫团的情况和团长的作战部署，师长本想让雷米淑夫团的指挥官把师里的作战计划带回去，现在他牺牲了，只好再让萨布洛夫爬一趟。他让萨布洛夫吃了点东西，休息了一会，临行又把萨布洛夫到达后的联络信号叮嘱一遍，便让他趁着夜色出发了。

“这时，萨布洛夫完全在冻结的地上爬着。也许因为将近天亮，德国人认为不会再有人走过这里，也许是他们只是厌倦了整夜向河岸开枪。他已经爬过了一半的路，上面连一声枪响也没有，这种情形甚至使他开始害怕起来——会不会有埋伏。他拿出手枪，打开保险机，后来从腰带上解下一个柠檬形的手榴弹，把它握在右手里。这样爬起来虽然比较困难，他却不把手榴弹放下，以便一碰到危险就可以扔过去。后来他想到了命令。有什么办法呢，实在没有办法的时候，就把第二个手榴弹往自己的脚底下一扔。然而又爬了五十步以后，他便开始放弃了这些想法。一种下意识的感觉告诉他，这一次一切都可以平安过去。果然，他已经爬到了那面的废墟面前，一路上头顶上连一丝枪响也没有。”

萨布洛夫走进雷米淑夫的掩蔽部，把命令交给团长，并按照事先的约定，向伏尔加河方向鸣放了三排自动枪。完成任务之后，萨布洛夫要回去，雷米淑夫上校把他留住了，他对萨布洛夫说：“碰运气可以碰到三次，再多就不必了。如果我们明天夜里突破了，您就可以回去了。”

第二天夜里，萨布洛夫跟着雷米淑夫参加了突破敌人防线的战斗，战斗胜利结束后，柏罗青柯师长对萨布洛夫说：“萨布洛夫同志，我代表指挥部感谢您。……我要呈请奖给您列宁勋章，您应该得到它……”

师长柏罗青柯也是个写得十分动人的形象。作为师的指挥员，他深谋远虑、刚强无畏，作为军队的高级指挥员，他具有高度的责任感，面对极度的困难，他沉着应战，为了鼓舞士气，稳定军心，他把自己的指挥所搬到接近敌人的最前线。他对同志和下属十分亲切，关怀备至。萨布洛夫一直希望能把安尼亚调到他的营里来，和安尼亚一块战斗。在这次突击作战中，师长柏罗青柯在萨布洛夫营的指挥所里指挥战斗，知道了萨布洛夫和安尼亚的爱情故事，便主动把安尼亚调到萨布洛夫营当医士，还对萨布洛夫说，按编制，他的营里应该有一个医士。然而安尼亚在萨布洛夫营并没有待多久，在一次战斗中受了重伤。萨布洛夫还没有从前线回来，安尼亚就被卫生兵用担架抬走了。安尼亚生死不明，萨布洛夫忧思重重。但是斯大林格勒保卫者们用自己的勇敢、坚毅和牺牲终于盼到了大反攻的时刻，连绵数月的苦战终于看到了胜利的曙光。

西蒙诺夫曾谈到他在创作这部小说时的艺术构思：

"……斯大林格勒保卫战实质上是许多小的碉堡连接成的链条。合起来在总的规模上这是一次宏伟的保卫战，但是它是由数十次、数百次发生在身边的人数不多的城市保卫者的战斗小组的残酷拼搏构成的……一个小组的覆灭、溃败就会引发总体的灾难。德国人在一个地段突破伏尔加河，在另一个地段，在一个一个地段突破伏尔加河，最终的结果就会威胁着整个保卫战。无论如何都要挺住，这就是对每个战斗小组、每个斯大林格勒保卫者的要求。正如我所设想的，最好的表现形式就是再现少数士兵和军官在保卫斯大林格勒三座无名楼房的废墟时那种誓死固守的图景……"①

萨布洛夫这个人物，以他朴实的性格、高度的责任感、优秀的军人品质而深受读者喜爱。有人问西蒙诺夫，他在塑造萨布洛夫这个艺术形象时是否有现实生活中的原型。西蒙诺夫在致友人的一封书信中这样说：

"与萨布洛夫大尉十分相像的人，我没有见过，也不曾想在他的形象中力图描写某个具体的人。这是个集合形象。在性格的某一方面像萨布洛夫的军官，我见过许多，而且是在前线各个不同的地方，并不单是在斯大林格勒。我描写的萨布洛夫大尉这个形象身上注入了许多我个人的思想和感情。作家在写自己作品的时候，不管是长篇小说还是中篇小说，他本人心中的许多想法往往通过小说主人公、特别是作家所喜爱的主人公

---

① 原载《西蒙诺夫自述》，莫斯科：苏维埃俄罗斯出版社，1981年，第106—107页。转引自拉扎列夫：《康·西蒙诺夫》，莫斯科："文学艺术"出版社，1985年，第118页。

的嘴说出来。在中篇小说《日日夜夜》中我选择萨布洛夫作为自己的代言人。我赋予萨布洛夫的某些生活细节、环境以及外貌，是我回忆起1942年9月我在斯大林格勒北郊遇见的一位营长所激发的，他姓特卡连科。我知道，在斯大林格勒同顿河方面军合并的时候，他还活着，在一篇报道中看见过他的名字。至于他后来的情况，我就不知道了。"①

西蒙诺夫晚年(1978年)在给朋友的一封信里谈到《日日夜夜》的时候说："我非常珍视这部作品，除去其他所有原因之外，它写作的时间是值得珍视的。在战争紧张地进行之时，写什么，怎么写，要以多么真实和近乎真理的程度来描写战争……我在写萨布洛夫的时候，没有试图把他描写成某个客观存在的人物。当然某些会见对于描写这个人物起了这样那样的推动作用，但总的说来这个人物的背后，更多的是我个人的体验，既有战争时期的，也有战前生活的体验……"②

西蒙诺夫在给友人的信中虽然说他没有见过和萨布洛夫大尉十分相像的人，萨布洛夫是个集合形象。但是只要打开他的日记和笔记，就会明白，他小说中的人物大多都是他在前线见过的或者采访过的那些军官或战士。1963年，西蒙诺夫收到柯纽柯夫从季赫文寄来的一封简短的信，要他"寄一本《日日夜夜》留作纪念，而且要题上'柯纽柯夫'的名字"。这个柯纽柯夫就是《日日夜夜》中那个幽默地讲自己出生入死的战斗故事的侦察兵。西蒙诺夫把书寄走之后，心里还在想这个写信者真的是那个柯纽柯夫吗？有时候书中虚构人物的同姓者也来信要求寄书作纪念。

半年后，西蒙诺夫又收到柯纽柯夫的一封信，他在信中说：

"……给您写这封信的是柯纽柯夫·扎哈尔·费利波维奇。您给我寄来作纪念的那本书，我们这里的人互相传着看，三传两传就传丢了。现在我请求您，如果可能的话，请您再寄一本来。来信请告诉我，安涅奇卡和萨布洛夫是否还活着。如果活着，他们现在哪里。请告诉我团长叶班钦是否还活着。我住在列宁格勒州季赫文区安德烈耶夫国营农场。战争刚结束的时候，我给集体农庄放牧牲畜，后来当夜间值班人，别的工作干不了了。我失去了一条胳臂。现在我不工作了，靠养老金生活……我能

---

① 西蒙诺夫：《致契斯洛夫等》，载西蒙诺夫：《关于战争的书信，1943—1979》，莫斯科：苏联作家出版社，1990年，第45—46页。

② 西蒙诺夫：《关于战争的书信：1943—1979》，莫斯科：苏联作家出版社，1990年，第625页。

做点国营农场党组织交给的各种各样的社会工作……”①

这次西蒙诺夫知道了他就是那个柯纽柯夫,他又寄了第二本书。

柯纽柯夫来信中询问安尼亚和萨布洛夫是否还活着,这两人明明是小说中的人物,但在柯纽柯夫的心目中,这两个小说人物的背后,一定有他熟识的现实中的人。如果萨布洛夫如西蒙诺夫所说,是个集合形象,那么安尼亚确实是实有其人的,当然在现实生活中她不叫安尼亚。在西蒙诺夫创作中篇小说《日日夜夜》之前所写的那篇也叫《日日夜夜》的特写中写到红军夜渡伏尔加河的情景,也写到一位名叫维克多利亚的乌克兰姑娘。小说中萨布洛夫营渡河的情节几乎和特写中红军渡河的情景一模一样,如果说在特写中是以记者西蒙诺夫的视角描写这位乌克兰姑娘,那么在小说中则是通过萨布洛夫的视角对安尼亚进行描写的。在小说《日日夜夜》中安尼亚最后是在抢救伤员的时候身受重伤,被战士们用担架抬着送往医疗营去了,对于她的生死并没有明确的交代。柯纽柯夫在信中问到的这个问题,西蒙诺夫一直也是十分关注的,他也曾多方探询,都没有什么结果,所以西蒙诺夫认为这位乌克兰姑娘多半是在战斗中牺牲了。小说《日日夜夜》在报刊发表后又出版了单行本,战后这么多年,印行不下二十版,如果她还活着,不会看不到,但是迄今为止一直没有她的信息,那么,她多半是在战争中牺牲了。

但是在纪念斯大林格勒战役胜利二十周年的前后几天,西蒙诺夫收到来自第聂伯罗彼得罗夫斯克一位报业友人的电报,说维克多利亚·谢别吉亚(即小说中安尼亚的原型)还活着,在故乡的城市工作。她在斯大林格勒战役之后又负过一次伤,但是一直干到战争结束。她现在第聂伯罗彼得罗夫斯克车辆修配厂工作,育有三个子女。得到这个消息之后,西蒙诺夫当天就给谢别吉亚发了电报,并寄去一本《日日夜夜》,接着又寄去一封信。西蒙诺夫在信中说:

“……虽然在渡河的时候,我们见面只有屈指可数的几分钟,但不知为什么这次见面给我脑海里留下的印象从来没有这样牢固。1942年9月,我发给《红星报》这篇关于斯大林格勒的通讯《日日夜夜》的时候,由于当时情况的紧急,我必须用通讯中心的电话机发送,而我看到印好的文字

① 西蒙诺夫:《战争中不同的日子》,《西蒙诺夫文集》第九卷,莫斯科:“文学艺术”出版社,1983年,第227—228页。

的时候，已经是我回到莫斯科以后了。可能是电话员在发送时把您的姓读错了一个字母……

“我的《日日夜夜》这本书是在斯大林格勒战役结束后不久，1943年的四五月份写的。那时前线上比较平静，编辑部就给了我两个月的假期，让我写一本关于斯大林格勒战役的书。虽然这是一本小说，里面的主人公都是我虚构的，但是，在很多方面我都是以我的记忆作为依据的。我的脑海中清楚地再现了我在斯大林格勒亲眼目睹的那些艰难的场面和我所遇到的那些人。我也历历在目地想起了我们一起渡河时的那番谈话。当时我并没有记录这次谈话——当时也顾不上记录——但是我觉得，我记得一清二楚。于是在我写到萨布洛夫和安尼亚一块儿渡过伏尔加河的场景时，便把您在渡河时对我和我的同伴说的话，通过安尼亚的嘴说出来了。也许，这一切还做不到一字不差，但我想，小说里的这次谈话同我们渡河时实际的谈话是非常近似的。

“但是事情并不仅于此。那次同您短暂的相逢，您在谈到自己感情时的那种真诚，您身上那种朴实的勇敢精神，也许您自己并没有注意到，您在渡过伏尔加河时的这些表现——这一切对于我这个作家最初的触动，就是我要在自己的小说中塑造一个卫生员安尼亚的形象，就像我在书中所写的那个样子。现在，虽然过去了许多年，我仍要对您说一声谢谢……”①

不久，西蒙诺夫收到了维克多利亚·谢别吉亚的回信。这封信写得简短、矜持，洋溢着发自内心的自尊。

“……康斯坦丁·米哈伊洛维奇，简直令人难以置信，时间竟然过去得这样快，我已经不是您在渡船上见到的那位姑娘，而是三个儿子的母亲，很快就要成为年满四十二岁的女人了。每当我回忆起战争艰难时日的斯大林格勒，我总感到那些时刻对我是多么珍贵，同时又很想看看它在和平年代是什么样子。多么想看到玛玛耶夫山岗，那些住着伤员的地窖，还有我们渡过伏尔加河、和战友们在一块儿的那些地方……我经常在困难的时候就拿出登载着您的通讯的那份《红星报》的剪报。有时很想给您

① 西蒙诺夫：《战争中不同的日子》，《西蒙诺夫文集》第九卷，莫斯科："文学艺术"出版社，1983年，第143—144页。

写封信，谈谈我的生活情况，可是一直也没有鼓起勇气。”①

西蒙诺夫写完《日日夜夜》之后，先在《红星报》上发表了小说的若干片段，然后又在《旗》杂志上全文发表，随后又出版了单行本。在《旗》杂志上全文发表时，责任编辑斯米尔诺娃建议西蒙诺夫删掉小说中和主题关系不大的两个章节，当时，西蒙诺夫坚持己见，没有接受这位编辑明智的建议，但是在小说出版单行本时，西蒙诺夫才意识到斯米尔诺娃的建议不仅是明智的，从小说艺术的角度也是非常合理的，于是他就果断地对小说做了大刀阔斧的删改、修订，使小说的主题更加集中、突出，艺术上也更加精炼。战争结束后，过了二十多年，西蒙诺夫在莫斯科的《文学遗产》杂志1966年《伟大卫国战争前线的苏联作家》专辑中发表了《日日夜夜》中删去的章节，从而使读者了解到西蒙诺夫最原始的艺术构思。

“……这里讲的是两个朋友的故事，刚刚从边防军回到马戈尼托哥尔斯克的萨布洛夫和这期间一直住在萨布洛夫房间里的索洛明。萨布洛夫发现索洛明情绪很糟糕。索洛明总在抱怨，现在变得和人谈话很难了。到处都有很多卑鄙的人——今天抓这个，明天抓那个。但是索洛明认为，就这样一刀切下去，往往会伤害许多好人。地段的头头就是个小人，可是为什么他，索洛明，却为此受到党内严重警告呢？应当追究的是对这件事承担责任的那些人。索洛明还说，萨卡・叶尔莫拉耶夫被开除出党了，理由是他同人民的敌人有联系，可是这个人成年累月夜里不睡觉，手脚都在水泥板上冻坏了。他被开除的时候，不许为他说一句辩护的话，你一说，连你也开除了。我准备去挨枪子，我不是胆小鬼。索洛明自言自语地说罢，立刻就闭口不言了，因为一旦被开除，就不能像以前那样工作了，你就成为一个低人一等的人了。

“后来索洛明也被捕了。萨布洛夫声明，他不明白这是为什么。在这之后，萨布洛夫为留在党内而斗争了五个月，一直告到苏共中央监察委员会，在那里他得到了信任。他没有再回马戈尼托哥尔斯克，他留在莫斯

---

① 西蒙诺夫：《战争中不同的日子》，《西蒙诺夫文集》第九卷，莫斯科："文学艺术"出版社，1983年，第144页。

科，当了工厂艺徒学校水泥工作的指导员。"①

据西蒙诺夫的朋友卡拉甘诺夫说，西蒙诺夫曾说过，《日日夜夜》是他的第一部大型的作品，很想把他当时所感受到的所有东西都写进去。他想到了1937年、1938年。当时想的还不是后来才尽人皆知的那些毫无来由的镇压，当时想的是人们相互失去信任，怀疑和冷漠广泛地泛滥开来，人们不敢为他们所信赖的同志辩护，害怕丧失名誉甚至失去生命，害怕被扣上人民敌人的帽子，所以才违心地举手同意开除忠诚的党员的党籍。这些不公正的对待和冤案造成了极为严重的社会后果，有许多受过高等教育的军官不愿在指挥员的岗位上超期服役，所以在战争初期许多在职的团的指挥员战前都不是本专业的内行。

这些问题虽然纠结在作家的脑海中，但是当时历史认知和正在进行的严酷的战争条件，都不可能使作家对这些问题进行深入分析和表现，因而也不可能写出成功的艺术形象。卡拉甘诺夫对此作了这样的分析：

"客观地说，战前五年中那些困难的问题，即使还想不透，也不能彻底理解，但是却引起了许多人的注意，并不是西蒙诺夫一个人为这些问题而绞尽脑汁……这条批判分析战前悲剧的线索在当时的条件下是不可能充分展开的：战争的客观现状妨碍它，作家本人的思想倾向也妨碍它。"②

在小说最初的文本中还有一个间谍瓦西里耶夫的故事。这个故事没有任何现实生活观察的依据，只是为了把情节写得更加紧张而已。这种使情节"尖锐化"的手法在战前的文学中常有人使用，但是西蒙诺夫用在这里却并不恰当，所以西蒙诺夫听从责任编辑斯米尔诺娃的建议，在出单行本时也把它删掉了。

关于小说中萨布洛夫和安尼亚的爱情的描写，有的读者和评论家提出质疑，在那样严酷的战争环境和条件下，是否能有这样谈情说爱的可能性。西蒙诺夫在一篇文章中谈了自己的看法：

"真正的作家永远不会忘记我们称之为主人公个人生活的那个生活侧面，因为他明白，那样的话他就会削弱他的主人公的社会行动的自然的论据。

---

①　转引自卡拉甘诺夫：《西蒙诺夫：亲近和距离》，莫斯科：苏联作家出版社，1987年，第88—89页。

②　卡拉甘诺夫：《西蒙诺夫：亲近和距离》，莫斯科：苏联作家出版社，1987年，第90页。

“个人生活不单纯就是早饭、午饭、晚饭、睡觉，它是人的复杂的情感，人的爱情……说到一般的个人生活，我是有意识地以爱情描写特别强调了这个问题……爱情问题是最敏锐的，因为我们的批评界围绕这个问题曾一度热闹非凡，现在也依然如故……特别是对于爱情是新社会人的精神生活不可分割的部分这一点，有许多不理解的地方。”[1]

西蒙诺夫创作的研究家芬克很支持西蒙诺夫的这个看法，他在自己的专著《康·西蒙诺夫》中更加引申地阐发了这个观点：

“萨布洛夫和安尼亚的爱情不是生编硬造的情节，不是为刺激读者兴趣而做的‘铺垫’和玩弄的手腕。西蒙诺夫认为，如果忽略萨布洛夫怎样恋爱、会爱上什么人，那么无论对萨布洛夫的描写，还是对战争的描写，都是不真实的。即使在斯大林格勒大战的日子里，人们不仅战斗，他们还要生活，就是说，他们还有爱情生活，他们也备尝爱情的欢乐与辛酸，正是这样才充实了他们的精神生活，帮助他们克服战争的苦难，鼓起他们的英雄主义精神。”[2]

列夫·托尔斯泰在他的《战争与和平》序言的初稿中，有这么一段非常经典的话，他说：“如果我们取得胜利的原因不是偶然的，而实质上是在于俄罗斯人民和军队的性格，那么这种性格在我们遭受挫折和失败的时代就应当表现得更为鲜明。”[3]

西蒙诺夫的《日日夜夜》正是在苏维埃祖国面临生死存亡的危难时刻，通过对斯大林格勒保卫者的艰苦卓绝的战斗和牺牲，展现了俄罗斯人民和苏联红军的光辉性格和精神品德。有些人认为，苏联人民和红军在斯大林格勒歼灭了德国法西斯的有生力量，扭转了整个世界反法西斯战争的战局，这是个不可理解的“奇迹”。然而，西蒙诺夫的《日日夜夜》恰恰表明了，所谓的“奇迹”是不存在的，是苏联人民和军队的爱国主义精神和顽强的战斗意志战胜了貌似强大的顽敌。在斯大林格勒战斗最紧张的时刻，斯大林格勒方面军军事委员、当年的斯大林格勒州委书记丘雅诺夫，在伏尔加河边听到两个红军战士的谈话，一个问现在城里情况怎么样，一

---

① 西蒙诺夫：《谈文学题材》，莫斯科：“文学艺术”出版社，1956 年，第 321 页。转引自芬克：《康·西蒙诺夫》，莫斯科：苏联作家出版社，1983 年，第 135 页。

② 芬克：《康·西蒙诺夫》，莫斯科：苏联作家出版社，1983 年，第 135 页。

③ 列夫·托尔斯泰：《战争与和平》序（初稿），尹锡康译，载《列夫·托尔斯泰文集》第十四卷，北京：人民文学出版社，1992 年，第 11 页。

个回答,整座城市都在燃烧,房子、工厂、土地、钢铁都烧化了。另一个问:“那人呢?”战士回答:“人? 人在坚持! 坚持,战斗!”评论家拉扎列夫在引用了丘雅诺夫日记中这一段对话之后写道:“中篇小说《日日夜夜》就是奉献给这些在大地燃烧、钢铁熔化的地方拼死坚持的人的。他们才是我们取得胜利的主要‘秘密’……”①

西蒙诺夫的小说创作的一个突出特点是通过人物的“日常的”生活表现来揭示人物的性格和精神面貌。这与其说是一种艺术表现手段,倒不如说是一种观察生活、认识人、评判人的一种视角或者说一种方法。人的性格和精神品德可以在一瞬间、一个突然的事件中展现出来,这是所谓的“闪光时刻”。但是在日常的生活中、为人处世的举止中,在漫长的生活历程中,更能表现出一个人的精神品德,他的性格、情趣和操守。这是现实主义作家在观察、体验生活和创作中经常遵循的方法和原则。西蒙诺夫在作为军事记者的工作实践中,深入士兵和军官中,亲眼看到,切身体验到、认识到他们的精神品德和性格实质。特别是他在采访中留下了大量的采访记录,这些生动的生活原始素材,成了他的文学创作的依据和源泉。这也形成了西蒙诺夫小说艺术的一大特色:生活真实和艺术真实的高度统一。

《日日夜夜》诞生于战火纷飞的年代,它的问世,无论在前线还是在后方,都受到读者的热烈欢迎。即使在物质条件非常困难的战争年代,《日日夜夜》的单行本也一版再版。战后几十年中苏联文学产生了许多以斯大林格勒战役为题材的文艺作品,但是《日日夜夜》仍旧独树一帜地矗立于苏联文坛。西蒙诺夫晚年重又读过一次这本小说后,开玩笑地对他的朋友、评论家卡拉甘诺夫说:“哎呀,我在战场上写得还真不错呢!”②

4. 剧作家西蒙诺夫

在哈勒欣战役之后,西蒙诺夫曾创作了话剧《我城一少年》,这个剧本在卫国战争爆发的前夕在苏联各地上演,受到观众的热烈欢迎,在战争爆发前以及战争爆发后都对激发人们的爱国热情起到了良好的作用。卫国

---

① 拉扎列夫:《康·西蒙诺夫》,莫斯科:“文学艺术”出版社,1985年,第117页。

② 卡拉甘诺夫:《康·西蒙诺夫:亲近和距离》,莫斯科:苏联作家出版社,1987年,第96页。

战争期间，莫斯科和各地的剧院仍然在工作，他们迫切需要能够鼓舞人心的剧本。有一次西蒙诺夫在莫斯科同演员们会见，他们向西蒙诺夫抱怨，说战争就在身边进行，他们却没有一部描写战争的剧本，他们央求西蒙诺夫说："您最好赶紧动笔写吧。"

演员们的请求使西蒙诺夫很受感动，他把战争期间他在前线的所见所闻和自己的亲身感受作为素材，加以综合，开始了剧本创作。他想到了在莫吉廖夫坚守的库捷波夫团，在那里，他看到了守卫这座城市直到最后一颗子弹的人们。西蒙诺夫说："就是在那里，在莫吉廖夫，我第一次萌生了这个念头：如果我能活下来，我一定写一写这些守卫这座城市的人们，他们和自己人失去了联系，但是在灾难面前毫不气馁、毫不低头。"[①]后来，西蒙诺夫在克里米亚的敖得萨，也看到了同样的情况，城市被围困，弹药短缺，援军未到，但是驻守的红军坚持战斗，最后守住了这座城市，西蒙诺夫再一次萌生了写一部被围困的城市的大型作品的想法。西蒙诺夫在采访北极地区的渔人半岛时，也遇上了被包围的困境，这里的人们也同敖德萨的人们一样，坚守阵地，使他感到在俄罗斯的土地上，尽管人们被围困，但他们却是不可战胜的。不久他随反攻的部队，进入一个被解放的城市，看到了守卫城市的军民的那种宁死不屈的勇敢精神，更促使他要写一个表现俄罗斯军民团结一致誓死保卫家乡城市的剧本，颂扬他们不屈不挠的大无畏精神。回到莫斯科以后，他立即动笔写了一个剧本，最初题名叫《十天》，后来又叫《河湾后面》，最后西蒙诺夫听从了他的战友、《红星报》记者莫里斯·斯洛博茨基的建议，定名为《俄罗斯人》。

剧本写好后在《真理报》上全文发表，单从这一点也可以看出这个剧本已经不单纯是部文艺作品，而是对正在进行的伟大卫国战争具有重大意义的事情了。由于剧本《俄罗斯人》在思想和艺术上的成就，使它同列昂诺夫的《侵略》和考涅楚克的《前线》齐名并列，被称为1942年戏剧舞台上的"三部曲"。这对西蒙诺夫来说，可以说是莫大的荣耀。当时，西蒙诺夫不过是初出茅庐的"小字辈"作家，而列昂诺夫和考涅楚克却早已是苏联文坛上大名鼎鼎的前辈作家了。《俄罗斯人》能够和他们的著名作品并驾齐驱，说明《俄罗斯人》这个剧本的确是一部很成功的作品。

---

① 西蒙诺夫：《战争中不同的日子》，《西蒙诺夫文集》第九卷，莫斯科："文学艺术"出版社，1983年，第39页。

《俄罗斯人》写的是苏联南部某小城被德军包围之后，苏联红军部队在萨方诺夫大尉的领导下，克服种种困难，坚守阵地。后来这支部队又为反攻的苏军部队打通进军道路，配合主力部队取得反击胜利，解救了被围困的小城。萨方诺夫的战士们，从指挥员到战士，心里都明白，他们会牺牲，但是他们决不投降，决不放弃自己的战斗岗位。当萨方诺夫和他的战士们决心与阵地共存亡的时候，驰援的苏军渐渐逼近，援军的指挥部要求他们夺取德军占领的一座桥梁，并坚守这座桥梁，为驰援的苏军打开通路。萨方诺夫毫不犹豫地接受了战斗任务。虽然他的部队因为连续战斗而有大量伤亡，武器弹药也很困难，但是萨方诺夫和他的战友们，怀着对祖国的一片忠心，机智灵活地完成了占领桥梁的任务，配合主力部队，取得了解救小城之围的胜利。

剧本的主人公都是普普通通的苏维埃人，战前都是在平凡的岗位上劳动，但是当法西斯入侵、祖国危在旦夕的时候，他们都能挺身而出，在保卫祖国的战场上表现出他们非凡的英雄气质。萨方诺夫战前是个汽车司机，卫国战争的战火把他锻炼成一位出色的指挥员。他勇敢、刚毅而又机智灵活，对敌人怀着无比的仇恨，对同志、对战友充满深情。他深深地爱着连队的女司机华丽亚，严酷的战斗环境使他不能不压抑着对华丽亚的一脉柔情，一次又一次地派她冒着生命的危险，穿过敌人的封锁线去侦察。因为他知道，在当时的情况下，只有华丽亚才最适合于承担这样的侦察任务。他把自己的爱珍藏内心深处，而把保卫祖国、战胜敌人的职责看得高于一切。同样的，华丽亚也是一个勇敢、坚毅的姑娘，尽管她深深地爱着萨方诺夫，在殊死的战斗中很想待在心爱的人身边，但是在萨方诺夫派她出去侦察时，她总是毫不犹豫地接受任务。她知道，每次侦察都是一次生命的冒险，但她总是迎着死亡前进，甚至被德国法西斯逮捕之后，也没有表现出丝毫的软弱和怯懦。西蒙诺夫笔下的俄罗斯人都是怀着保卫社会主义祖国的激情和为国捐躯的决心走上战场的，所以他们面对强敌，威武不屈，面对死亡，勇敢坚定。

华丽亚有一段抒情的独白表现出俄罗斯人的爱国主义感情不是抽象的、概念化的，而是和自己的故乡土地、自幼的生活密切相连的。她说："大家都说祖国，祖国，大概说的时候是指某种巨大的什么吧。可我不是这样。我们新尼古拉耶夫卡村边有一栋房子，小河旁长着两棵小白桦。我在上面搭了个秋千架。人家对我谈起祖国，我总是想到这两棵小白桦。”剧本的这种抒情风格正是它激起人们感情共鸣的地方。西蒙诺夫在给《俄罗斯人》英语译本写的序言中说：

“剧本的成功不是由于它的文学成就，而是由于我写这个剧本的时候正值我国的危难时刻，在那样的情况下，我着力在我所写的人物身上发掘出那些日益发展和增长并最终使他们成为胜利者的品质和精神气质。我写了俄罗斯人的特性，俄罗斯人精神气质的特点，他们的坚如磐石，他们忍受不幸遭遇的能力，他们能够毫不犹豫、毫无漂亮言辞地去牺牲自己的生命。”①

《俄罗斯人》中展现的是伟大卫国战争的全民性质。剧本俄语原文“俄罗斯人”用的是多数，意即“俄罗斯的人们”，剧本的主人公是俄罗斯的男女老幼，无论是军人还是平民百姓，都投入了反抗法西斯侵略者的斗争。萨方诺夫的母亲，马尔法·彼得罗夫娜，是一个普通的俄罗斯妇女，平常待人和蔼可亲，温和善良，但是在侵占家园的法西斯匪徒面前却是横眉冷对，义愤填膺，她被法西斯匪徒逮捕之后，毫不畏惧，恨恨地对法西斯匪徒说：“……我恨不得现在就用这两只手掐住你的喉咙。”玛丽雅·尼古拉耶夫娜是个胆小怕事的女人，但是当她得知他的儿子在保卫祖国的前线被法西斯侵略者打死之后，她变得坚强起来，勇敢起来，她对法西斯匪徒充满仇恨，用毒药把法西斯匪徒罗森别格毒死了。这个懦弱的女人也站立起来和法西斯进行斗争了。萨方诺夫正是依靠这些奋起抵抗的普通百姓，取得了斗争的胜利。剧本的最后，萨方诺夫的一段独白表达了战争年代俄罗斯人的心声：“……我很想活着。长久地活着。一直活到亲眼看到制造这一切的法西斯全部死掉！一个不剩，全部死掉！就在这里，在我的脚下！”

著名的苏联戏剧家、导演丹钦柯在1942年8月莫斯科艺术剧院上演《俄罗斯人》时指出：“正当我们祖国处在严峻的时刻，《俄罗斯人》的艺术意义是难以估量的。尽管个别地方不无生硬之感，但整个剧本洋溢着异常强烈的爱国主义精神，它教人们蔑视死亡，仇恨敌人，教人们坚定和勇

---

①　西蒙诺夫：《俄罗斯人》英译本序言，转引自洛穆诺夫：《西蒙诺夫的戏剧创作》，莫斯科：“文学艺术”出版社，1954年，第13页。

敢……”①

《俄罗斯人》是在战争年代战火纷飞的氛围中创作的。由于战局的变化，西蒙诺夫必须放下手头正在写作的剧本，到前线去出差，因此西蒙诺夫必须抓紧所有不到前线采访、留在莫斯科的间隙时间，写作剧本。为了加快速度，他在《红星报》编辑部的女打字员不值班的空闲时间，向她口授剧本。他向打字员口授台词，有时口授剧中人物激动或愤怒的台词时，会情不自禁地大声喊叫起来，使他住处的整个走廊里都充满了他的喊叫声，邻居们以为出了什么事，都惊慌起来。第一幕刚写完，《红星报》主编奥滕贝格便要西蒙诺夫同他到前线出差，西蒙诺夫便把写完的稿子交给导演戈尔恰科夫，请他先看看，回来时再继续写。令西蒙诺夫想不到的是，当天晚上，半夜三更，小剧院的导演戈尔恰科夫连电话也不打，就直接来找西蒙诺夫了。他对西蒙诺夫说，如果他在前线耽搁了，他就先给演员分派角色了。西蒙诺夫说，稿子还没有写完呢。导演说，没关系，我们要赶紧开始工作。您写得好像很成功，我们也会成功的。第二天一早西蒙诺夫就到前线去了。出差回来之后，差不多有一个多月的时间，西蒙诺夫都在莫斯科写剧本，剧本刚写完，又接到任务，到前线去了。时值严冬，莫斯科的生活条件也很艰苦。西蒙诺夫从前线回来后就一边在没有供暖的戈尔恰科夫家修改剧本，一边在莫斯科小剧院的侧楼参加排练，这里也没有供暖。但是西蒙诺夫的心情却很好。反法西斯卫国战争胜利后过了许多年，西蒙诺夫回忆起当年的情景时，说："我一生写过许多剧本，在1942年排练《俄罗斯人》的时候，我真正体验到一种让人心满意足的欣慰感。剧场里很冷。人们一边冻得向手上吹着哈气，紧紧地裹着衣衫，一边排练，日以继夜，没有休息，不间断地工作，因为大家都想尽快地演出这个剧，不管好坏，它讲的是发生在前线的故事。"②

《俄罗斯人》是在卫国战争正在进行的时候写的，除了笼罩全国的战争气氛，剧中的人物也大都有西蒙诺夫在前线亲眼看到、令他难以忘怀的真人的影子。市长哈里东诺夫医生的原型是费奥多西亚的市长格鲁金诺

---

① 丹钦柯：《莫斯科艺术剧院舞台上的〈俄罗斯人〉》，莫斯科：《文学和艺术报》1943年8月29日。

② 西蒙诺夫：《战争中不同的日子》，《西蒙诺夫文集》第九卷，莫斯科："文学艺术"出版社，1983年，第82页。

夫。吨半卡车司机华丽亚·安诺申科的原型就是西蒙诺夫在《盐场姑娘》这篇特写中报道过的那位自愿入伍、勇敢的女司机帕莎·安诺申科，在剧中西蒙诺夫甚至用了她的真实的姓氏：安诺申科。西蒙诺夫在渔民半岛采访时，守军营长德米特里·叶列明与人交谈的说话风格给他留下了深刻的印象，在创作《俄罗斯人》时，便把这种谈话风格写到了萨方诺夫大尉身上。剧中军事记者潘宁，他的原型就是西蒙诺夫的同事、军事记者叶夫盖尼·克里盖尔，他和剧中人潘宁一样，是个安详而又勇敢的人。老战士瓦辛这个人物的原型是远在大后方的西蒙诺夫的继父伊万尼舍夫。他曾是旧俄的军官，后来又成为红军的指挥员。他参加过日俄战争、第一次世界大战和俄国十月革命后的国内战争，曾经五次受伤。1941 年卫国战争爆发时，他已经是六十多岁的人了，还积极地申请上前线，但是没有被批准。他撤退到大后方的莫洛托夫市，在撤退到那里的莫斯科军事学院教授军事课程。他没有能上前线去保家卫国，但是他的继子却把他写进了话剧《俄罗斯人》，作为保家卫国的俄罗斯男女老少的一员，在舞台上参加了对德国入侵者的战斗，也算满足了他上前线保卫祖国的意愿。

剧本在《真理报》一发表，全国各地的剧院都争先恐后地上演。战后，特别是苏共二十大之后，有的剧院要上演《俄罗斯人》，但是剧中人的台词有些地方涉及斯大林，导演给西蒙诺夫写信，想要修改某些台词，西蒙诺夫在回信中说："……话剧《俄罗斯人》是在特定的时代，怀着那个时代人们特定的感情写的一个剧本。因此对于剧本的台词做任何原则性的修改，我做不到，也不认为是正确的。"①

西蒙诺夫的剧本《俄罗斯人》是一曲苏联人民爱国主义的颂歌。剧本讴歌苏维埃人在德国法西斯入侵、祖国危亡之际，不分男女老幼，举国一致，奋起保卫祖国的勇敢气概、誓死抗击敌人的坚强意志、为祖国不惜牺牲一切的忘我精神。在西蒙诺夫的剧作中，《俄罗斯人》是最受读者和观众喜爱的一个剧本。卫国战争结束过去多年以后，西蒙诺夫在同一家美国报刊记者谈话时，谈到《俄罗斯人》的创作情况说："……十年之后我来写这件事，当然会比在《俄罗斯人》中写得好些，但是我需要的正是立刻就来写，因为我提出的问题正是当前最迫切的问题。戏剧是可以影响人的，而这些人今天看了话剧，明天就要上前线的。对我来说，这更有意义，也

---

① 西蒙诺夫：《关于战争的书信，1943—1979》，莫斯科：苏联作家出版社，1990 年，第 348 页。

更为重要，这比剧本给那些战争已成过去的人留下什么印象，更有意义，更为重要。”①

除《俄罗斯人》之外，战争期间西蒙诺夫还写了剧本《等着我吧》(1943年，早期汉语译本曾译为《望穿秋水》)、《将来会这样》(1944)、《在布拉格栗树下》(1945)、《俄罗斯问题》(1946)。这几个剧本所涉及的问题，虽然和直接表现保家卫国战争的《俄罗斯人》不同，但也都是和战争相关的。

《等着我吧》写的是道德、爱情、忠诚的问题。剧中所表现的虽然大都是涉及所谓的“个人生活”的场景和细节，这些问题在和平年代也是文学创作的传统题材，但是在战争时期，涉及国家生死存亡的严峻关头，这些看似只是“个人生活”的问题却有了更为深刻的社会意义。

剧本的主人公是比邻而居的两对夫妇。一对是飞行员叶尔莫洛夫和他的妻子丽莎，另一对是波波夫和他的妻子索尼娅。两个男子汉都上了前线。叶尔莫洛夫的朋友们都认为丽莎是个轻浮的女人。叶尔莫洛夫的朋友、摄影师瓦施泰茵不喜欢丽莎，说她喝酒，还常常去跳舞。叶尔莫洛夫上前线之后，他不敢保证丽莎不会“红杏出墙”。然而，丽莎的表现完全出乎瓦施泰茵的预料。当朋友们得知叶尔莫洛夫在前线失踪、可能已经牺牲的消息，要丽莎同他们共饮一杯祭奠的苦酒时，她不仅没有同他们共饮，反而怒气冲冲地把他们轰了出去。当瓦施泰茵在敌后游击队的营地看到安然无恙的叶尔莫洛夫时，他对叶尔莫洛夫说：“你的妻子有一颗金子般的心，你回去之后，要吻着她的手，在她面前跪上三个小时。”

但是另一对夫妇波波夫和索尼娅却是另一种结局。在波波夫上前线的时候，索尼娅背叛自己的丈夫，投入另一个男人的怀抱。她的丈夫波波夫本来已经顺利地穿过战线，回到莫斯科，却在莫斯科市中心死去。索尼娅面对丈夫的尸体，痛哭流涕，悔恨不已：“假如没有这一切，假如我没有做这一切，假如这些岁月他一直同我在一起，也许这样的事情也不会发生。”

战争对人的感情是一次严峻的、无情的考验。叶尔莫洛夫和他的妻子丽莎经过战争的考验，感受到战争期间的恐惧和离别的痛苦，更加坚定了他们的爱情。而索尼娅却因为自己的背叛行为而导致波波夫在不该牺牲的地方而死去。

---

① 西蒙诺夫：《战争中不同的日子》，《西蒙诺夫文集》第九卷，莫斯科："文学艺术"出版社，1983年，第234—236页。

这个剧本是在《等着我吧》这首诗在《真理报》上发表、获得了出人意料的成功后,受到鼓舞的西蒙诺夫以同样的主题所写的,西蒙诺夫同时还写了一个同名的电影脚本。剧本以两对夫妇的故事几乎是一成不变地图解了抒情诗《等着我吧》所蕴含的内容。开始西蒙诺夫还颇为得意,但是评论界却对剧本和电影提出了严肃的批评,认为剧本的情节是不真实的,在艺术体裁上是把抒情诗的体裁搬到戏剧舞台上了。后来西蒙诺夫自己也意识到这个问题,他在自己的日记中说:"……也许,我不应该利用我发现的《等着我吧》的题材,硬把它从抒情诗拖进了戏剧,后来还改编成电影。这个题材上我能说的在抒情诗中全部都说了。我没有明白这一点,因而受到了惩罚。"①

1944年,卫国战争仍在进行着。苏军的反攻一路向西,德军节节败退,卫国战争的胜利已经指日可待。经过战争严酷考验的人们终于看到了胜利的曙光。人们开始思考战后应该怎样生活,期盼着未来和平生活的幸福。西蒙诺夫敏锐地感受到人们这一新的思想动向,写了话剧《将来会这样》。

主人公是一个工兵部队的上校团长萨维利耶夫。战争一开始他的妻子和小女儿就被打死了,他满怀着失去亲人的悲愤,带着向法西斯侵略者复仇的一腔怒火,参军上了前线。他是工兵部队一个指挥员,他带领工兵战士为前进的部队修桥铺路,排除地雷,扫清道路。每做完一项工作,他都在路边、桥头或电线杆上贴上"地雷已清除""桥已修好"等指示标志,并签上他的姓名"萨维利耶夫"。所以,在前线认识萨维利耶夫的人不多,但是萨维利耶夫的名字却是无人不晓。西蒙诺夫曾写过一篇特写,题目是《不朽的姓名》,写的就是萨维利耶夫的事迹,但是后来萨维利耶夫在战斗中牺牲了,西蒙诺夫让萨维利耶夫成为该剧的主人公,有意要使这位阵亡的英雄在戏剧舞台上复活。

剧中的女主人公是奥利雅·沃隆佐娃。她和萨维利耶夫一样,在战争一开始就遭到不幸。她的男朋友不幸牺牲了。在送他上前线的时候,奥利雅曾深情地对他说,她等他回来,她要嫁给他。他的牺牲使她悲痛万分,脑海里总映现着他们临别时的情景:"他拥抱她,吻她,深情而又忧伤

---

① 西蒙诺夫:《战争中不同的日子》,《西蒙诺夫文集》第九卷,莫斯科:"文学艺术"出版社,1983年,第163页。

地朝她笑着，一瞬间他仿佛长大了，离我越来越远了。我明白，我再也见不着他了。”

萨维利耶夫和奥利雅，这两个带着心灵创伤的人，在战争中磨练得坚强起来，最后相识、相爱，重新找到了幸福。应该说是美好的姑娘奥利雅治愈了萨维利耶夫上校的内心创伤，激起他重新建设和平的幸福生活的愿望。萨维利耶夫在部队是个工兵军官，是走在部队前面为别人扫清道路、排除障碍、保证安全的战士，战争结束之后他将站在建设新生活的最前线，建设规模宏大的水电站，重建新的城市，建设高楼大厦，在祖国的河流上建起雄伟的大桥。女军医格列琪对奥利雅说：萨维利耶夫“是图申大尉①类型的人物，他的内心的美只有在不惜牺牲自己去拯救别人生命的时候才会表现出来”。

苏联时期有的评论家认为，西蒙诺夫的《将来会这样》一剧从另一个侧面展现了伟大卫国战争的性质。他表明：“战争是一所生活的学校。在战争中人们考验和锻炼了自己的感情：那些虚假的热情、惶惑，都会消失殆尽，留下来的都是真实的感情。”②

但是也有评论家持不同的看法。评论家芬克，肯定西蒙诺夫“善于把握社会情绪，因而他能说出人们所需要的话，人们想听到的话”。但是西蒙诺夫在这个剧中“比《一场爱情的纠葛》更加清楚地表现出无冲突论的倾向”。③

1944年的夏天，苏联红军终于把法西斯侵略者赶出了自己的国土。苏联红军一路向西，攻入法西斯德国占据的东欧各国，反法西斯战争成为解放波兰、捷克、罗马尼亚、南斯拉夫等各国人民的战争。西蒙诺夫创作的笔锋也跨出了俄罗斯的国界，表现了东欧各国人民的反法西斯斗争。1945年他写的《在布拉格的栗树下》就是表现捷克人民反法西斯的斗争。1946年，西蒙诺夫和爱伦堡访问美国回来后写的剧本《俄罗斯问题》，已经不是直接描写反法西斯战争，已经带有描写战后“冷战”时期的意味了。

---

① 图申大尉是列夫·托尔斯泰《战争与和平》中的人物。

② 拉扎列夫：《西蒙诺夫的戏剧创作》，莫斯科：国家艺术出版社，1952年，第74页。

③ 芬克：《康·西蒙诺夫》，莫斯科：苏联作家出版社，1983年，第161页。

5. “战争的儿子”

在1941年苏联卫国战争爆发，西蒙诺夫应征入伍被派往前线当军报记者的时候，他还是个刚从高尔基文学院毕业的青年作者，虽然也发表过一些诗歌作品，写过两三个剧本，但是在一般读者和文学评论界并没有引起多少注意，只是个普通的作者而已。但是经过四年的卫国战争，西蒙诺夫成长了，成熟了，无论是诗歌、小说，还是戏剧，他都写出了足以展示他的文学才华的、具有代表性的作品。一首《等着我吧》抒情诗打动了前线和后方无数的读者，使他成为人们喜爱的、家喻户晓的诗人；一部中篇小说《日日夜夜》写出了俄罗斯人民英勇不屈、誓死保卫祖国的英雄主义气概，成为卫国战争年代最有代表性的经典之作；一部《俄罗斯人》剧本表现出俄罗斯人民男女老幼反抗法西斯侵略、保家卫国的同仇敌忾的精神。四年的卫国战争为苏联文学造就了一大批有才华的青年作家，西蒙诺夫是其中的佼佼者。

立陶宛著名女诗人萨洛梅雅·涅里斯说西蒙诺夫是“战争的儿子”。这个称号对西蒙诺夫来说应该是当之无愧的。立陶宛著名诗人梅热拉伊蒂斯认为西蒙诺夫的“生命的主要部分是在士兵中度过的，他的才华都奉献给了战争题材。……康斯坦丁·西蒙诺夫的创作经历……那就是一个军人的历程”[①]。

苏联反法西斯卫国战争展现出俄罗斯人民宁死不屈、誓死保卫祖国的爱国主义精神和坚韧不拔的俄罗斯民族性格，现实生活为文学创作提供了丰富的写作素材；红军战士在战场上英勇拼搏，在生活中敞开胸怀，充分显示出人物的个性风采和精神品德。西蒙诺夫曾在一篇评论中说过，“困难中产生坚强，牺牲中产生勇敢，斗争中取得胜利”，这是一个简单的真理。[②] 卫国战争中现实生活所提供的素材是那样典型，作家只要贴近生活，接触战士，如实描写，甚至无需艺术加工和虚构情节，就会完成一篇很好的特写或小说。在卫国战争年代，西蒙诺夫虽然是《红星报》的战

---

① 梅热拉伊蒂斯：《我要回来的……》，载《同时代人回忆西蒙诺夫》，莫斯科：苏联作家出版社，1984年，第117页。

② 转引自芬克：《康·西蒙诺夫》，莫斯科：苏联作家出版社，1983年，第38页。

地记者，但他从来都不是以一个观察者的身份站在事件的一边，站在那些浴血奋战的战士们的旁边的，他是前线上和红军战士并肩战斗的一个战士，所以他能够比较真切地了解、熟悉战士们的思想感情、他们的痛苦和欢乐，也了解他们对未来的期盼。他在战争期间所写的特写和小说都是那样真实、生动和感人，因为这些作品都是以事实作为依据完成的，它们的区别就在于主人公的姓名和事件发生的地点。

西蒙诺夫在给朋友的一封信中说："对于我来说，战争既是人生的学校，也是文学的学校。"[①]他在战争中经受了人生最严峻的考验和锻炼，战争磨练了他的性格，培养了他的道德情操，形成了他的世界观和价值观。他说："'祖国的'这个形容词放在'战争'前面，意味着在老百姓的意识里，这场战争所涉及的不是这个或那个实有的或虚拟的国家的利益，而是切切实实的祖国的生死存亡。"[②]苏联时期一位文学评论家曾这样评价卫国战争对西蒙诺夫的影响："在他的一生中，战争是一次无与伦比的震撼，所以有一次他才写下这样的话：'人，真正配得上这个称呼的人，在战后的生活中会感到他动过了一次心脏手术。'他也正是怀着这种感情生活的……"[③]战后很多年，他在给友人的信中谈到他在战争中形成的对祖国的"概念"："祖国，首先就是人，一个决心为祖国服务到最后一息的人，他也因此而成为祖国的一部分，不会让自己成为其他人的负担和累赘，同样，祖国所有的部分，也都在关怀着他，即便在他们很难帮助他的情况下。"为了证明这个理念，西蒙诺夫还给友人讲了一个他听来的故事："这是我同一位同志到布列斯特收集关于布列斯特保卫者的事迹的时候听到的。要塞的某些堡垒，在德国人越过布列斯特向东方前进一千公里，攻占斯摩棱斯克之后，仍在坚守，这是一个被俘的外科医生说的，他被俘后在治疗我方被俘人员的医院工作。在守卫布列斯特 32 天之后，那里已经是一片废墟，最后那些我们的人依然在战斗。这时候德国人把一个苏军少校送到这家医院。这个人长着一脸胡子，衰弱得只剩下奄奄一息。他已经三个星期没有吃东西了，衰弱得不能吞咽食物，只能靠鼻饲活着。但是当德国人到他

---

① 西蒙诺夫：《致帕尔涅夫斯基》，西蒙诺夫：《关于战争的书信，1943—1979》，莫斯科：苏联作家出版社，1990 年，第 71—72 页。

② 西蒙诺夫：《今与昔》，莫斯科：苏联作家出版社，1978 年，第 220 页。

③ 拉扎列夫：《康·西蒙诺夫》，莫斯科："文学艺术"出版社，1985 年，第 11 页。

近前的时候，他竟然使出全身的力量，把身边仅有的一颗手榴弹投向了德国人……”①

战争不仅是西蒙诺夫的文学主题，更是带领他走进文学殿堂的艰苦而又严峻的道路。在哈勒欣《英勇红军报》当记者时，他的任务非常单纯，以诗歌的形式报道红军将士的英雄事迹；但是在卫国战争中，作为《红星报》的前线记者，他的首要任务是写前线的新闻报道，以最快的速度反映前方的战争态势，因此，写散文、记叙文成为他主要的职责。西蒙诺夫在给友人的信中，谈到他从写诗转向写散文、特写、通讯报道时，曾说这是报纸的需要，是现实的战争环境的需要，因为有情节的诗歌可能是很少有人感兴趣了，总之，读者大概对特写比对通讯更感兴趣，后来有情节的诗也不是逢事必写，也不经常写了……而通讯报道却要求：今天的所见就要今天写出来，交给报纸排版，所有这一切都促使他向一个记者、报人转变，总之，就是以真实的事例鼓舞人们抗击法西斯侵略者的斗志，坚定战胜敌人的信心。西蒙诺夫在战争初期苏军极为困难的形势下，在前线上努力寻找那些坚守阵地、顽强抗敌的部队，采访那些英勇不屈、不怕牺牲、敢打敢拼的战士，为他们写报道，写特写，弘扬他们的英雄事迹和爱国主义精神。他的这些鼓舞人心的报道和特写受到前方将士和后方读者的热烈欢迎和好评。他坚持以战争的本来面目来表现战争，清醒，真实，可信。他在给友人的一封信中说：“我尽力写我了解得比较好的和自己亲眼见过的，哪怕是看得不多呢。我的长篇小说都是按照这个原则构建的……”②因此，书写卫国战争的真实和塑造保家卫国的忠诚战士就成为西蒙诺夫小说创作的中心主题和主要任务。苏联女作家凯特琳娜说：“就其创作个性而言，西蒙诺夫大概是对于塑造我们当代正义战争主人公性格来说最有教养的作家……”③

卫国战争期间，西蒙诺夫的作品描写了前线的浴血奋战和后方的艰难困苦，他的主人公有将军、部队的指挥员，也有普通的士兵，他的作品洋溢着对祖国和人民的无限的爱和对法西斯侵略者的刻骨的恨，他描写了俄罗斯人民男女老幼抗击法西斯入侵者的同仇敌忾的大无畏精神。因此

---

① 西蒙诺夫：《关于战争的书信，1943—1979》，莫斯科：苏联作家出版社，1990年，第76页。

② 同上书，第616页。

③ 转引自拉扎列夫：《康・西蒙诺夫》，莫斯科：“文学艺术”出版社，1985年，第42页。

他的作品不仅受到前线和后方读者的喜爱，而且也受到前辈作家和苏军将领的好评。

早在1942年苏联著名诗人吉洪诺夫就在《红星报》撰文，表扬西蒙诺夫作为《红星报》特派记者的刻苦和勤奋的工作精神，说西蒙诺夫“在行军中、在汽车上、在两次战斗的间隙、在临时宿营的过程中、在烧焦的树下，他都能写作，把所见所闻记到笔记本上”。他说西蒙诺夫是“他那一代人的喉舌”。[①] 1944年，吉洪诺夫在一次讲话中又提到西蒙诺夫，说西蒙诺夫的诗歌作品，其读者范围是惊人的巨大。他说：“西蒙诺夫的诗歌，战士们和军官们都是贴胸保存着，因为这些诗歌引起了他们感情的共鸣。除了描写爱情的诗《等着我吧》，还有另外的诗——在列宁格勒以一俄尺大的字母到处张贴，这是描写仇恨的诗《打死他！》……西蒙诺夫的一代人都在战壕里，都在战斗。是这一代人打赢了战争。他们回忆战争的时候，会想起西蒙诺夫。”[②]

苏联著名作家巴乌斯托夫斯基说：“西蒙诺夫除了具有巨大的诗才之外，还有一个可贵的品质：对语言的敏锐感觉。”他的用词是“准确而有分量的。它们毫不勉强地便融入诗歌的韵律之中了”。“西蒙诺夫不怕谈论苦难。他同那些以不息的战鼓掩盖人的眼泪的诗人是不同的。”[③]

苏军将领们更是对西蒙诺夫赞赏有加，首先是因为西蒙诺夫在前线采访中所表现出来的勇敢精神——越是困难的、危险的地段他越是要去，亲自到最前沿的战士那里了解情况，写出真实可信的报道。有时，在一次重大战役开始之前，方面军的司令员会特别关注《红星报》的特派记者西蒙诺夫是否在场。

苏联元帅朱可夫在给西蒙诺夫的一封信里说：“苏联军人高度评价您真实地反映了他们在同我们祖国敌人武装斗争中的战斗生活。”[④]

华西列夫斯基元帅说：“在战争的进程中我不止一次地读到西蒙诺夫的通讯报道、他的诗歌和小说。这位作家的作品总是以其战斗拼搏描写

---

① 吉洪诺夫：《战斗青年的歌手》，莫斯科《红星报》，1942年4月17日。转引自拉扎列夫：《康·西蒙诺夫》，莫斯科：“文学艺术”出版社，1985年，第174页。

② 吉洪诺夫：《卫国战争时期的苏联文学》，苏联《文学和艺术》报，1944年，2月12日。转引自拉扎列夫：《康·西蒙诺夫》，莫斯科：“文学艺术”出版社，1985年，第69页。

③ 转引自芬克：《康·西蒙诺夫》，莫斯科：苏联作家出版社，1983年，第38页。

④ 转引自拉扎列夫：《西蒙诺夫：生平和创作》，莫斯科：“俄语”出版社，1990年，第6页。

的真实可信、随时准备为粉碎敌人而献身的苏维埃人的感情的真挚而引人入胜。”①

科涅夫元帅说：“西蒙诺夫的作品，无论是诗歌、特写、戏剧还是电影脚本，无论短篇小说还是中篇小说，无不浸透着严峻的战争真实。西蒙诺夫的才华，一本书一本书地越来越成熟……战后年代他所写的长篇小说《战友》《生者与死者》《军人不是天生的》就是证明。这些小说仿佛是人民在战争年代积累的经验的总结，包含着艺术家对人的命运和祖国命运多年的思考。”②

1960年1月29日，海军上将伊萨科夫刚刚读完西蒙诺夫的长篇小说《生者与死者》，难以抑制心中的激动，提笔给西蒙诺夫写信。他先在信中说：“我敢说，目前写这次战争的所有重要作品，集中起来，您的这本小说是最好的。”随后他又提起1942年在刻赤进行的一次不成功的战斗，他说：“我亲眼目睹的事实，如果写出来，是没有人会相信的。但是西蒙诺夫就会相信。我在心里保存着，什么时候有机会讲给您听听。”③伊萨科夫将军在信中提到的刻赤战斗，是一次非常惨烈的战斗，苏军蒙受了很大的损失。战斗惨烈的程度令人难以置信，但是西蒙诺夫是曾经亲临前线的记者，知道战争的真实情况，目睹过许多悲壮的情景，所以伊萨科夫将军深信西蒙诺夫能够理解他说的战斗情况。

苏联的“红旗”勋章一向是授予那些作战勇敢和战功卓著的军人的。1942年5月，西蒙诺夫在西部方面军被授予“红旗”勋章。1945年5月，在战争结束的时候，乌克兰第四方面军又一次授予西蒙诺夫“红旗”勋章。授奖辞中说：“西蒙诺夫同志在作战地区多次亲临101、126混成部队，亲临第二空军主力伞兵师和其他师的指挥员观察所和团长的观察所，表现出他是一个勇敢无畏的军官，在敌人的炮火下，不顾危险去履行自己应尽的职责。……西蒙诺夫同志作为《红星报》的记者，在卫国战争期间走遍各条战线，用他的特写、短篇小说、通讯报道和诗歌援助了我们战胜敌人的事业。”④

① 转引自拉扎列夫：《西蒙诺夫：生平和创作》，莫斯科：“俄语”出版社，1990年，第6—7页。

② 同上书，第7页。

③ 同上书，第6页。

④ 转引自奥滕贝格：《我所认识的西蒙诺夫》，载《同时代人回忆西蒙诺夫》，莫斯科：苏联作家出版社，1984年，第103页。

第四章

在苏联文坛的漩涡中

早在1944年战争尚未结束的时候，西蒙诺夫、特瓦尔多夫斯基、科热夫尼科夫、戈尔巴托夫等几个“前线作家”就被增补为苏联作家协会主席团成员。战后归来，西蒙诺夫已经不是那个在苏联文坛初露头角的小作家了。他在反法西斯卫国战争中的记者生涯和文学创作已经使他成为一个艺术上成熟的、在苏联家喻户晓并在世界上也享有盛名的作家了。1946年八九月间，西蒙诺夫回到莫斯科后，苏联作家协会主席团的全体成员被日丹诺夫召去，讨论战后作协的工作问题。过了几天，日丹诺夫又把他们召去。日丹诺夫说，他已把上次开会讨论的情况向斯大林做了汇报，现在已经做出决定委托作协理事会党组推荐下列人员组成作协书记处：作协理事会总书记法捷耶夫，副总书记西蒙诺夫、维什涅夫斯基、吉洪诺夫，书记列昂诺夫和戈尔巴托夫，戈尔巴托夫任作协理事会党组书记。现在，西蒙诺夫已不是苏联作家协会的普通成员，而是作家协会领导机构——苏联作家协会理事会的领导成员之一，作协理事会副书记。他两度担任《新世界》杂志的主编，在20世纪50年代初还一度成为《文学报》的主编。苏联《文学报》和《新世界》杂志都是苏联文坛具有标志性意义的报刊,西蒙诺夫能够担任这两家报刊的主编,说明西蒙诺夫已经成为战后苏联文坛的头面人物了。战后初年,西蒙诺夫以《真理报》记者的身份,代表苏联文艺界出访欧美许多西方国家。尽管西蒙诺夫担任着这些社会工作的职务,有繁忙的社会活动,但是他依然坚持文学创作。访问西方国家回来之后,根据在这些国家的所见所闻和在心中的印象,他写了话剧《俄罗斯问题》和中篇小说《祖国的青烟》。

话剧《俄罗斯问题》是描写正直的美国新闻记者斯密司不肯昧着良心写诬蔑苏联的报道而遭受的种种厄运,剧本揭露那些标榜"言论自由"的美国报业大亨们是如何为帝国主义的新的战争阴谋效劳的。在西方国家中,像斯密司这样的记者并不多见,而相反的情况倒是不乏其例。剧中有个叫勃伦登的奥地利记者,在反法西斯战争中写了许多比较客观的、比较真实的有关苏联情况的通讯报道,但是战后写了一本关于苏联的书,却充满了造谣和歪曲。西蒙诺夫选择斯密司做剧本的主人公。剧本有两条情节线索,一条是斯密司和他的女友席丝绮的爱情波折,一条是斯密司抗拒报纸老板马菲尔逊要他写诬蔑苏联的新闻报道的故事,两条线索互相交织,有机地联系在一起。剧本对资本主义社会中金钱买卖的生活原则表现得淋漓尽致。这个剧本是西蒙诺夫走访了许多西方国家,接触了许多西方记者之后,所观察和思考的结果。

1947年,西蒙诺夫在《新世界》杂志上发表了他战后第一部小说作品——中篇小说《祖国的青烟》。这部小说同《俄罗斯问题》一样,也是他出访西方国家所产生的印象的结晶。小说的主人公巴萨尔根是个红军军官,在反法西斯战争胜利前夕,被派往盟军总部做遣返工作,战争结束以后,又被派往美国做外贸工作。长年旅居国外,他时刻想念祖国。在西方纸醉金迷的社会中,他渴望着祖国、故乡的生活。但是,当他任职期满,回到祖国时,看到故乡的土地仍然满目疮痍,战争的伤痕处处可见。特别使他感到不满的是,在故乡的亲人中也有像西方社会中那种以金钱为生活准则的人。尽管如此,他还是依恋他的祖国,因为这是他"默默无言地热爱着的、在灾难中保卫过的苏维埃祖国!"

《祖国的青烟》洋溢着对苏维埃祖国的无限热爱,这不仅是乡土之情,更可贵的是它表明:长期在资本主义环境中工作的苏维埃人对社会主义生活的向往、热爱和依恋!主人公巴萨尔根不仅热爱故土俄罗斯,他更热爱社会主义的苏维埃俄罗斯。这是贯穿于作品的中心思想,也是作品值得肯定的思想成就。1947 年 2 月，我国著名作家茅盾先生访问苏联，他同西蒙诺夫会见时，西蒙诺夫曾同茅盾先生谈起他正在创作的这部中篇小说。西蒙诺夫对茅盾先生说，小说题名《祖国的青烟》，是引用 19 世纪初俄罗斯作家格利鲍耶多夫著作中的一个典故：久客异乡的人回家来了，远远看见祖国的青烟，狂喜不能自持。因此这部小说着重表现“久客外国的人回到祖国，看见祖国的一切都和以前不同了；从这久客归来人的眼中把旧社会（外国）和新社会（祖国）作一个对照”①。这大概是西蒙诺夫原来的构思，但是在写作过程中，这种“对照”却产生了完全不同的效果。西方资本主义世界，虽然到处是纸醉金迷，但却也是一派繁华兴隆的景象，而自己的祖国依然是困难重重，战争的创伤比比皆是，尤其是某些人精神面貌的变化，更是触动着归来者的心灵。小说着意描写了法捷伊奇这样一个人物，他贪婪自私，损公肥私，奔走钻营，见利忘义，这样一些思想意识和行为举止，和苏维埃人的道德风貌格格不入，倒是同西方世界中某些人的道德观念和人生哲学颇为相似。应该说西蒙诺夫的这部小说非常真实地反映了战后苏联社会生活的某些方面，作者忧心忡忡地看到战后苏联社会存在的一些问题，做了如实的反映，但是这部作品后来却遭到一场劈头盖脸的批判。

战后的苏联面临着在废墟上重建家园和恢复国民经济的艰巨任务。1946 年苏联大片农业地区遭受严重干旱，农作物歉收，发生饥荒。在这样艰难的情况下苏联人民开始了重建家园的工作。物资生活的困难，家家户户遭受战争创伤的不幸，在人的思想上引起一些消极悲观的情绪；政权机构中的官僚主义作风和贪污盗窃的不法行为更加剧了这种困难的状况和消极的情绪。反法西斯战争胜利后，苏联同西方国家的文化交流也频繁起来，某些人的头脑中滋长了盲目崇拜西方的意识，这种思想意识在某些文艺作品中也有所流露。这种现象引起苏联当局的极大重视和不安，从 1946 年—1948 年接连以苏共中央的名义发布了关于文艺问题的四个决议：《关于〈星〉和〈列宁格勒〉两杂志的决议》（1946 年 8 月 14 日）、《关于剧场上演节目及其改进办法的决议》（1946 年 8 月 26 日）、《关于影片〈灿烂的生活〉的决议》（1946 年 9 月 4 日）、《关于穆拉杰里的歌剧〈伟大的友谊〉》的决议（1948 年 2 月 10 日）。

---

① 茅盾：《康・西蒙诺夫访问记》，载《俄罗斯人》，上海：世界知识出版社，1947 年。

这四个决议涵盖包括文学、戏剧、电影和音乐的整个苏联文艺界，其影响之广泛，较之30年代的确立社会主义现实主义为唯一创作方法有过之而无不及。

这些决议的内容，如果单从字面上看，如反对无思想性、反对为艺术而艺术、提倡塑造苏维埃人的鲜明形象等，似乎是无可非议的；然而实际上在执行的过程中，却对那些反映了苏联社会实际情况的作家和在诗行中流露出人民内心情绪的诗人大加批判，对阿赫玛托娃这样著名的诗人和左琴科这样有成就的作家，进行点名的人身攻击，开除了他们的作家协会会籍，不准他们发表作品。影响所及，使一种荒谬的、认为苏联社会不存在矛盾冲突、只有"好与更好"的不同的"理论"，即所谓的"无冲突论"，在苏联文坛流毒多年。西蒙诺夫的《祖国的青烟》和这种"理论"显然背道而驰，受到批评也在所难免。但是《祖国的青烟》所受的批评却另有隐情。

战后，西蒙诺夫进入苏联作家协会的领导层，成为苏联作家协会书记处的书记之一，是法捷耶夫的主要助手，因此，他有机会跟随法捷耶夫出席苏共中央政治局讨论苏联作家协会工作的会议。1947年5月14日，法捷耶夫、西蒙诺夫和戈尔巴托夫应召于晚上6点去克里姆林宫见斯大林。当晚出席会议的还有莫洛托夫和日丹诺夫。这样的会见，领导人的讲话，有的可以记录，有的则不许做记录。西蒙诺夫凭着他惊人的记忆力，会见后都及时补记下来，从而留下了一份珍贵的历史资料。

会议的主要议题是关于作家协会的工作。一是提高作家稿酬标准问题，二是关于作家协会扩大编制和增加经费的问题，同时还涉及《新世界》等几家大杂志增加版面的问题。在讨论第一个问题的时候，斯大林讲话，谈到了作家的创作："有这么一个主题，非常重要，应当让作家们来关心它。这就是我们的苏维埃爱国主义主题。拿我们一般的知识分子来说，比如科技界的知识分子、教授、医生，他们往往缺乏苏维埃爱国主义感情，他们毫无理由地崇拜外国文化，总觉得自己还没有长大，没有完全长大，习惯于永远处在学生的地位。这是自甘落后的传统，是从彼得大帝那里来的。……普通的农民不会为几个小钱而向别人点头哈腰、脱帽致敬，而那些知识分子却缺乏自尊感，缺乏爱国主义，不懂得俄国所起的作用。……我们为什么不如别人？这是怎么回事？这一点得反复讲它许多年，这个主题应当写十年。……我是这样认为的，应当同我们许多知识分子身上的妄自菲薄心理作斗争。"[①]

说到这里斯大林让日丹诺夫拿出一份文件,交给法捷耶夫,让法捷耶夫宣读。这份文件说的是当时轰动一时的所谓"克柳耶娃与罗斯金事件"。克柳耶娃和罗斯金是两位苏联的科学家,在战前研究出了一种抗癌物质,1946年由苏联医学科学院出版了一本学术专著《恶性肿瘤的生物疗法》。医学科学院的院士秘书帕林受这两位科学家委托,在1946年访问美国时将这本书的手稿作为科学情报交给了美国出版家。斯大林认为这是出卖最重要的国家机密,以间谍罪判处帕林25年徒刑。克柳耶娃和罗斯金以及被撤职的卫生部长米捷列夫被送交"荣誉法庭"审判。这个事件后来发展成一场反妄自菲薄、反崇洋媚外的社会运动。

法捷耶夫宣读完这个文件之后,斯大林说了一句"应当铲除妄自菲薄的心理。应当用这个主题写作品,写长篇小说"。西蒙诺夫接着斯大林的话,说了一句"这个主题更适合于写剧本"。

想不到西蒙诺夫这句不经意的话竟然给自己招致批判。

同斯大林会见之后过了几天,日丹诺夫的助手库兹涅佐夫给西蒙诺夫打电话,叫他去看些对创作有用的材料。库兹涅佐夫给了西蒙诺夫一包各式各样的文件,说这是日丹诺夫指定让他看的。材料不多,全是有关所谓克柳耶娃和罗斯金案件的材料,他很快看完,就交还给库兹涅佐夫了。他还没有理解日丹诺夫叫他看这些材料的用意。1979年,西蒙诺夫在医院的病床上,以口述历史的方式,回忆了这段经历。

"我当时太天真了,根本不明白让我看这些补充文件的用意。我曾说过,这件事与其作为小说题材,倒不如作为戏剧题材更合适。显然,我顺口说出的这个意见使人以为,我要写这个题材的剧本。其实我根本没有这种打算。这样来理解我的纯属职业性的意见使我感到吃惊。原则上说,我是能够写这样一个题材的剧本的,但不是现在,现在我正写中篇小说《祖国的青烟》……我正埋头于以我的亲身感受和痛苦体验作素材的这部作品的创作,极不愿意中途搁笔去写关于崇洋媚外的危害及其精神贫困这种仅仅在某一点上与我相近的题材的剧本,况且这些素材对我来说是非常遥远的,暂且还是完全陌生的。我明白,我陷入一种事与愿违的境

① 康·西蒙诺夫:《我这一代人眼里的斯大林》,裴家勤、李毓榛译,北京:中国新闻出版社,1989年,第105—107页。

地，我为我不慎插嘴而责骂自己，但是又自我安慰，写完中篇小说之后，我再动笔写剧本，……显然，作为一个作家，这个决定是正确的，也是唯一可行的，尽管后来它使我受到点名批评，付出了相当昂贵的代价。”①

西蒙诺夫写完了《祖国的青烟》，并在《新世界》杂志发表了。但是上面要他写剧本的人一直以为西蒙诺夫在写这个剧本，西蒙诺夫没有发表剧本而是发表了一部中篇小说，从而引起上层对西蒙诺夫的不满。

《祖国的青烟》在杂志上发表之前，作家协会曾开过一个座谈会，讨论这部小说，当时在座的法捷耶夫、爱伦堡、费定等人对这部小说都大加赞赏，西蒙诺夫听了，心里当然很高兴，但是过了不久，《文化与生活》报突然发表了一篇对《祖国的青烟》严厉批判的文章，这期的《文化与生活》报还有另一篇批判法捷耶夫的《青年近卫军》(第一版)的文章。文章作者指责《祖国的青烟》违背生活的真实，小说中的人物只说空话，不做实事。西蒙诺夫深感惶惑不解，明明是亲眼目睹的实事，为什么会“违背生活真实”?

后来西蒙诺夫从日丹诺夫那里了解到，日丹诺夫本人也很喜欢《祖国的青烟》这部小说，本打算让《文化与生活》报发表一篇赞赏小说的评论，但是他接到斯大林的指示，要批判《祖国的青烟》，他临时把写好的评论从版面上撤下来，另找人写了这篇批判文章，文章的内容都是斯大林授意的。

过了一段时间，日丹诺夫的助手库兹涅佐夫又把西蒙诺夫叫去，问他剧本写得怎么样了，他问西蒙诺夫除了看材料还需要什么帮助。西蒙诺夫这才明白了《祖国的青烟》挨批和写剧本之间的关系。他这才明白，他的那句不经意的插话，被当作一种许诺，斯大林期待于他的不是什么小说，而是他“许诺”的那个剧本。了解这一点之后，西蒙诺夫当即向库兹涅佐夫表示，他要写这个剧本，但是需要向有关人士了解相关的医学问题。后来西蒙诺夫通过卫生部长叶·斯米尔诺夫采访了医学科学院士兹德罗多夫斯基，向他了解相关的医学知识。随后西蒙诺夫又到萨拉托夫微生物研究所去考察，体验科学研究所的工作人员的环境、生活和工作的情况。在那里，西蒙诺夫会见了几位非常杰出的科学家，听到这些科学家们所讲述的他们那种带有危险性和戏剧性特点的真实故事，再加上克柳耶

---

① 康·西蒙诺夫:《我这一代人眼里的斯大林》，裴家勤、李毓榛译，北京：中国新闻出版社，1989年，第120—121页。

娃和罗斯金案件的材料，西蒙诺夫于1948年初写出了剧本《异邦暗影》。剧本写完后，西蒙诺夫没有送去发表，而是上交给了日丹诺夫，请他转呈斯大林。事情过了很久，西蒙诺夫突然接到斯大林秘书的电话，让他直接给斯大林回电话。斯大林在电话里对西蒙诺夫说：

“我读了您的剧本《异邦暗影》。照我看来，剧本是好的，但是有一个问题阐述得不正确，这个问题应当予以解决并纠正。特鲁布尼科夫[①]认为，实验室是他个人的财产。这个观点不对。实验室的工作人员认为，根据他们所投入的劳动的权利，实验室是他们的财产。这个观点也不对。实验室是人民和政府的财产，在您的剧本里政府没有参与任何事情，只是一些科学工作者在活动着。然而这是涉及重大国家机密的问题。我想，在马克耶夫[②]去莫斯科之后，追求个人名利的奥库涅夫[③]自杀之后，政府不能不干预这个问题，但是您的剧本里政府没有干预。这是不对的。我认为，在结尾的地方应该这样，马克耶夫从莫斯科回到实验室，当着大家的面同特鲁布尼科夫谈话，说他见过卫生部长，部长把问题向政府做了汇报，政府责成他把特鲁布尼科夫留在实验室中，尽管他有种种错误。政府责成他转告特鲁布尼科夫，虽然发生过他所做的种种事情，但是政府不怀疑他的品行端正，不怀疑他有把他所开创的事业进行到底的能力。我想，您应当这样修改。具体应怎么做，您自己知道。修改后，剧本应当发表。”[④]

西蒙诺夫遵照斯大林的话对剧本作了修改，西蒙诺夫通过剧中人物的台词把斯大林的指示原封不动地都贯穿在剧本中。剧中有一位科学家的台词说：“我们一向把自己给国家的东西记得太清楚，可是很少想到国家给我们的东西，老实说，我们有没有常常去想，这三十年来正是在我们人民和政府给我们的实验室中获得了几十种重大的发现……”[⑤]另一位剧中人说：“难道我们大家已经彻底了解到，问题不在于我们个人怎样获得声望，而在于我们的国家因我们而有声望。在我国，只有在祖国的成就

---

① 剧本《异邦暗影》中的人物。

② 剧本《异邦暗影》中的人物。

③ 剧本《异邦暗影》中的人物。

④ 康·西蒙诺夫：《我这一代人眼里的斯大林》，裴家勤、李毓榛译，北京：中国新闻出版社，1989年，第130—131页。

⑤ 西蒙诺夫：《异邦暗影》，梁彦译，北京，时代出版社，1954年，第117—118页。

里增加自己的一份贡献的愿望，才能作为一个人唯一正确的名利。关于这一点，难道我们已经大声地、明确地对自己和别人说过了吗？”[1]剧中还通过刚从国外归来的特鲁布尼科夫的女儿莲娜和父亲的对话，揭露和批判资产阶级的人道主义。特鲁布尼科夫一向标榜自己说的是“人道主义的语言”，他的女儿莲娜针锋相对地对他说：“在我来的那个地方开口闭口都说着‘人道主义’这个词，连不愿意把我们的儿童从集中营里归还给我们也是以人道主义的名义……在那里没有一件黑暗事情不是用‘人道主义’这个词来掩盖的。”[2]接着这个话题，剧中另一个人物马凯也夫说：“你们以为人道主义就是站在一旁爱一切人，对不对？不是的。对于一个学者，人道主义就是作战！就是在我们的大军里做一名战士，来反对从地球的那一半向我们扑来的黑暗势力，为全体人类、全部科学，为全部文化的未来作斗争！”[3]

剧本在《旗》杂志发表后，报刊上好评如潮，说剧本“思想深刻”，“有战斗性”，“其基础是非常真实的尖锐的戏剧冲突，西蒙诺夫在这里又一次表现出以最少的戏剧角色在剧本中描绘巨大的社会政治事件的本领。”[4]剧本被列入评选斯大林奖金的作品名单，在作家协会讨论的时候，许多作家对这部作品的评价发生意见分歧，大家争论不休，西蒙诺夫坐在一旁，一言不发。散会后，等只剩下法捷耶夫一个人的时候，西蒙诺夫把在电话中与斯大林的通话告诉了法捷耶夫，并说剧中人物的有些台词和情节是根据斯大林的意见修改的。法捷耶夫听后，不禁哈哈大笑起来，随之便正色对西蒙诺夫说，为什么不早说呢，让我们大家都落到十分尴尬的境地。西蒙诺夫说，我哪里敢哪。法捷耶夫说，以后再有这种事情，你哪怕先告诉我一个人呢。如果我有，我也告诉你。

至于中篇小说《祖国的青烟》的修改，再也无人问津。几年后，西蒙诺夫只字未改，出版了《祖国的青烟》的单行本，有的论者还大加吹捧，说比《日日夜夜》写得还好。

1948 年 3 月末，斯大林召集有关人员讨论本年度的斯大林奖金获奖

---

① 西蒙诺夫：《异邦暗影》，梁彦译，北京：时代出版社，1954 年，第 117 页。

② 同上书，第 46 页。

③ 同上书，第 125 页。

④ 洛穆诺夫：《西蒙诺夫的戏剧创作》，载《西蒙诺夫戏剧集》，莫斯科：“艺术”出版社，1954 年，第 28—31 页。

名单。这次应召去参加会议的除作家协会的领导法捷耶夫之外，还有各主要文学杂志的主编：潘菲洛夫、维什涅夫斯基、西蒙诺夫和德鲁津。在讨论爱伦堡的长篇小说《暴风雨》时，有人提出在这部小说中，爱伦堡写法国人比写苏联人写得好。这时斯大林发表了他的看法：

"不对，我认为，如果说爱伦堡的小说中法国人写得比俄国人强，那是不确实的。也许爱伦堡更熟悉法国，这是可能的。当然，他有缺点，写得不匀称，有时过于匆忙，然而《暴风雨》是一部大作。至于人嘛，描写的都是中间人物。有的作家不描写大人物，而描写中间人物、普通人。爱伦堡属于这类作家。他的小说很好地表现出有缺点的人，小人物，乃至有点恶劣的人，在战争的进程中觉醒了，发生了变化，成为另一种人。好就好在小说能表现出这一点。"斯大林认为，苏联人在小说中比法国人更坚强。他们坚强有力，制度是属于他们的，制度的力量在他们一边。从这样的观点来看，他们在小说中强于法国人。[①]

在讨论潘诺娃的长篇小说《克鲁日里哈》时，斯大林对所有文学问题，甚至最无关紧要的问题所表现出来的内行，令西蒙诺夫都感到震惊。当有人谈到潘诺娃的创作中有客观主义的倾向时，斯大林说：

"人们总是批评潘诺娃，说她小说中的人物身上，个人的东西与社会的东西之间缺乏统一，批评她有这种矛盾。难道这件事在生活中解决起来就那么简单吗？就那么容易结合起来吗？往往是结合不起来。"斯大林稍稍沉默一会儿，又说起潘诺娃，算是结束了关于《克鲁日里哈》的争论："她的人物写得很真实。"[②]

几次开会，斯大林对文学界情况的了解和关注，都让西蒙诺夫感到吃惊："……在好几次会议上，都看见他随身带着不大的一打儿书和杂志来开会。这些书放在他的左边手下，都是些什么书，无人知晓……其实不过是些以单行本出版的和杂志上发表的文学作品。但都是些评奖委员会提出的书单里没有列入的，由斯大林奖金评选委员会推荐在会上谈到的作品，更确切地说，有可能谈到的作品，斯大林一般都读过。……凡是在开会时引起大家共同关注的，其中包括由于某种原因在作家协会、评选委员

① 康·西蒙诺夫：《我这一代人眼里的斯大林》，裴家勤、李毓榛译，北京：中国新闻出版社，1989年，第139—140页。

② 同上书，第142页。

会、中央评奖委员会产生分歧，诸如给不给奖金，从一等换成二等或者反之，总之，凡是引起某种争议或意见分歧的作品，他都读过。我每次参加这类会议，对这一点确信不疑。”①

有一次评奖委员会讨论吉洪诺夫的诗集《南斯拉夫诗抄》的授奖问题。吉洪诺夫的诗写得非常好，报刊上有许多赞扬的评论。在讨论到这个问题时，人们都还没有发言，斯大林对着政治局委员们说：“我想，我们终究要向同志们说明，为什么我们撤销了讨论吉洪诺夫同志《南斯拉夫诗抄》一书的评奖问题。我想，他们应当知道这件事。无论他们还是吉洪诺夫同志，都不要产生疑虑。事情是这样，这里完全和吉洪诺夫同志无关，我们对他和他的诗没有什么不满意的地方，但是我们不能为这些诗歌评奖，因为近来铁托的表现很坏。……要让我说，他的表现是怀着敌意的。我们不能委屈吉洪诺夫同志，我们不会忘记他，明年我们给他的新作品授奖。至于现在为什么不能这样做，要向他解释清楚，不要让他产生疑虑。”②

多次参加这样的评奖会议，斯大林作为政治家的文学素养给西蒙诺夫留下了深刻的印象。斯大林喜欢读书，对当时流行的文学作品涉猎甚广。但他首先是个政治家，因此他对一部文学作品的评价，首先是从政治出发的，艺术水平是放在第二位的。1952 年兹洛宾的长篇小说《斯捷潘·拉辛》和拉齐斯的长篇小说《走向新岸》同时获得斯大林奖金一等奖。作为艺术作品，斯大林欣赏《斯捷潘·拉辛》，而《走向新岸》，作为艺术作品，斯大林根本不喜欢，然而他认为这是第一部写拉脱维亚农业集体化的作品，意义重大，授予它一等奖是完全值得的。斯大林说：“这部小说艺术上有缺陷，它不如华西列夫斯卡娅的小说，但它对波罗的海沿岸诸国以及对国外，具有很大意义。”华西列夫斯卡娅的三部曲，作为读者他非常喜欢，但是在他看来，当时不具备最大限度的政治意义，只得到二等奖。③

有时候斯大林突然想到自己喜欢的一部作品，而这部作品并未列入评奖名单，他不太考虑评奖的规定，会直接向诸位评委提出来。有一次他

---

① 康·西蒙诺夫：《我这一代人眼里的斯大林》，裴家勤、李毓榛译，北京：中国新闻出版社，1989 年，第 145 页。

② 同上书，第 150 页。

③ 同上书，第 184 页。

问在场的评委:“谁读过格鲁兹杰夫和切特韦里科夫写的剧本《乌鸦石》?”大家都默不作声,谁也没读过这个剧本。斯大林说,这个剧本刊登在1944年的《星》杂志上,当时并没有引起人们的注意,但他认为这是个好剧本,应该给格鲁兹杰夫和切特韦里科夫两个作者授奖。大家都不做声。《星》杂志的主编德鲁津焦急地小声对西蒙诺夫说,剧本是在我们杂志发表的,可是切特维里科夫被逮起来了,正坐牢呢。怎么办?西蒙诺夫小声对德鲁津说,应当把这个情况向斯大林报告,西蒙诺夫心想,斯大林喜欢这个剧本,没准一下子就把作者给放了呢。但是,斯大林听了之后默不作声,手里拿着杂志,翻了两下,仍旧一声不响,最后说道,下面该讨论文学批评了。斯大林并没有因为自己的偏爱而表示宽容。

1946年,西蒙诺夫接任《新世界》杂志的主编,他在任的几年里,对于苏联文坛来说,正是苏共中央接连发表四个关于文艺问题决议的严峻年代。西蒙诺夫本人对于遭受打击的阿赫玛托娃和左琴科都怀有敬意和好感。阿赫玛托娃在战争期间写了些洋溢着对祖国深厚感情的诗篇,很受读者的爱戴和欢迎,她突然遭到厄运,西蒙诺夫深感惶惑和同情。左琴科被批判后,他的作品不能出版,靠着搞点翻译,艰难度日。西蒙诺夫得知左琴科在战争期间写过一些关于抗击德国法西斯游击队的故事,便向左琴科要来看了,感到写得不错,便想在《新世界》杂志上发表,编辑部同仁认为这事还应谨慎为佳,最好向上面请示一下。西蒙诺夫利用斯大林召见作协领导人开会的机会,趁机向斯大林请示,并说明左琴科在战争期间写的这些作品,很真实,写得很好。斯大林沉思了一下,回答西蒙诺夫,您是杂志主编,您决定吧。拿到这把“尚方宝剑”,左琴科的小说顺利地在《新世界》杂志发表了。

西蒙诺夫刚接任《新世界》主编时,他主持编辑的第一期杂志上发表了普拉东诺夫的短篇小说《伊万诺夫一家》(收入《普拉东诺夫文集》时,改名《归来》),引起一场不大不小的风波。战争年代,普拉东诺夫也是《红星报》的军事记者之一,写了许多好文章,同西蒙诺夫的关系也很好,西蒙诺夫本想利用发表他的这篇小说的机会,改变一下普拉东诺夫自30年代遭受不公正对待以来的生活处境,编辑部的同志们也都喜欢普拉东诺夫这篇小说,因此在西蒙诺夫上任《新世界》主编的第一期杂志上将之发表了。杂志刚出版不久,《文学报》就刊登了一篇讨伐性的长文《普拉东诺夫的诽谤小说》,作者叶尔米洛夫是法捷耶夫从20世纪20年代“拉普”时期就开始共事的老朋友、盛名远扬的评论家。按作协理事会的分工,《文学报》是由法捷耶夫负责监管的,为此,西蒙诺夫对法捷耶夫很不满意,认为他不该对这样“一个毫无防卫能力、刚刚站起来的人”进行如此无情的打击。西蒙诺夫之所以有这样的判断,是因为文章发表之后,并没有追究杂志编辑部的责任,后来也没有下文,不了了之了。

在1947年5月14日斯大林同作协领导谈作协工作的那次会议上,斯大林还谈到了《文学报》的问题。

“我们认为,”他说,“作协可以办一个与现在的《文学报》完全不同的《文学报》。作协可以用自己的力量办这样一个《文学报》,它不仅是文学报纸,同时也是广泛发行的大报纸。作协可以办这样一个报纸,它能比其他报纸更尖锐地提出国际生活问题,如果需要,也谈国内生活问题。我们所有的报纸都是各种形式的官方报纸,而《文学报》是作协的报纸,它可以从非官方立场提问题,包括提一些我们不能或不便从官方立场提出的问题。《文学报》作为非官方的报纸,可以在某些问题上比我们激进一些,态度尖锐一些,在提问题的尖锐程度上可以同官方的观点不一致。我们有时候完全可能为此而批评《文学报》,但不应害怕,尽管挨了批评,还要继续这样办下去。……你们应当明白,我们不能总是从官方的角度说出我们想说的话,这种情况在政治问题上也存在,碰到这种情况,《文学报》就应当帮助我们。总之,不应当太害怕,顾虑别太多,发表关于国际问题的文章不必去征求外交部的意见,外交部没必要读这些文章。外交部干它自己的事,《文学报》也干自己的事。”[①]说完这番话之后,斯大林又问法捷耶夫,现在的《文学报》每月出几期,发行多少份。法捷耶夫说,每周出一期,每期五万份左右。斯大林说要每周两期,每期印五十万份。

苏联作协的《文学报》是由法捷耶夫直接管辖的。当时的主编叶尔米洛夫是从20世纪初“拉普”时代就闻名于世的评论家,但是法捷耶夫对他并不满意,一直想撤换他,但没有物色到合适的人选。西蒙诺夫成为作协副总书记之后,他认为西蒙诺夫堪当此任,但是西蒙诺夫不愿离开《新世界》,法捷耶夫便给特瓦尔多夫斯基做工作,动员他到《新世界》去接替西蒙诺夫的主编工作。于是,法捷耶夫便把西蒙诺夫和特瓦尔多夫斯基找

---

① 康·西蒙诺夫:《我这一代人眼里的斯大林》,裴家勤、李毓榛译,北京:中国新闻出版社,1989年,第111—112页。

来,三人一起谈。西蒙诺夫对离开《新世界》感到惋惜,而且不知道谁来接替他的工作。经过法捷耶夫的一番动员、说服之后,特瓦尔多夫斯基表态:如果西蒙诺夫同意拉《文学报》这架车,那么他就不会拒绝套上《新世界》这副绳套。1950 年 3 月,西蒙诺夫正式接替叶尔米洛夫成为《文学报》主编,特瓦尔多夫斯基便成为《新世界》的主编。《新世界》在特瓦尔多夫斯基领导下,发表了许多直面现实、针砭时弊、干预生活、富有新意的好作品,为苏联文学打破"无冲突论"造成的死气沉沉的状况起了积极的作用。

但是西蒙诺夫并没有在《文学报》主编的位子上坐多久,1953 年,斯大林去世之后,他主持的《文学报》发表了一篇悼念斯大林的社论《作家的神圣职责》,提出苏联文学的光荣任务是塑造斯大林时代的光辉形象,这无异于号召为斯大林歌功颂德。《文学报》这篇社论激怒了赫鲁晓夫,一气之下,便把西蒙诺夫的主编撤了。

在西蒙诺夫担任《文学报》主编期间,曾为一部作品能否授予斯大林奖金问题,得罪了贝利亚,这一度在西蒙诺夫心里引起很大恐慌。

有一次在斯大林的办公室讨论斯大林奖金的评选问题,预定的授奖名单已经讨论完了,斯大林忽然拍了拍他手边放着的几本《星》杂志,说这本杂志上刊登着著名的潜水员约谢利阿尼的一部中篇小说,是克列姆廖夫从格鲁吉亚文翻译的,作品写得很好,是否应该给予授奖?在场的人看到这是斯大林欣赏的作品,又是他亲自提出来的,虽然是在预选名单之外,也都表示同意授予。但是西蒙诺夫了解这本书的来龙去脉,书写得很好,是文学家克列姆廖夫根据潜水员约谢利阿尼口述的故事写成的,根本不是翻译作品。西蒙诺夫知道,这类由文学工作者加工合作的作品,口述者和文学加工者在稿酬和奖金的分配上往往纠缠不清,而事情的结果又常常不利于文学加工者。显然,克列姆廖夫怕发生这样的事,就想出了从格鲁吉亚语翻成俄语这种方式,以作者和译者共同署名的方式在《星》杂志发表。约谢利阿尼虽然出生在格鲁吉亚,但根本不会说格鲁吉亚语,因为他是孤儿,是在孤儿院长大的,他只会说俄语。所谓翻译云云,是根本没有的事。小说发表后,反响很好,克列姆廖夫估计小说可能会被授予斯大林奖金,他便同约谢利阿尼签订了个协议:如果小说被授予斯大林奖金,他们两人要对半分。过了一段时间之后,约谢利阿尼对这样的协议产生了怀疑,便到《文学报》来找西蒙诺夫,把这件事情从头到尾都告诉了西蒙诺夫。这样的事,对西蒙诺夫来说也是闻所未闻,深感疑虑。于是约谢利阿尼当场就把事情的全过程都写下来,作为证据留在了《文学报》,西蒙诺夫立即把它保存在保险柜里了。

在会场上一片"应该授予"的呼声中,西蒙诺夫举手发言。西蒙诺夫说,这本书的确是本好书,但是不能给予授奖。这本书从在杂志上发表就是欺骗,它不是克列姆廖夫翻译的,约谢利阿尼也不懂格鲁吉亚语。这时贝利亚发火了,朝着西蒙诺夫,厉声打断了西蒙诺夫的话:"怎么不懂?约谢利阿尼怎么不懂格鲁吉亚语?"西蒙诺夫说,他的确不懂,他的同志,士兵们都知道,而且他本人并不讳言,在给《文学报》的信里也提到了这一点。贝利亚又问:"这封信在哪里?您手头有这封信吗?"西蒙诺夫回答说,信存在《文学报》。这时斯大林发话了,他说得心平气和,好像在征求大家的意见:既然这样,给不给这本书奖金呢?

西蒙诺夫对斯大林说,克列姆廖夫早已同约谢利阿尼签订合同,如果得到斯大林奖金,他们要对半分。他们这么干,就不应给他们奖金。这时贝利亚转过脸大喊大叫地对着西蒙诺夫说:"您有没有证据?还是随便说说?"由于贝利亚说话声音太大,西蒙诺夫没有听见斯大林说了什么,只听见最后一句:我们撤销这个问题。

贝利亚的干预使西蒙诺夫非常担心,虽然当时他还不知道后来揭露出来的关于贝利亚的那些罪行,但贝利亚是个可怕的人物却是大家一致的看法。所以会议一结束他就急急忙忙地赶往《文学报》,生怕贝利亚派内务部的人赶在他前面到《文学报》动什么手脚。幸好,他赶回《文学报》一看,信件还在保险柜里,原封未动。他马上叫来速记员,把信件复制几份。他把复制件放进口袋里,而把原件存到了作家协会的保险柜里,西蒙诺夫认为,那里更安全些。第二天早上,果然上面来了电话,不过不是贝利亚打来的,而是武装力量部部长布尔加宁的秘书打来的,询问信件的事,西蒙诺夫让他派人来把信件的复制件取走了。

西蒙诺夫离开《文学报》之后,于 1954 年又回到《新世界》杂志任主编,这期间《新世界》发表了杜金采夫的长篇小说《不单是靠面包》。在杂志编辑部讨论的时候,大家没有觉得小说有什么问题,但是小说在杂志上发表后却在文学界引起了轩然大波,批判的矛头不仅针对作者和作品,而且也把矛头指向了发表作品的杂志。批判的声音越来越高,杂志编辑部当然感受到很大的压力,作为主编,西蒙诺夫首当其冲,他身上的压力更大。编委之中，费定是个德高望重的老作家，他也审读过作者的手稿，他说，杂志有权发表这部作品，后来社会上批判的声浪越来越高，费定仍然坚持自己的看法，从而稳定了大家的情绪，杂志仍旧照常工作。

1956 年夏天，帕斯捷尔纳克把他的长篇小说《日瓦戈医生》的手稿送到《新世界》编辑部发表，同时又打算在国外的意大利"菲尔特里涅利"出版社出版。帕斯捷尔纳克是著名的诗人，是受人尊敬的老作家，所以《新世界》对于处理他的来稿格外慎重。当时的《新世界》编辑部除主编西蒙诺夫之外，还有著名的作家费定、拉甫连季耶夫、阿加波夫、克里维茨基等。为慎重起见，编辑部全体在场成员都进行了认真的审读，并进行了讨论。据西蒙诺夫后来的回忆："尽管我们都非常钦佩帕斯捷尔纳克诗人的才华，但是这一次我们对他的小说的共同看法却同作者的观点产生了严重的分歧，分歧的观点在于十月革命对我国人民生活的作用，和对那些站在革命一边的俄国知识分子的作用的看法。固执地要作者改变自己的观点，那是妄想，但是在对我国历史的一些根本问题上，要我们对自己的观点做出退让，我们自认为也没有什么理由。剩下的只有毫不回避这些尖锐的棱角，分析我们的杂志不能刊载长篇小说《日瓦戈医生》的原因，并把这一点写进致作者的信里。"①代表编辑部意见的这封信，是由主编西蒙诺夫起草的，后又经过费定的修改，费定在这封信的修改稿上又加上了一段话，指出"日瓦戈医生的最高精神价值"就是"他的个人主义，他的个人主义的内容就是对个人心理实质的自我吹嘘，把个人的心理实质吹嘘到同某种宗教预言家的使命等同起来的程度"②。于是《新世界》拒绝发表帕斯捷尔纳克的《日瓦戈医生》，断绝了帕斯捷尔纳克在国内发表这部小说的可能性，帕斯捷尔纳克只好求助于外国出版商。后来，帕斯捷尔纳克的这部小说在全世界都成为了一部轰动的作品，但《日瓦戈医生》也从此在苏联成了禁书。

1954 年，对于苏联文学创作来说，是从 40 年代后期苏共中央的四个决议发表后的严冬逐渐迎来了乍暖还寒的早春天气。这年五月，《旗》杂志发表了爱伦堡的中篇小说《解冻》。小说写的是发生在伏尔加河畔一个

---

① 西蒙诺夫：《费定的教诲》，《西蒙诺夫文集》第十卷，莫斯科："文学艺术"出版社，1985 年，第 538 页。

② 同上书，第 540 页。

小城中的故事。在苏联社会生活发生变化的时期,一群普通的知识分子、教师、干部、青年人,他们的个人生活、内心世界、思想感情都在发生变化。工厂厂长茹拉甫辽夫一心追求生产指标,而对人们的生活漠不关心;他的妻子莲娜也因他的冷漠而爱上工程师柯罗捷耶夫;总设计师索科罗夫斯基和女医生互相爱慕,但是由于社会和他们心理上的种种束缚,他们的感情都像严寒的冬天似的,冰封在内心深处。茹拉甫辽夫挪用修建工人住宅的资金,不盖宿舍,扩建厂房,生产上去了,他成为超额完成生产计划的优秀人物,而工人仍然住在简陋的大棚里,一场狂风把大棚吹倒,造成事故,上级追究,茹拉甫辽夫被撤职查办。小说中另一条情节线索,写老教师普霍夫一家的故事。普霍夫是个老布尔什维克,一生从事教育工作,教学经验丰富,对教育很有见解,人退休了,仍十分关心学生的成长,每天拖着有病的身躯,走很远的路去辅导十来个学习困难的学生。他的女儿索菲娅劝他,应该在家里写写文章,"那就不是对十来个孩子有益,而是对千百万个孩子有益了"。普霍夫却认为,要关心每一个人,要把"每一个"和"千百万"统一起来。普霍夫感到女儿不敢大胆地爱自己喜欢的人,不敢直率地表达自己的思想感情,仿佛"给自己的心戴上了一个箍儿"。实际上小说中的主人公们的心上都有一个"箍儿"。"解冻"就是用人情的温暖融化掉这个冰冻僵硬的"箍儿"。"解冻"二字准确而又形象地概括了苏联社会生活变化的实质:人们如释重负般地渴望开始一种人与人之间真诚、友善、温暖的生活。《解冻》在小说艺术上并没有特别独到的建树,但是小说展示的人情世态却深深地触动了苏联人的心灵,在读者中引起很大反响。据说,刊登《解冻》的那一期《旗》杂志很快就被读者抢购一空。

《解冻》的出现,一方面受到读者的热烈欢迎,另一方面却招来文学界激烈批评,文学界和评论界吵吵嚷嚷的评论不仅发表在报刊上,而且一直吵到第二次苏联作家代表大会上。在这一片声讨的浪潮中,西蒙诺夫作为苏联作协的领导之一,当然不能置身事外,他在 1954 年 7 月的《文学报》上发表了题为《爱伦堡的新的中篇小说》的长篇评论文章,对小说进行了细致的分析,拐弯抹角地提出了批评。西蒙诺夫的文章"先从小说中好的地方谈起","在爱伦堡的这篇小说中,我们能感觉到,人们的生活过得更好了,生活中许多的阴暗面在我们眼前逐渐地消失了"。爱伦堡小说中的主人公"按照事情发展的进程来说,在现实生活中好像是很多的。而另一方面，从小说的许多言论和评语来说，这样的人在现实生活中却是为数很少的，他们的优良品质是很罕见的”。文章在分析了小说中的几个人物形象之后，……得出这样一个结论：小说中的正面人物都是以自己的优点而令人惊奇的，而他们周围的人照例是很少和他们相似的。很难想象作者就是想这样来描写我们的社会的。但是，作者正是这样描写我们的社会的……我们不由得产生这样的感觉：小说的主人公在他们的生活里看见的坏事多，好事少，坏事常常被认为是惯例，而好事却认为是例外……[①]这就等于说爱伦堡的小说写得不真实，歪曲了苏联的现实生活。接着，西蒙诺夫又从艺术的角度对小说进行指责：“《解冻》这篇小说中的很多篇页都是缺乏艺术性的断断续续的记录——在这篇作品里，观察的草率和肤浅不仅非常显著地影响了作品的思想性，而且对作品的艺术性也有同样不良的影响。我们可以总结一下，这篇小说，在我看来，比起伊里亚·爱伦堡最近十五年来所创造的一切文学作品都要糟。”[②]从整篇文章的行文看，似乎没有剑拔弩张的势头，但是最后的结论，却是断然否定，没有丝毫余地，就是说，爱伦堡的小说《解冻》，无论思想性还是艺术性，都没有可取之处，最后一个“糟”字，等于是盖棺论定了。西蒙诺夫的文章发表后不久，爱伦堡同样在《文学报》发表了一篇文章，反驳西蒙诺夫的批评：“如果康·西蒙诺夫只是对我这篇小说的艺术上的优点或缺点提出意见，我是在任何时候都不会争辩的。康·西蒙诺夫既然认为爱伦堡发表了一篇不好的作品，他当然有权力大声疾呼对这件事情提出意见。……我之所以还是决定回答康·西蒙诺夫的文章，完全是因为他的这篇文章毫无根据地解释了作者对小说主人公的态度和作者的意图。康·西蒙诺夫硬加到我身上的意见，我无论如何是不能同意的。”[③]爱伦堡和西蒙诺夫的争论一直持续到第二次苏联作家代表大会上，西蒙诺夫在他为大会所作的关于小说创作的报告中重申他对《解冻》的批评，爱伦堡在自己的大会发言中也依然反驳了西蒙诺夫的意见。肖洛霍夫在自己的大会发言

---

① 西蒙诺夫：《爱伦堡的新的中篇小说》，韶廉、炯康译，载《论作家的劳动本领》，上海：上海新文艺出版社，1955 年，转引自北京大学俄语系编：《关于〈解冻〉及其思潮》，北京，北京大学出版社，1982 年，第 148—155 页。

② 同上书，第 160—161 页。

③ 爱伦堡：《关于康·西蒙诺夫的一篇文章》，原载苏联《文学报》，1954 年 8 月 3 日，转引自北京大学俄语系编：《关于《解冻》及其思潮》，北京：北京大学出版社，1982 年，第 180 页。

中以调侃的语气加入了对爱伦堡的批评行列。肖洛霍夫说，爱伦堡“正在做重大而需要的事情，他正积极参加我们共同的保卫和平的斗争。我们并不是把他作为一个和平战士而是把他作为一个作家来批评他，这是我们的权力。尤其是他为了西蒙诺夫的评《解冻》的论文而生西蒙诺夫的气。他生气是没有理由的，因为要不是西蒙诺夫发表了他的论文在先，别的批评家谈《解冻》的方式会不同的。实际上西蒙诺夫是救了爱伦堡，使他免受尖锐的批评。但是爱伦堡还是生气了”[1]。肖洛霍夫在这里用调侃的语调有意刺了爱伦堡一下，是因为他和爱伦堡有个“过节”。在卫国战争期间，肖洛霍夫的家属还没有撤退的时候，爱伦堡曾说，他这是在等着德军来哩。肖洛霍夫知道后，非常生气，两人大闹了一场，为此，肖洛霍夫曾拒绝同爱伦堡一道去出席国际会议。在这次发言中，他是借批评《解冻》的机会，又刺了爱伦堡一下。实际上，他对西蒙诺夫并没有什么好感，在这次大会发言中，他也尖锐地批评、挖苦了西蒙诺夫。他说西蒙诺夫只求写得快，而不重视作品的艺术质量，“他写作的时候，只求取得四分，或者三分多些。……特别令人不安的是他最近写的那本书：表面上看起来很利落，头头是道，可是读完之后，却给人留下这么一种印象，仿佛你肚子很饿，人家请你去赴宴会，结果只请你吃面包屑，甚至还不让你吃饱。因此你又懊恼，又饥饿，心里诅咒那吝啬的主人”[2]。肖洛霍夫这里指的是西蒙诺夫刚出版的长篇小说《战友》。关于这部小说，奥维奇金在发言中对西蒙诺夫挖苦得更厉害，他说：“你的近作《战友》印刷的油墨还没有干，人物的印象就已经模糊了。”[3]

在卫国战争期间，西蒙诺夫和爱伦堡都在《红星报》当前线记者，战后又一道出访美国，应该说两人的关系还是很好的。但是这次西蒙诺夫对《解冻》的彻底、否定性的批评，很伤爱伦堡的感情，从此两人断绝了来往。

在1954年召开的苏联作家第二次代表大会上，按照苏联作家协会理事会的分工，西蒙诺夫要做《散文发展的几个问题》的主题报告。在这个

---

① 转引自：《关于〈解冻〉及其思潮》，北京：北京大学出版社，1982年，第208页。

② 肖洛霍夫：《在第二次苏联作家代表大会上的发言》，载《苏联人民的文学》下册，北京：人民文学出版社，1955年，第280页。

③ 同上，第152页。

报告中，他对几十年来苏联文学界奉行的社会主义现实主义创作方法提出了质疑。他在报告中说：

“在第一次作家代表大会上通过的我们的《章程》里给社会主义现实主义方法的本质下了最简洁的定义。《章程》里写道：‘社会主义现实主义，作为苏联文学和文学批评的基本方法，要求艺术家从现实的革命发展中真实地、历史地和具体地去描写现实。’

“这个定义接受了时间的考验，表达了我们社会主义文学作品最主要的要求的实质，因而是完全正确的。

“但是《章程》里接着又说：‘同时艺术描写的真实性和历史具体性必须与用社会主义精神从思想上改造和教育劳动人民的任务结合起来。’

“这第二个句子是从意思上进一步明确前句的，但是我觉得它并不确切，甚至反而能够导致曲解原意。它可能被理解成一个附带条件：是的，社会主义现实主义要求艺术家真实地描写现实，但‘同时’这种描写必须与用社会主义精神从思想上改造人民的任务结合起来；也就是说，真实性和历史具体性似乎是可以和这个具体任务相结合，也可以不结合；换句话说，并不是任何的真实性和历史具体性都能够为这个目的服务的。”①这是自 1934 年第一次苏联作家代表大会确立社会主义现实主义为苏联文学和文学批评的“基本方法”以来，第一次有人公开地、在这样的全国性的大会上对这个“定义”提出质疑，因此在文艺理论界引起了激烈的争论。实际上，西蒙诺夫之所以敢于在作家代表大会的正式报告中提出这个严重的问题，是因为在当时苏联作家创作的实践中早已突破了那个奉行了二十多年的僵死的定义的束缚，向着艺术风格的多样化发展了。这个“从思想上改造和教育劳动人民的任务”的规定，过分地强调了文艺作品的政治作用，助长了对这个问题认识上的片面性，因而产生了许多只有思想而无艺术感染力的平庸作品。苏联第二次作家代表大会对社会主义现实主义定义提出的质疑应该说是对苏联文学创作的一次解放，自这次会议之后，社会主义现实主义在作家们的创作实践中，实际上已经名存实亡，理论家们虽然仍在孜孜不倦地争论，提出什么“开放体系”之类的说法，但是对作家们的创作实践已毫无意义了。

---

① 西蒙诺夫：《散文发展的几个问题》，原载苏联《文学报》，1954 年 12 月 18 日。转引自北京大学俄语系编：《关于〈解冻〉及其思潮》，北京：北京大学出版社，1982 年，第 21—22 页。

西蒙诺夫在大会上关于社会主义现实主义的一番话，无异于在苏联文坛上放了一把火，引起了苏联文艺理论界长时间的论争，但是西蒙诺夫本人并没有参与其中，他已经埋头于自己的战争小说的创作中去了。

第五章

从长篇小说《战友》到《生者与死者》三部曲

1945年5月，苏联红军攻克柏林，卫国战争胜利结束了。在战争后期西蒙诺夫就明显地感觉到，他的军报记者的身份和作家的身份时常打架，在写通讯报道的时候，常常想到要记下点什么，为之后的文学创作使用。的确，他在四年的战争期间写了大量的笔记和日记，都是他亲眼目睹或亲身体验的宝贵素材。尽管战争期间他写过许多通讯报道、特写、诗歌、小说、戏剧，但是他仍有“意犹未尽”之感，有许多他热爱和难以忘怀的人物他没有写出来，所以在战争结束之后，他就在构思一部描写伟大卫国战争的长篇小说。1950年西蒙诺夫给“青年近卫军”出版社总编辑利巴托夫写信，雄心勃勃地谈到对这部小说的总体设想：“遵照我们的约定，我给您寄去关于长篇小说《胜利之日》的简单介绍……依照我的构思，这是一部很大的、长达两卷或三卷的长篇小说，而且每卷都有两至三部分……小说情节所发生的时间是：1939年春至1946年冬，从西班牙内战结束和1939年哈勒欣事件开始直到粉碎德国和日本法西斯。

“伟大卫国战争将在小说中占主要地位，情节的主要地点是前线，小说的主要人物是苏联军人，既有军队干部，也有战争期间成为军人的人。

“小说的情节将在卫国战争的许多战线上展开，这里我可以利用我做军事记者所积累的印象。我在小说中给自己提出的任务是：在这几年进行的伟大卫国战争的背景上展现我这一代人（即在25岁之前参加战争的这一代人）的性格成长和形成的过程。我要表现这些人的成长，他们是如何经受锻炼的，还要表现我们的军队是如何保卫祖国的，表现他们在欧洲和亚洲完成了多么伟大的解放使命。我希望这部小说不仅是伟大卫国战争事件的编年史，不仅仅是对往事的回忆，而且是对那些还想发动新的战争的人的警告，警告他们最好不要同我们纠缠，我们苏联人，过去能够挺住，随后又能在艰难困苦中同德国法西斯战斗，现在，经过空前的战斗的锻炼，已经更强大了，无论从哪个角度看，都已是一支无比壮大的力量。”[①]从西蒙诺夫当年给“青年近卫军”出版社总编辑的信来看，西蒙诺夫是怀着胜利者的雄心壮志要写一部涵盖西欧和东方的全世界反法西斯战争编年史。但是在随后的具体写作过程中，这个构思显然发生了本质上的变化，所以我们现在看到的、西蒙诺夫留在世上的是长篇小说《战友》、《生者与死者》三部曲，还有《洛巴金札记》及其他几部中篇小说。应该说这些都是各自独立的作品，但是联想到西蒙诺夫最初的宏伟构想，可以看出它们之间的那种千丝万缕的联系。

小说第一卷初稿写好后，西蒙诺夫慎重起见，将稿子寄给时任伏龙芝军事学院院长的苏军大将热多夫审阅，他向热多夫提出两个请求：“首先，如果您能抽空看看我的文稿，在见面时说说您的意见，我将非常感谢。

“第二，如果您能将文稿交给军事学院的某位参加过哈勒欣战役、并了解其整个过程的同志或者研究哈勒欣战役历史、当然也熟悉它的文献资料的同志看一看，我将感激不尽。

“您能答应我的这两项请求，我将非常感激。”[②]

长篇小说《战友》写的是伏龙芝军事学院的优秀学生阿尔捷米耶夫大

---

① 西蒙诺夫：《致“青年近卫军”出版社总编辑利巴托夫的信》，载西蒙诺夫：《关于战争的书信，1943—1979》，莫斯科：苏联作家出版社，1990年，第58—59页。

② 西蒙诺夫：《致热多夫》，载西蒙诺夫：《关于战争的书信，1943—1979》，莫斯科：苏联作家出版社，1990年，第60页。

尉在结束学校生活之后，被派到当时正在激战的哈勒欣地区。他一到便立即投入战斗而且负了伤。在医院里他认识了优秀的飞行员波雷宁，两人性情相投，立即成为挚友。在哈勒欣阿尔捷米耶夫还遇上了已是坦克旅旅长的中学时代同学、好友克里莫维奇。经过战斗生活的锻炼，阿尔捷米耶夫老练多了，由于他精通日语，司令部便让他做侦察工作，并且参加了同日本方面的停战谈判。小说的另一条线索写到生活在莫斯科的阿尔捷米耶夫的妹妹玛莎和她的同学、区报记者辛佐夫的爱情以及阿尔捷米耶夫的女友娜佳，她抛弃了阿尔捷米耶夫而另寻新欢，匆匆忙忙嫁给了著名的飞行员柯兹列夫。小说最初发表的文本中，还写到西班牙国际旅的战斗生活，但是后来被作者删掉了。整个小说就像一篇序幕，使人感到哈勒欣战斗只是一场大战的开端。小说的最后作者描写那“血红的天空”“就像山后有人举着红旗前进似的”，克里莫维奇意味深长地说了一句：“要起风了。”

但是小说并没有取得预期的成功。尽管小说的题材——哈勒欣事件是比较新颖的：蒙古沙漠的战斗场面，蒙古包里饕蚊成阵的生活不无异国情调，而且小说中也不乏精彩篇章，但是总的说来，它缺乏长篇小说应有的概括生活的深度，显得比较平淡，对人物的刻画比较肤浅，它更像一部平铺直叙的长篇报告文学。

在小说发表之前，西蒙诺夫还把稿子送到《新世界》编辑部，希望老作家费定给他审阅一下。当时费定虽然忙于其他事情，但还是抽出时间仔细地看了他的手稿，并且给他写了一封很长的信，分析了小说存在的问题。费定在信中说：“……这是一封作家的信，而不是审查机关的信，所以凡是我手里拿着铅笔第二次阅读手稿时想到的，我都写上了。您要有足够的耐心……”费定在信中提出的一些具体的意见可以说是切中要害的。费定在信中说：“……事情设想得很大；前面还有芬兰，前面还有 1941 年……您不用这样急急忙忙的，写得快是好事，但是匆忙并不意味着加快速度。这里是一种化学变化。过程的加速并不总是能够得到反应的预期结果。这您是知道的。”真是“英雄所见略同！”在第二次苏联作家代表大会上肖洛霍夫在谈到西蒙诺夫的《战友》时，也正是批评他只顾写得快，而不精雕细刻地追求艺术质量。费定在信中分析小说中的几个主要人物，说阿尔捷米耶夫的“正面性是很突出的，这是在文学批评的意义上，而不仅是在思想和生活方面”。小说中的人物“在思想和心理的内涵上，几乎是具有同等意义的。……如果不算娜佳的话，我暂时还没有看到反面的性格。这样一来，小说的这一部分就是没有冲突的了”。费定说：“这是一部描写好人的小说。缺点则在于，作品唯一的假定性就是主人公的世界中不存在矛盾。”①费定在信中委婉地批评《战友》的创作明显是受了“无冲突论”的影响。

评论家拉扎列夫认为《战友》写得不尽如人意是另有原因，他认为：“不管作者在主观上如何努力地刻画人物和设置小说的情节结构，《战友》的主要问题毕竟不在这一方面，而是对那些年代的复杂事件认识不够深入。”②拉扎列夫所说的“复杂事件”指的是小说没有反映出 30 年代末苏联社会生活中一系列不正常的事件及其对苏联社会生活的影响。

尽管《战友》在出版后没有在读者中引起多大注意，评论界的态度也比较冷淡，但是，法捷耶夫，也许是真的喜欢西蒙诺夫的这部作品，也许是有意地针对肖洛霍夫和奥维奇金在第二次苏联作家代表大会上的发言中对西蒙诺夫的批评和挖苦，而在自己的长篇文学论文《谈文学》中对西蒙诺夫的这部小说给予了基本肯定的评价：

“西蒙诺夫的《战友》，一部大史诗的第一部，是本好书，在某种程度上来说，它甚至是没有得到充分评价的。它的优点在于它写得很有才华，提出了新的生活素材，对 30 年代末普通苏联人的军事生活和公民生活作了一幅广大的图画。真正从事指挥员工作的形象，苏联指挥官们，特别是飞行员柯兹列夫和波雷宁的形象，还有一些妇女形象，作者都写得很成功。战斗和战役的场面写得很好，可惜的就是普通战士的形象没有展开，如果不算那插曲式的柯尔卓夫在内的话。小说——在西班牙和蒙古的场景里——表现了国际友好的主题；蒙古的大自然写得很好。但是作品写得拖沓。由于西蒙诺夫把大大小小的事件写得都同样的均匀，所以更加深了拖沓的印象。高楼建筑，大家知道，对于城市的布局、风景、总的结构，起着组织作用，要不然城市看起来就平淡无奇。在艺术作品里也应该有它的高楼建筑，作为把这篇组织起来的思想和艺术的高楼。”“在西蒙诺夫的作品里，有些人物和场景是值得把它们提高和突出的，——例如写得很

① 西蒙诺夫：《费定的教诲》，载《西蒙诺夫文集》第十卷，莫斯科：“文学艺术”出版社，1983 年，第 528—529 页。

② 拉扎列夫：《康・西蒙诺夫》，莫斯科：“文学艺术”出版社，1985 年，第 180 页。

出色的我们和日本方面交换伤员的场景,——但是它们隐没在比较不重要的人物和场景中间。不难看出,这恰恰就是这么回事:重要的艺术技巧问题是要依赖作者人生观的深度和他包罗生活现象的广度来解决的。”①

这里,法捷耶夫提出的“人生观的深度”和“包罗生活现象的广度”,其实就是指作家对生活的认识和对生活的艺术概括。在这里又一次表现出“记者的观察”对西蒙诺夫艺术创作的影响。后来,一些西蒙诺夫的研究家也从不同的角度提出了类似的看法。例如,弗拉德金娜在分析《战友》时指出小说对战斗行动的“真正内行的”描写具有“文献的准确性”,“但是在西蒙诺夫身上政论作家和特写作家却往往要胜过艺术家”。②另一位评论家卡拉甘诺夫也持近似的看法,他说西蒙诺夫的长篇小说《战友》的许多篇幅“依然停留在事件纪实、哈勒欣战士功勋的通讯故事上面,而没有深入下去。但小说中也有严格的战斗场景,严峻的战争环境和时代的气氛;实际上,这是透过哈勒欣对即将到来的一场大战危机事件的一瞥”③。

评论家芬克特别提到《战友》中写了苏联著名军事家朱可夫的形象,这是值得称赞的:“在苏联元帅朱可夫的回忆录《回忆与思考》中专门有一章“哈勒欣不宣而战的战争”。这里非常清楚地说到了军事行动的规模,指挥员所面临的政治和军事任务的复杂性,苏联军人的英雄主义,甚至提到了西蒙诺夫所在的《英勇红军报》的工作。但是关于军长本人的性格和内心世界这里却只字未提,而在这方面,长篇小说《战友》,毫无疑问,具有非常重大的意义。”④

不过,西蒙诺夫对于朋友们和批评家们的意见有自己的看法,他在1953年2月17日苏联作家协会讨论这部小说的会议上说:

“我想把我们军队写得对青年人更有吸引力一点。”“我不是故意粉饰,我想首先应当表现军人职业的积极方面,要把百分之九十九的注意力给予这一点。因此我才这样做的,今后我也还会这样做。对于这一点生活给了我足够的素材。至于有些反面的东西,无论在哈勒欣,还是后来,我也都看到过,但是我不想表现它们,我对它们不感兴趣,所以没必要写

---

① 法捷耶夫:《谈文学》,北京:作家出版社,1957年,第19—20页。

② 弗拉德金娜:《西蒙诺夫的创作》,莫斯科:科学出版社,1968年,第172页。

③ 卡拉甘诺夫:《亲近与距离》,莫斯科:苏联作家出版社,1987年,第121页。

④ 芬克:《康斯坦丁·西蒙诺夫》,莫斯科:苏联作家出版社,1983年,第248—249页。

它们：应当以正面的榜样来教育人，而写那些反面现象的时候，应当确切地知道怎样写和怎样批判它们。”①

也许哈勒欣是西蒙诺夫平生第一次的战争洗礼，对他一生的命运都具有很特殊的意义，在他的内心里有一份特殊的感情，所以，长篇小说《战友》发表后，读者和评论界的反应都比较平淡，但他自己并没有灰心、放弃，而是采取了听取意见、积极改进的态度，力争把小说改好。1972年在一次和读者会见的时候，他谈到了自己这些想法：

“我写这部长篇小说的时候，我是很高兴的，我认为《战友》是一部出色的作品。我对这部作品态度的变化，起码表现在：最初发表的文本有三十三个印张，后来改成了二十六个，而现在收进文集里的是十九个印张。我没有改变小说内容的实质，我重新写了一遍，压缩了，删去了多余的东西，我对它越来越严厉了。现在这个东西，我觉得比我当年所喜欢的那个样子，更可以让人接受了：那时候我满怀信心，我终于写出了一部真正的长篇小说。可是那时的它却是到处充满水分，这些水分被我挤出去了十四个印张。”②

长篇小说《战友》的创作，是西蒙诺夫试图创作一部规模宏大的苏联卫国战争史诗的初步尝试，虽然遭遇到一些挫折，但也积累了经验。他决心在新的创作开始之前，重新作一番调查研究，力求将对卫国战争的认识从自己几十本战地笔记本上提到一个新的高度。

20世纪50年代初期，苏联文艺界批判了“无冲突论”“粉饰现实”等错误倾向，重新提出了“写真实”的口号，要求反映卫国战争的真实情况，特别要写1941年的真实情况。1955年5月苏联作家协会在莫斯科召开了一次全苏军事文学会议。会议期间，一位军界负责人在《文学报》上发表文章说：“……应该指出，在我们反映卫国战争的文学作品中，战争的初期常常被理想化了，它被描写成一个臆造出来的所谓‘积极防御’……实际上由于敌人的突然袭击以及敌人在坦克和飞机数量上所占的优势，战争初期出现了一个对我国、我军不利的形势。尽管我军战士保卫祖国每一寸土地表现出顽强和英勇，但还是遭受了撤退的痛苦。肤浅地、歪曲实

---

①　转引自：卡拉甘诺夫：《亲近与距离》，莫斯科：苏联作家出版社，1987年，第120页。

②　西蒙诺夫：《康·西蒙诺夫自述……》，莫斯科：苏维埃俄罗斯出版社，1981年，转引自拉扎列夫：《康·西蒙诺夫》，莫斯科：“文学艺术”出版社，1985年，第179页。

况地描写战争初期……这是歪曲历史真实……”①会上有人发言说:“现在号召我们写1941年的真实情况。这一伟大的真实有什么意义呢?它就在于人民顶住了十分强大的敌人的进攻,坚持下来,并经受了肉体上和精神上的考验,光荣地证明苏维埃制度是多么的坚固。”②社会的思潮、文艺的思潮转向了直面人生、贴近现实的写作文风。特别是肖洛霍夫的《一个人的遭遇》为描写卫国战争的文学创作打开了一个新的天地。一大批从战场归来的青年人纷纷拿起笔,抒写个人在战争中的遭遇、在战场上的见闻和感受。这就是“前线一代”作家的崛起。他们的作品近乎于回忆录,逼真地再现战场上炮火轰击、血肉拼搏的真实景象,被称为“战壕真实”。

自20世纪50年代以来,苏联出版了大量的战争参加者的回忆录。著名的苏军将领、战斗英雄、游击队员,都纷纷出来讲述自己战时的经历。像朱可夫的《回忆与思考》、华西列夫斯基的《毕生的事业》、巴格拉米昂的《战争是这样开始的》、什捷缅科的《战争年代里的总参谋部》等回忆录对各个重大战役乃至整个战局的战略战术都有详尽的论述,对作家们理解某些战役的实质和细节很有帮助,为作家创作提供了可靠的、有价值的文献资料。这些回忆录和文献资料的发表对于描写卫国战争的文学作品的创作产生了很大的影响,西蒙诺夫本人也感受到,这些回忆录和文献资料不仅提供了创作素材,而且也是艺术作品的鉴证。他在一次和朋友的交谈中曾谈到这一点:“……这些回忆录中有许多是影响极大的,许多作家因而不能不考虑自己描写战争的艺术作品的感染力了;不能不考虑,他们怎样创作才能使艺术概括的力量不至于在真正的事实面前显得苍白无力。”③

在这样一种文学氛围和社会思潮的环境中,西蒙诺夫开始了他的《生者与死者》三部曲的创作。

在创作《生者与死者》的过程中,西蒙诺夫深深感到,仅凭自己战时的经历、体验以及自己保存下来的几十本笔记材料来创作一部反映伟大卫

---

① 沙季洛夫中将:《伟大崇高的题材》,载苏联《文学报》1955年5月28日。

② 鲁德内依:《论纪实作品和回忆录》,载苏联《文学报》1955年6月2日。

③ 西蒙诺夫:《和同志们的谈话》,莫斯科:苏联作家出版社,1970年,转引自拉扎列夫:《康·西蒙诺夫》,莫斯科:“文学艺术”出版社,1985年,第185页。

国战争的宏伟史诗是远远不够的。为了弥补这一缺陷，他不仅查阅了大量的档案、文献资料、历史著作，而且同以各种职务和身份亲历战争的人进行座谈或通讯，上自元帅、将军，下至普通列兵；从飞行员、坦克手直到游击队员和后勤工作人员，西蒙诺夫同各行各业的战争参加者交往，了解他们在战争期间的经历、见闻和感受，倾听他们对战争的看法。西蒙诺夫通过这番调查研究，反复思索，不仅提高了对卫国战争的认识，而且了解到卫国战争的幸存者要求反映卫国战争的呼声。“经历过 1941 年而活下来的人们热切地希望能把这个时代写出来。不是写他们个人的功绩和苦难，而是写这个时代，写当时发生的种种事情。他们没有把我的创作或是对我诉说往事看作是个人的事情。他们认为，他们有义务讲述一切，而作家（在这里就是我）有责任写出这一切。”[①]这件事，西蒙诺夫坚持不懈地做了许多年，它不仅丰富了作家的创作素材，而且大大提高了作家对战争事件的认识。西蒙诺夫说：“我现在对战争的了解要比当时全面得多。当时我了解和记得的事情，现在我依然记得，但是我当时不可能像现在这样详详细细地和几十个、几百个同志谈话，这些同志担负着和我不同的职务，在和我不同的岗位上度过了战争年代。……我现在对于战争的观点是由以不同的职务参加战争的不同的人们的不同的观点交织而成的。”[②]在这样的基础上创作的《生者与死者》三部曲，可以说是西蒙诺夫调查研究、深入思索的结果，是战争年代亲身体验的艺术结晶，也可以说是苏联人民在战争中的经历、体验的艺术概括。

《生者与死者》三部曲的内容十分丰富，涉及苏联卫国战争期间社会生活的方方面面，可以说是一部苏联战时生活的百科全书。整个三部曲以苏德战争的历史进程为主线，概括了苏联卫国战争的许多重大战役和历史事件。

三部曲第一部《生者与死者》写的是，1941 年夏天，苏联红军某部军报编辑部秘书、一级政治指导员辛佐夫和他的爱人玛莎准备到古尔祖夫军人疗养院去。刚下火车就听到了战争爆发的消息。他们没有去疗养

---

① 西蒙诺夫：《写在新的创作之前》，李毓榛译，载《苏联当代作家谈创作》，北京：北京师范大学出版社，1984 年，第 249 页。

② 西蒙诺夫：《和同志们的谈话》，莫斯科：苏联作家出版社，1970 年，转引自：拉扎列夫：《康·西蒙诺夫》，莫斯科：“文学艺术”出版社，1985 年，第 189 页。

院,而是立即返回莫斯科了。辛佐夫所在的部队驻防白俄罗斯的格罗德诺,那里已是边境前线,战争突然爆发使一切都陷入混乱。辛佐夫和部队失去了联系,不知道军报编辑部转移到什么地方。辛佐夫乘上一列开往格罗德诺的军用列车,车厢里大部分的乘客都是从休假地赶回部队的西部特别军区的军事指挥员和政治工作人员。“他们此刻本该指挥自己的连、营、团进行战斗,可是从战争打响的第一天,他们竟然脱离了自己的、大概已在浴血奋战的部队。”①

列车没有开到目的地,因为前面已经无法通行了。辛佐夫下车后到处寻找军报编辑部,所到之处都是打散的、后撤的部队,谁也不知道他要找的部队在什么地方。前线地区一片混乱,德国飞机不断轰炸和扫射撤退的人群。一个红军士兵神经错乱,以为自己被乔装成红军的法西斯俘虏,恐怖地乱喊乱叫。有人向他开枪,辛佐夫怕他被打死,跑过去救他,和他争夺步枪时,触动了扳机,子弹正好打中他的喉咙,顿时死去。辛佐夫一片茫然,本想救他,却把他打死了。想不到战争中干出的第一件事,是打死了自己人!

辛佐夫几经转折,历尽艰辛,在莫吉廖夫遇上了一位熟识的方面军报编辑,这才结束了流浪生活,虽然没有找到原来的单位,但是又回到了军报编辑的岗位上。报纸印好之后,编辑部的人员乘一辆卡车把报纸分送到方面军各个部队去。德军长驱直入,苏军节节败退,各部队的位置不断变化,辛佐夫和另一位编辑柳欣一道去送报纸,但是却很难找到各部队的司令部。半路上他们目睹了一场空战。苏军的轰炸机飞行速度很慢,“它们似乎不是在飞,而是在空中爬行”,苏军的轰炸机没有驱逐机护航,眼看着被德国的驱逐机一架一架地击落。突然天空中出现一架苏联驱逐机,它机动灵活,像黄蜂似的咬住敌人,击落一架德机,但终因寡不敌众而遭击落。飞行员跳伞时受了重伤,辛佐夫等人赶去救援,“飞行员在昏迷中突然听到人声,布满血丝的眼睛突然看到三个人影走近的时候,他除了战争,别的什么也没有想到;他除了想到法西斯匪徒已到跟前,他要向他们开枪,然后再自杀,别的什么也没去考虑。手枪就在他身边的草地上,他用四个手指摸到粗糙的枪把,用一个手指扣住扳机,向出现在他眼前、在

---

① 西蒙诺夫:《生者与死者》,郑泽生译,上海:上海译文出版社,1993年,第12页。该书引文下面不再作注。

充血的眼睛里显得模糊不清的灰色人影射击。他算计，一共开了五枪，生怕算错，便把拿枪的那只手，费劲地举到脸上，对准自己的耳朵开了一枪。”飞行员错把辛佐夫等人当作德国人，向他们开枪，辛佐夫不幸中弹受伤。

辛佐夫住了两个星期的医院，出院后又和军报编辑部失去了联系。在寻找部队的过程中，他遇到了在共产主义新闻学院时的同学，著名的莫斯科摄影记者米什卡；他正要去谢尔皮林的部队拍摄被击毁的德军坦克的照片，辛佐夫便随米什卡来到谢尔皮林的司令部，黑夜中跟着巡逻兵来到一个掩蔽所门口。“第一个巡逻兵钻进掩蔽所不见了，过了片刻，他又跟随一个身材高大的人走了回来。此人太高了，在黑暗中，他的声音仿佛是从上面什么地方发出来的。

“‘你们是什么人？’他问。

“米什卡口齿伶俐地回答说，他们是记者。

“‘什么记者？’高个子奇怪地问，‘什么记者深更半夜到这儿来？什么人半夜十二点开车来找我？’辛佐夫听到‘来找我’三个字，一下明白了，此人就是谢尔皮林。

“‘我现在让你们三个躺在地上，躺到早晨，直到弄清你们的身份为止。谁打发你们到这儿来的？’

“辛佐夫说，政治副师长打发他们来的。

“‘我还是要你们躺在地上，直到明天，’同他们谈话的人固执地重复说。‘早晨我要向他报告，请他别深更半夜打发我不认识的人到我团的驻地。’

“政治指导员没料到事情会这样变化，开头有点害怕，后来终于开了腔。

“‘旅长同志，我是米罗诺夫，师政治部的，您不是认识我……’

“‘对，我认识您，’旅长说，‘正因为我认识您，才不叫你们都在地上躺到早晨！得啦，你们自己想想吧，记者同志们，’他完全用另一种声音继续说，声音中可以感觉到他那在黑暗中看不清的笑容。‘你们知道，情况太严重了，我不得不严格行事。……请进掩蔽部吧！在那儿，让他们借着灯光，检查一下你们的证件，我好为你们效劳。’”

西蒙诺夫在构思《生者与死者》的时候，想在小说体裁上力求创新。他认为，20 世纪已经不是 19 世纪那种“家庭小说”的时代，小说要表现社会生活的重大事件，因此，他主张写“事件小说”，即以事件为整个小说中心结构。所以《生者与死者》一开始便是主人公辛佐夫遇上德国法西斯突然入侵苏联这样一个重大历史事件。小说读者仿佛跟随主人公走上返回部队的路程，德国法西斯突然袭击，苏军节节败退，前线一片混乱，这一个个的“事件”都是通过辛佐夫的眼睛展现出来的。小说中，事件接连不断，令人目不暇接，苏军部队没有统一指挥，陷入一片混乱，卫国战争刚开始时的这种状况都是通过主人公辛佐夫的目光展现出来的，读者的思绪只关注“事件”本身，似乎并不在意身处“事件”之中的主人公的感受和命运。这种写法给人以身临其境的感觉，产生了很好的艺术效果。只要看看西蒙诺夫的战争期间的日记，便不难发现，辛佐夫的这段经历就是当年西蒙诺夫在西部前线寻找方面军报编辑部的缩影，而辛佐夫和谢尔皮林的第一次会见，除了改变人物的姓名，几乎是一字不差地把西蒙诺夫第一次和库捷波夫见面的情景搬进了小说文本。

旅长谢尔皮林出身于乡村医生家庭，后来又上医务学校，第一次世界大战时被征兵上前线，十月革命后，参加红军。在国内战争的战场上，他历尽艰辛，英勇顽强，从营长、团长到升任师长。国内战争结束后，他被派往军事学院学习，由于成绩优秀，毕业后留校任战术课教员。1937 年肃反扩大化，他蒙受不白之冤。因为在讲课时强调要注意希特勒国防军战术观点的优越性，便被扣上为法西斯军队做宣传的罪名，被逮捕入狱，实际上未加审判就被判了十年徒刑。战争爆发后他得到平反，回到莫斯科，恢复了军衔，他不等重新鉴定和恢复党籍，就赶往前线去接收部队。他指挥的部队作战非常出色，在守卫莫吉廖夫的战斗中，一举击毁三十九辆德国坦克，顶住了德军企图占领莫吉廖夫的攻势。在一片撤退的浪潮中，这是个鼓舞人心的胜利。但是德军进展迅速，谢尔皮林的部队实际上已陷入敌军的包围之中。谢尔皮林所在师的师长受了重伤，在危难时刻，他把全师的指挥权交给谢尔皮林，要他带部突出重围。辛佐夫决定留在谢尔皮林身边，和部队一道突围。

谢尔皮林带领师的残余部队，经过艰苦的行军和浴血的战斗，终于突出德军的包围，回到自己人一边。在突出重围的最后战斗中，谢尔皮林的两脚负伤，被送往莫斯科治疗和修养，突围的部队被撤销番号，全体战士交出武器，送往后方进行整编。听说要交出全部武器，营级政委什马科夫立即发火了，这时一个边防军少校对什马科夫“解释”：

“问题是这样，眼下我们对您的人还不了解，可您了解。怎么样，照您的意见，您能完全对跟您出来的人负责吗？”

什马科夫反驳说：“我觉得，他们自己已经回答了您的问题，他们没有留在德国人那儿，而是出生入死地打回到自己人身边来了。”

“这我清楚，营级政委同志，”少校听了什马科夫的驳斥，说道：“他们回到自己人身边，这是事实，对您，对我都一样。但是，您的人是遵照命令行动的，在这种情况下，有的人也跟着别的人一块儿出来了，他们本来不想突围，但在命令的支配下，他们不得不随着大伙儿一块往外冲。然而，由于这种或那种原因，他们仍然得不到指挥部的信任，您这儿没有这种人吗？”

虽然什马科夫断然否认，但边防军少校依然耐心地说道：“我要对自己的工作负责，我还关心一个问题，和您一起突围出来的人中间，有没有这样的人，他们参加您的队伍，抱有自己的目的。他们随您越过战线，已经部分达到目的，而在今后，要再想办法达到自己的全部目的，在接受各种审查之前，就从路上溜掉，我不知道，您这儿有没有这样的人，但是经验提醒我们，这种人可能有。最好还是现在就考虑这个问题，免得以后出了事再考虑，那可就晚了。”

什马科夫气愤地说：“对自己人要信任，没有信任，那已经不是警惕，而是怀疑，是张皇失措！”

就这样，全体突围出来的红军战士，被解除武装，分乘几辆卡车，送往后方整编。车队行驶在尤赫诺夫公路上，但是，“他们谁也不知道，几小时之前，德国的几个坦克军在叶利尼亚的南方和北方突破了西部防线，直压我军的后方，向纵深推进了几十公里。

“他们之中，谁也不知道，这迫不得已的桥边耽搁把他们的车队截成两部分，实际上，已经把他们所有的人，或者说，几乎把所有的人，分成生者和死者。”

西蒙诺夫的一位朋友写信问，为什么书名叫《生者与死者》。西蒙诺夫在回信中说：

“第一，因为书中说的就是生者与死者的事，说的是我们伟大卫国战争未来的胜利，不仅是生者赢得的，也是那些在悲惨的1941年为祖国捐躯的人赢得的。第二，这个书名还有一个含义。我想，像扎伊奇科夫或者像拖着大炮撤离布列斯特的炮兵大尉，虽然他们已经死了，但是他们永远活在我们的记忆中。而像巴兰诺夫或者像柳欣那样的人，不管他们活着还是死了，他们在我们的意识中都是些死人。”①他在给另一个朋友的信中又有这样的说法：“我在青年观众剧院排演话剧《我城一少年》时，又重读剧本，突然发现，《生者与死者》的名字早在二十多年前就已在这个剧本中奠定基础了。我记得，剧本结尾，主人公卢阔宁说：‘胜利不光是活着的人赢得的，是生者和死者共同赢得的。’这些话是在剧本结尾时说的，后来显然又在我的记忆中复活了，于是就成了这部新小说的书名。”②

没有过桥的人又被德军包围，赤手空拳的战士大部分都牺牲了。辛佐夫跑进公路旁的森林，侥幸逃脱。他在森林里遇上同连战士佐洛塔列夫。他们两人一块儿在森林中行进，后来又遇上了女医生塔尼亚。她因为身材矮小而被称为“小大夫”。塔尼亚脚扭伤，行动困难而且发着高烧，辛佐夫和佐洛塔列夫轮流背着她走。为了便于行动，他们决定把塔尼亚安置在一个护林人家养伤。辛佐夫和佐洛塔列夫继续在森林里向北方行进。在和德国军队的一次遭遇战中，辛佐夫受伤昏倒，失去知觉。佐洛塔列夫看他伤势严重，自己一人被德寇追击，无法把他带走，便取走辛佐夫的全部证件，撕掉他军服上标志政治指导员的红星，以免万一落入德国人手中时遭到不测。后来佐洛塔列夫赶上了另一部分突围出来的战士，一起冲出了德军的包围。后来他在克里莫维奇的坦克旅当了坦克驾驶员。他把辛佐夫的全部证件都交给了克里莫维奇，于是辛佐夫便被列入了“失踪者”的名单。

但是辛佐夫没有死，他的伤也不重，只是被震昏过去了。醒来后，他看到几个德国人围着他，他被俘虏了。他和被俘的苏军战士被装进汽车，往德军后方押送。在押解途中，车队遭遇苏联飞机空袭，德军士兵纷纷下车躲避，辛佐夫乘机大喊：“同志们，跑呀！”大家跳下汽车，跑进森林。辛佐夫失去证件，他的经历近乎奇迹，而且无人证明，其他部队都不敢收留他。半路上他搭上一辆去莫斯科的小汽车，可巧，车里坐的是他在方面军报的同事柳欣，他满心希望柳欣带他去编辑部，但是柳欣却因为他失去证件而在临进莫斯科的关卡时，冷冷地把他赶下了车。

---

① 西蒙诺夫：《关于战争的书信，1943—1979》，莫斯科：苏联作家出版社，1990年，第168—169页。

② 同上书，第169—170页。

柳欣说出的理由是:"莫斯科形势紧张……严格禁止捎带外人,更不要说没有证件了。你自己想一想,这样,我们既会给司机找来麻烦,我自己也会陷入无谓的困境,有我,没我,你反正要被扣下的,他们一定要把你留在检查站的……我是在送材料,我急着赶路……由于我带了你这样一个没有任何证件的人,我可能被他们扣在此地,一扣就是五个昼夜……"

听了他的话,辛佐夫气得破口大骂:"你这个混蛋! 那个上尉不了解我,倒也罢了,可你……简直是个卑鄙的畜生! 自私自利的小人!"

辛佐夫的妻子玛莎在辛佐夫走后也参加了部队。她在通讯学校学习,毕业后将带着无线电台越过战线,空投到德军占领区的后方去做情报工作。她学习了三个月,学业结束后,等待出发的命令。很久没有收到辛佐夫和母亲的信,她到收发室去看有没有她的信件,就和收发室的老人波普科夫谈起了战争的突然爆发。波普科夫说:

"这种'突然袭击',究竟是怎么一回事,我不知道——这不是我能明白的。外面来了客人,准会上桌吃饭,你总能听得见吧! 人家在你身边集结大批军队,你一点儿风声也听不见,怎么会这样,我就不知道了! 我还想说另外一件事,咱们摸不准德国鬼子有多大力量,这不假,德国鬼子力量强大,这也不假,所以他们从边境那边直冲过来,就把咱们冲垮了。……你已经不是小孩子了,你这一生有些事总还记得吧,你就把你一生见到的事,给我讲讲:我们不管怎样困难,为红军,我们什么时候吝啬过什么东西? 红军需要什么,而人民不给,这样的事,什么时候有过? ……现在我是这样理解,红军需要的东西,并不是样样都有! 想一想吧,过了这么多时间,我们还挡不住法西斯匪徒! 现在我倒要问一问,并要求得到回答:为什么不对咱们说一声呢? ……你们为什么不说真心话呢?"

对法西斯德国的入侵缺乏准备,是苏共二十大谴责斯大林的"罪行"之一。在 20 世纪 50 年代,可以说,这已经成为苏联社会的共同认识,西蒙诺夫也不例外。他的《生者与死者》第一部中对战争开始以及边防前线的描写,也都是沿袭这一认识而进行结构布局和艺术描写的,但是在 20 世纪 70 年代以后,有些文艺作品却有另一种不同的写法,它们基本上是肯定苏联当局对战争是有准备的。西蒙诺夫的《生者与死者》写于 50 年代,他持这种"无准备"的看法是可以理解的。更重要的是他的小说是依据他在前线亲眼目睹的事实而建构的,所以,他的描写应该是真实可信的。这里,他通过波普科夫的这段话,表述出一个普通老百姓的看法和疑虑，是恰当的，在艺术处理上也是比较巧妙的。

失去全部证件的辛佐夫在莫斯科到处申诉，但是没有人能为他作证，他无法恢复原职，也不能恢复党籍。一心想上前线保卫祖国的辛佐夫，费尽周折，总算在一支新组建的部队中当了一名列兵。莫斯科保卫战正打得紧张激烈，这支新组建的部队被补充到第31步兵师。辛佐夫是机枪射手，在战斗中勇敢镇定，连长甚至要给他呈请一枚“勇士”奖章。但是政治指导员考虑到他以往的历史却没有这样做，只是在例行的政治报告中谈到机枪手的作用时，指名表扬了一下。但是在保卫砖厂的战斗中，辛佐夫英勇机智，出色地打退了德军坦克和步兵的进攻，立了战功。辛佐夫被授予红星勋章和下士军衔。

砖厂战斗以后，玛里宁被任命为营政委，辛佐夫担任了自动炮排的班长。这时玛里宁劝他，“辛佐夫，授予你下士军衔，奖给你红星勋章，师报报道了你的事迹。我倒觉得，你应该在即将打响的战斗前，申请恢复党籍……”辛佐夫听从了战友的劝告，又提出了恢复党籍的申请。这期间辛佐夫所在的营又参加了一次争夺库兹涅可沃村的战斗。战斗结束休息时玛里宁递给辛佐夫一份书面意见，把它同申请书附在一起。玛里宁在上面写着，可以像担保自己一样担保辛佐夫。但是团党委讨论辛佐夫恢复党籍的申请时却没有通过。党委书记的意见认为，辛佐夫关于丢失党证和其他证件的解释很难使人相信。虽然知道辛佐夫的忠诚和勇敢，但是他失去了全部证件，没有人能够为他的经历做出证明。辛佐夫听到后气得脸色发白。“什么更宝贵？是人，还是一张纸？”

谢尔皮林伤愈出院，被任命为师长，这恰恰是辛佐夫所在的师。谢尔皮林来到师部以后，立即着手工作。他首先到各个团的驻地去看望。他来到辛佐夫所在的团时，辛佐夫带战士外出侦察，回来时看到师长乘坐的雪橇疾驶而过，虽然只看到一个侧影，但辛佐夫立即认出坐在雪橇里的人是谢尔皮林。玛里宁告诉辛佐夫，这是新来的师长谢尔皮林。1941年12月初，苏军在莫斯科附近发起反攻。谢尔皮林指挥部队向德国人进行反击。玛里宁在战斗中负了伤，临到医院时，对辛佐夫说，他希望辛佐夫在恢复党籍之后，不要再到原来的那个编辑部去了。辛佐夫说，我什么编辑部也不去，我难道是为了这一点而忙碌吗？玛里宁走后，辛佐夫升任排长，他走在进军的行列中，他在想：尽管他们已然经历了那么多的遭遇，而巨大的战争还在前面……

西蒙诺夫从1955年开始写《生者与死者》三部曲的第一部，历时四年，于1959年出版，随即开始写第二部《军人不是天生的》，历时五年，于1964年完成并出版。

如果说第一部《生者与死者》以军报记者辛佐夫的经历，通过他的视角，展现了卫国战争初期苏联军队节节败退的一团乱象，那么，第二部《军人不是天生的》则是写莫斯科保卫战胜利之后，苏联军队稳住了阵脚，并在斯大林格勒地区组织了一场大会战，围歼德军主力，彻底扭转了战局。小说在更广阔的背景上描绘卫国战争的画面，围绕斯大林格勒战役展开了三条情节线索。在《生者与死者》中，坚守莫吉廖夫并率部突围的谢尔皮林，并不处在情节的中心位置，在第二部《军人不是天生的》中，已经升任师长的谢尔皮林成为小说中举足轻重的中心人物。

第一条情节线索写谢尔皮林在师长、集团军参谋长等岗位上的战斗生活。在作战指挥中，他坚持爱护士兵的每一滴鲜血的原则，不让战士作无谓的牺牲。1943年新年来临，谢尔皮林师的军官们在斯大林格勒近郊的师指挥部共贺新年。团长巴拉班诺夫少校，喝醉酒之后，一时兴起，率领属下的一个营，盲目地去进攻德军占领的"土岗"高地，结果大败而回，营长塔拉霍夫斯基和若干红军战士阵亡牺牲。谢尔皮林知道后，为巴拉班诺夫这种轻率地对待士兵生命的行为，极为气愤。他严厉地处分巴拉班诺夫，让他亲自给塔拉霍夫斯基的妻子写阵亡通知书。酒醒后巴拉班诺夫已经意识到自己的错误，让他亲笔给营长的家属写阵亡通知书，无疑是一种精神和道德的折磨，这比军事法庭的审判还要难受。

"谢尔皮林的眼睛与巴拉班诺夫对视时，脑子里突然产生了一个想法，他走到桌子边，翻开放在上面的笔记本推到巴拉班诺夫跟前。

"'坐到桌子这里来写。'

"'写什么，将军同志？'巴拉班诺夫一边问，一边用红肿的手指拿起铅笔。……

"'你亲自写一封阵亡通知书给塔拉霍夫的妻子。告诉她，您是怎么杀害了她的丈夫……告诉她和她的五个孩子……'

"'怎么是这样——说是我杀的？我是什么，胡闹的小丑？倒不如接受军事法庭审判了，随您处置。'脸色极其苍白的巴拉班诺夫终于开口说道。

“但谢尔皮林并不打算放弃完全出其不意地冒出来的、迫使巴拉班诺夫亲自写信给阵亡者妻子的想法。这个想法是残忍的，但又是公正的。

“‘我不能写是我杀害了他，将军同志。’巴拉班诺夫又说了一遍，脸色更加苍白了……

“‘我并不要求您写下这些话，’谢尔皮林沉默了一会儿说，‘您只要对他妻子描述，’谢尔皮林把桌子上塔拉霍夫斯基的履历摘录向巴拉班诺夫推过去，‘还有孩子们，描述发生的一切就行了。只要您一五一十地写，他们自己会得出结论：到底是谁杀害了他，是您，还是德国人……’

“巴拉班诺夫本能地把塔拉霍夫斯基的文件挪到自己面前，看到‘家庭状况’一栏，突然感到眼前一黑，放下铅笔，站了起来。虽然他是个粗野刚强的人，但经受的灵魂震撼还是使他差点晕了过去。”①

谢尔皮林，作为一个军事指挥员，一向重视战役之前的充分准备，不能因为准备不足，仓促上阵，而让战士做无谓的流血牺牲。“都说他善于爱惜人。但是什么叫‘爱惜人’？你总不能叫他们排着队离开前线，跑到一个不打枪、不开炮、不可能打死他们的地方吧。在战争中爱惜人，不过就是说一面要避免使他们遭受毫无意义的危险，同时在必要的险境中也必须毫不犹豫地把他们推上前去。”

过了不久，谢尔皮林接到巴拉班诺夫团部打来的电话，说巴拉班诺夫开枪自杀，伤势严重，已送医疗站急救。由于巴拉班诺夫的自杀事件，军事委员扎哈洛夫来到师部调查。扎哈洛夫责备谢尔皮林不该强迫巴拉班诺夫写那样的信，谢尔皮林可能会因此而受到撤职的处分。

谢尔皮林立即想到1942年的那次撤职处分。1942年2月，他接到命令，要他的师在2月23日之前攻下卡卢加州和布良斯克州交界处的区中心——格拉奇。为什么要在这一天之前攻下格拉奇？因为这一天是苏联红军的建军节，这个消息要在方面军的晚间战报上刊登出来，随后，在建军节那天情报局的晨报上刊登出来，为建军节增光添彩。

谢尔皮林没有执行这个命令。根据他了解的情况，虽然德国人正要准备撤退，但德军阵地前的一片开阔地，正在德军炮火的笼罩之下，而自己的部队弹药尚未补充完毕，贸然进攻必然造成重大伤亡。上级对他下

---

① 康·西蒙诺夫：《军人不是天生的》，上卷，赵桂莲等译，北京：东方出版社，2005年，第42—44页。该书引文下面不再作注。

达的命令明确地说:“祖国要求他不是在能够占领格拉奇的时候占领它,而是提前一夜占领。”他内心深处知道祖国不可能这样要求:“祖国可以要求自己的儿子们建立功勋,却不会要求他们作无谓的牺牲。”谢尔皮林没有按要求在那一天攻占格拉奇,而是在过了一天,他的弹药补充完毕,在德国人开始撤退的时候,无一伤亡地占领了格拉奇。为此,谢尔皮林被撤去师长职务。他在后备队闲待了两个月,后来由于战事紧迫,他又重新被任命为师长到后方对一个师进行整编。

但是这一次谢尔皮林没有被撤职。方面军司令巴久克来电话把谢尔皮林召去,告诉他,巴拉班诺夫是自己惩罚自己,这件事就算过去了;他把谢尔皮林召来是要告诉他,他被任命为集团军参谋长,另外还有一件事,莫斯科来电,谢尔皮林的妻子病重,住了医院,集团军准他四天假,让他回莫斯科看望妻子。谢尔皮林说,他要亲自指挥,拿下巴拉班诺夫没有攻下的土岗,然后再回莫斯科。经过精心策划,充分准备,谢尔皮林指挥部队一举攻下土岗,然后乘飞机赶回莫斯科。但是当他赶到医院,来到妻子病床边的时候,他的妻子已经不能说话了。谢尔皮林悲痛万分,他没有能够赶回来和妻子见上最后一面。他埋葬了妻子之后,在莫斯科大剧院门前,却意外地遇见了他在莫吉廖夫时的军医大夫塔尼亚。她在敌后游击队战斗中受重伤,被送回莫斯科治疗,现在伤愈,想到大剧院去看芭蕾舞剧《天鹅湖》,但是弄不到票。谢尔皮林用自己的将军证件给她弄到一个到将军包厢的通行证,并告诉她自己的军邮地址,让她伤假休完后便到谢尔皮林的部队工作,然后两人就分别了。

谢尔皮林回忆着妻子,回忆着那些和他同生死共患难的战友。他的战友,军长格林柯至今仍关在集中营里,他被诬陷“叛国”而遭逮捕。谢尔皮林想给斯大林写信,为他申诉,但一直没有找到恰当时机,他决定等斯大林格勒战役结束,一定写这封信。

战友伊万·阿列克塞耶维奇来看望谢尔皮林,两人是可以敞开心扉的朋友,谈到了战争中许多让人困惑不解的事情。谢尔皮林对他谈到斯大林。

“在战争初期,内心中曾经对他的伟大产生了怀疑,但后来又相信了——现在你对此又没有怀疑了。至于他是个可怕的人呢?这点你也知道,而且比别人知道得更清楚。每次去向他报告的时候,你知道,在任何事面前他的手都不会抖一抖的。

“钢铁般意志的终点在哪里，以牺牲几万条人命和损失大批武器为代价的不可思议的固执，其起点在哪里？你不能总是一下子弄明白。

“是的，他像战前一样听取、审查、批准计划，关注、没有排斥各种建议和报告。但是这一切只到某一时刻为止，而之后最后的发言权就归他了，他最后的拍板有时是唯一正确的决定，但有时会突然违反理性、违反自然规律，任何人用任何理由都无法使他改变主意！而最严重的情况就在于，他最后的话反正总是对的，甚至它不正确的时候也是如此。总找得到导致失败的罪人。如果他永远是正确的，那就每次都得找到这样的人。

“同时他那无可争议的威望，甚至仅仅他的名字，都具有难以置信的力量。多年以来，不知怎么形成了这样一个局面：我们所信任的一切——党、军队和我们自己——都像绳索绕在筋线上一样，绕在这个名字上。我们用这条绳索拖着战争的全部重负。筋疲力尽的全体人民拖着，但一切都归于一个名字：斯大林……”

西蒙诺夫关于斯大林问题的议论和描写，在《军人不是天生的》中比《生者与死者》更加深入了。在《生者与死者》中，只是通过辛佐夫的经历和视角，展示战争初期的失利和混乱，社会生活中人人自危、明哲保身、对人缺乏信任等问题，通过一个老工人的谈话对战争缺乏准备进行质疑，但是在《军人不是天生的》中，这种议论不仅涉及日常的表面现象，而且涉及社会生活和军队的领导体制、指挥作风的许多弊端。西蒙诺夫通过谢尔皮林的思考，在承认斯大林的伟大的同时，特别强调他是一个可怕的人！他的可怕不仅在于他“在任何事面前他的手都不会抖一抖的”，而更在于他的独断专行，自以为是，他的“违反理性、违反自然规律”的决定，“任何人用任何理由都无法使他改变主意！”

在三部曲第一部《生者与死者》中，塔尼亚只是个一闪而过的人物。她是驻守莫吉廖夫的谢尔皮林部队的军医，因为她身材矮小，所以人们都称她“小大夫”。在谢尔皮林率部突围的时候，她的脚扭伤了，而且还发着烧。在森林里她遇上了辛佐夫和佐洛塔列夫，辛佐夫背着她在森林里走了几天,最后把她安置在森林中一个伐木工人的家里养伤。塔尼亚伤愈之后参加了敌后游击队,而且还到敌占区做过地下情报工作。在游击队和德国人的一次战斗中,塔尼亚负了重伤,部队派飞机把她接到莫斯科住院治疗。伤愈之后出院,因为她在莫斯科并无亲友,便借住在医院的一个护理员家中,准备利用伤假,到塔什干去看望母亲。她想到莫斯科大剧院看芭蕾舞演出,但是大剧院一票难求,想不到意外地遇上了谢尔皮林,并答应假期休完后到谢尔皮林的部队去工作。

这一天,塔尼亚从医院取回自己的东西,准备乘火车去塔什干。她一进门看到房东一家正在地板上分砂糖。房东的女婿,一个红军少校,利用军官职务乘车方便,来往于莫斯科和塔什干之间,贩运战争时期紧缺的生活物资,大发国难财。塔尼亚刚进门时,还没有弄明白是怎么回事,还帮着他们收拾撒在地上的砂糖。当她明白这是怎么回事时,便气愤地站起身,踏着撒在地上的白糖,向自己的房间走去。

“塔尼亚转过身去,看了看他那张长着白眉毛的红脸,想起了他白天数物件的样子……她一下子全都明白了。他们一起运来的,现在是这些糖,也许,还包括他们白天用那些包和捆着绳子的沉甸甸的大箱子拖来的其他东西。是这个少校帮着他们把这些东西运回来的,因为他穿着军服,人们更相信他,准许他做这些事,如今他要为此从他们手里得到自己的那一份。而她却像个傻瓜似的趴在地上帮着这些投机倒把分子把他们的糖从地板上收拾起来……

“她站起身来,整了整军装。

“‘您累了不成?’娜嘉的妈妈问。

“‘没有,不过我要到您的厨房去。’

“‘等一会儿,’娜嘉的妈妈说,‘我们这就收拾利索,然后您再过去。您要是帮着弄,会快一些……’

“‘可我有急事……’

“‘欲速则不达!’娜嘉的妈妈说。她极其愤怒,但却还不想吵架。

“塔尼亚什么都没说。她环顾左右,看看自己怎么能更好、更小心地走过去,她发现了之前没有注意到的东西:衣架旁边的角落里放着几个袋子,里面也许是已经分好的糖。

“‘请您原谅,但我还是要过去。’

“‘您怎么回事,听不懂人话还是怎么的?!’娜嘉的妈妈提高了声音,

‘怎么，您难道要踩着我们的糖走过去吗！’

“‘是的，就是这样，踩着糖，他们的糖！’塔尼亚心里发着狠，尽管刚刚看着这堆美好的、雪白的、漂亮的糖时，她还想象不出怎么可能用脚去踩这么珍贵的东西。她大踏步地走过去，直接穿过前厅走向厨房的门，靴子发出咯吱咯吱的响声。娜嘉的妈妈一下子跳起来，大叫起来：‘疯子！傻瓜！母狗！’然后向她扑去，可突然满脸泛起红斑，咳嗽起来，一下子坐到地上，坐到她的糖上。

“瘸子扑过去帮她。而少校在这么长的时间里第一次跳起来，好像塔尼亚是站在他面前的队列中的一个兵，极其严厉地喊道：‘军医同志！’这大大地激怒了她，已经走到厨房门口、站在糖堆里的她，靴子吱地响了一声，一边解背在身上的‘瓦尔特’手枪的枪套，一边向他转过身去，慢慢地、狠狠地说道：

“‘我要立刻枪毙你们，可恶的投机倒把分子！’‘你们比法西斯更坏！’……

“说完她就转过身去，不再看他们，也不害怕他们会把她怎么样，最后一次踩着他们的糖，靴子发出咯吱咯吱的响声，大步走进厨房并把门关上了。”

这是《军人不是天生的》中一个写得非常精彩的场面。战争期间，物资困难，特别是后方，生活用品更是困难。有的人便利用这种情况，发战争横财。塔尼亚房东女婿，那个少校，利用他军官的特殊身份和乘坐军车的便利，来往于莫斯科和塔什干之间，搞投机倒把生意，倒卖砂糖，牟取暴利，发国难财。塔尼亚和他们的这场冲突中，尽管孤身一人，是个小小的军医，但却是身经百战的游击战士，是从炮火硝烟中冲杀出来的英雄，面对这伙投机倒把分子，理直气壮，无所畏惧，那正气凛然的气势完全把这伙自私自利的小丑镇住了，他们虽然人多势众，但却做贼心虚，色厉而内荏，在塔尼亚的浩然正气面前只有畏缩退避。

辛佐夫一直在谢尔皮林的集团军属下的部队里，他作战勇敢机智，从普通士兵升任班长、排长、连长，一直升到营长，已经是一位富有作战经验、指挥有方的指挥员。但是他的恢复党籍的问题一直无法解决，因为他的那番近乎传奇式的经历在战争期间是根本无法核实的。辛佐夫的团长沙甫洛夫告诉辛佐夫，不要再去申请恢复党籍，干脆重新申请入党。

"……在这里,作为作战突出的人,他重新入了党,介绍人是那些他到师里来之前从未见过他、但在火线上了解他、可以说比他的亲生母亲还了解他的人。

"他们中的一个人,职位是团长、岁数与辛佐夫同龄的沙甫洛夫,让他在履历中写上一句话:'围困时丢了党证。'这句话既未违背实情,同时又不会使档案混乱。

"辛佐夫把一切事情都告诉了他,沙甫洛夫也完全相信手下的营长,可当辛佐夫反驳说最好详细地把一切实情都写进去的时候,他决然地否定道:

"'你想让审查人员再忙活一年?如果我们能活到胜利,你会向大家证明一切的。党龄也会恢复。而如果你认为活不到,那就为了问心无愧把实情全都写下来放到死亡姓名番号筒里。如果有谁在死亡姓名番号筒里看到了还不相信,他就是混蛋!'"

"沙甫洛夫团长的办法果然见效,上级党组织无需再费力去调查核实在战争初期一片混乱中的那些事实,只从辛佐夫在历次战斗中的表现就可以判定,他是个优秀的红军战士和指挥员,是一个完全够格的共产党员,因此顺利地通过了他的入党申请。辛佐夫经过一次次的战火考验,多次受伤,以自己的鲜血证明了对祖国的忠诚,得到了战友和同志们的信任和尊重。说来也巧,辛佐夫成为营长之后,在斯大林格勒前线,他的营指挥所里,又一次遇到了那个在莫斯科郊外把他抛弃的柳欣。

"辛佐夫接到上级指示,说有两个记者到他的营区这边来,可能是迷失路途,让辛佐夫务必把他们找到。接到电话不久,辛佐夫的战士就来向他报告说迷路的记者找到了。

"'辛佐夫!'他听到一声高兴的喊叫,转过身去,看到了顺着战壕向他走过来的柳欣和扎瓦里申。

"'你好!'柳欣走到辛佐夫身边,仍旧那么大声地喊着,还用力摇了一下他的手,好像他们今天还没见过面似的。'真高兴你活着,你想象不到我有多高兴!'在'你想象不到'这些词语里流露出忘记他们中间发生的一切的直白请求。他以为既然在营里待了一天,遭遇到了与辛佐夫同样的危险,一切旧账就为此一笔勾销了。'那你就见鬼去吧,勾销就勾销了吧!'辛佐夫望着柳欣因喜悦而熠熠发光的脸,想道。

"'一直在问您在哪儿。'扎瓦里申冲柳欣扬了一下头,说道。

"'听我说,扎瓦里申,'辛佐夫根本没听到这些话,'我没时间,我要走,你给团副教导员打个电话,通报他记者找到了,否则他会打电话,担心呢。'

"'担心!'柳欣满意地哈哈笑了一声,'让他不用担心!我和你还没到那种困境,还没失踪!'"

辛佐夫要到营里阵地上去。

"'我和你一起去吧。'柳欣说。

"'目前多此一举。'辛佐夫说。

"'为什么多此一举?'

"'好了,我们不讨论这个。多此一举就是多此一举。'辛佐夫斩钉截铁地说,他转而对扎瓦里申说:'马上打电话。'"

辛佐夫在斯大林格勒前线的阵地上又遇到柳欣,在他心里激起的不是旧友重逢的喜悦和欢欣,而是对柳欣这类人的无限厌恶。在莫斯科近郊,当柳欣把他赶下汽车的时候,辛佐夫曾气愤地破口大骂柳欣是个"混蛋","卑鄙无耻","自私自利的小人"。由此,辛佐夫也认清了这类人的本质,他的明哲保身固然有某种社会的、情势的原因,但那样决绝地把一起工作的战友置于危难之中,那种见死不救的狠心,其本质却是自私自利、没有道德和良心。军报记者在他的营区迷失路途,按照上级的指示找到并保证他的安全,这是他作为营长的职责。记者找到了,他的职责尽到了,任务完成了。所以他对柳欣的示好和殷勤,断然拒绝,那冷冰冰的态度中已经包含了巨大的容忍和宽大。以辛佐夫的道德观念和做人原则来说,他和柳欣是截然不同的两类人,所以,辛佐夫对待柳欣的冷淡态度,这不是个人的恩怨纠结,而是对柳欣这种人的人生态度、价值观念的鄙视和厌恶。

塔尼亚离开莫斯科前往塔什干。塔尼亚一家是随工厂撤退到大后方塔什干的。战争期间,后方生活极其艰苦,妇女要顶替男人从事重体力劳动,因为劳动力短缺,小学生课后也要到车站去卸煤,同时也以自己的劳动换取一份口粮。粮食、燃料和各种日常生活用品都非常匮乏。地处中亚的塔什干,由于西部战区的许多工厂企业连工人带家属全都撤退到这里,一时间人口骤增,不仅生活供应紧张,住房也更加困难,不得不几家人挤在一个房间里。塔尼亚来到塔什干以后才知道她的父亲已经去世,母亲顶替父亲在工厂里当了浇铸工人。入夜，母女挤在一起，母亲告诉她父亲去世的经过：

“他被耗干了。被厂子送到疗养院了一次，住了两个礼拜。那里给他发放了一点儿牛奶，稍稍缓过来了一点儿，身体好一些回来了，可后来又犯了这种糙皮病，两脚开始肿，牙床开始疼……我不知道这是种什么病……战前没听说过，可如今厂子里有许多人得了。因为他没到医院看我，我生过他的气。可他已经死了。”

塔尼亚的父亲，奥甫相尼科夫，是个大厂车间的党支部书记，撤退的时候要把名单、文件和党费全部带走。他把这些东西都装在一个铁箱子里，临走的时候，副工长、党总支委员科罗托夫对他说，那边挖了几个坑，是准备炸车间的，可是没炸，我们把箱子放在坑里，上面浇上混凝土，藏起来吧，否则一出城突然遇上德国人怎么办，把我们枪毙了，文件也落在德国人手里了。奥甫恰尼科夫听后，也担心起来，便照他说的埋藏起来，但是走出厂门后科罗托夫却不见了。到了塔什干之后，一些在撤退中表现不好的人被处分，如有的人负责照管孩子，却扔下孩子不管了，有的人没把十几万卢布的工资运出来，却说是烧了……因为没有运出党的文件，奥甫相尼科夫也作为表现不好的人，受到处分，被开除党籍。奥甫相尼科夫内心愧疚，非常自责，虽然被开除党籍，仍然像个党员那样，忘我地工作。罗斯托夫解放以后，工厂派一个小分队回到原来的厂子，把当时没来得及运走的一些设备运过来，奥甫相尼科夫告诉他们铁箱埋藏的地点，他们找到了，但是他们只找到了铁箱，而里面的东西全都没有了。有人看见，德国人在的时候，科罗托夫曾跟德国人在一起。事实证明了奥甫相尼科夫的清白，党委书记要他写份要求回复党籍的申请，他却说：“再等等，干干再说……”他要以自己的行动向人们证明自己，但是因疲劳加饥饿，就像塔尼亚母亲说的，“他被耗干了”，死在车床旁。他死后，塔尼亚的母亲立即顶替了他的工作，白天在浇铸车间从事繁重的劳动，晚上下班后，两条腿都累得抬不起来，但是还要到食堂去检查伙食，看看食堂服务人员有无克扣工人伙食的现象。这是她的社会工作，是群众对她的信任和委托，她必须去做。

塔尼亚的丈夫是儿科医生，战争爆发后，当塔尼亚坚定地参军上前线的时候，他却借口要照管托儿所的孩子，躲避上前线，从此二人分道扬镳。二人虽然分居，但并未办离婚手续。随托儿所撤退到塔什干之后，塔尼亚的丈夫为了能够躲避上前线,求得当地长官的庇护,竟然和区委书记的女儿结婚。在得知塔尼亚要来塔什干休假的消息后,他特意一人到车站去迎接塔尼亚,对塔尼亚说因为长久没有接到塔尼亚从前线的来信,以为塔尼亚已经牺牲了,所以才和区委书记的女儿结婚,意思是,希望塔尼亚不要兴师问罪,暴露他的真实面目。塔尼亚的思想境界、道德观念、人生追求,和她的前夫没有丝毫的共同之处,所以根本无意和他纠缠,她认为离婚,彻底一刀两断,个人生活更自由。

塔尼亚的休假还未期满,就接到谢尔皮林的来电,说斯大林格勒战役即将开始,希望她赶快来部队报到。于是塔尼亚搭乘顺道的飞机,飞回斯大林格勒前线。

西蒙诺夫在三部曲中塑造塔尼亚这个女军医的形象,不是偶然想到的。他希望在小说中通过塔尼亚这个形象展现俄罗斯妇女在卫国战争中那种忘我的保家卫国的情怀和爱国主义精神,那种勇往直前的英雄气概,那种坚贞不屈的刚毅性格,充分显示俄罗斯妇女的飒爽英姿。他所见到的那些女战士、女医生都成了他作品的主人公。那位驾驶自家的卡车支援前线的盐场姑娘,成了他的小说和话剧主人公的原型。一位偶然遇到的"小大夫"成了三部曲中的塔尼亚·奥甫相尼科娃。

战争初期,西蒙诺夫在西部前线寻找军报编辑部的混乱中,就遇到过一位这样的军医大夫。因为印象深刻,他就详细地记在前线日记中了。

"……我们正准备要走,突然来了一伙刚刚侦察回来的侦察兵,和他们在一起的还有其他师的二十来个人,他们是一边战斗一边打出重围的。指挥他们的是团的行政管理处主任。他的小分队中有医生、卫生员、面包师、鞋匠和其他各种后勤人员。

"和他们一块来的医生是一位娇小、瘦削的妇女。小分队的所有人员对她都非常尊敬和温和,每说起她来都感动不已。她是从萨拉托夫来的,这是我少年时代生活的城市,我和她谈话的时候,说着说着就突然回忆起萨拉托夫的那些街道来了。后来,她无意中就讲起他们打了一场怎样的战斗来,并且说她用转轮手枪打死了一个德国人。在她的口中这一切是那样的普普通通,她的每一句话都使人不能不相信。她说起她经历的这一切,好像每一件都是她必须完成的一连串事情。她牙科学校刚一毕业,就赶上了征召共青团员入伍参军,于是她就应征入伍了。然后就爆发了战争。她又和大家一起上了前线。后来的情况是,在战场上没有人要治牙病，于是她就接替了护士的工作——总不能什么也不干呀。再后来，医生被打死了，她就成了医生，因为再没有其他什么人了。再后来，伤员在前沿喊叫，可是卫生员已经被打死，没有人把伤员背下来，于是她又爬过去背伤员。再后来，当德国人朝她奔过来的时候，她掏出左轮手枪，就朝德国人开枪了，因为假如她不开枪，那么他就会朝她开枪的。就这样，她把德国人打死了。

“在她的讲述中，所有这一切都是同回忆她的丈夫和孩子穿插在一起的。说起丈夫，她深感惭愧，因为他不在部队服役，仿佛这是她的过错；说到孩子，她叫他‘利亚利卡’。

“令人奇怪的是，她这么小就有小孩了。后来，当我的提问终于把她折磨完了之后，帕沙·特罗什金（摄影记者）马上就把她抓住了。他让她坐在一个树墩子上，就给她拍起照来。先是戴着钢盔，然后又摘下钢盔，背上卫生员的挎包。在他给她拍照之前，她微微一笑，从她的卫生员挎包里拿出了一个小包，从里面取出了一支被夏天的尘土染黑了的口红和一片小镜子，在拍照之前，她把口红上的尘土弄干净，涂红了嘴唇。

“两件很大反差的事物放在一起：口红和左轮手枪。她两手举着手枪开火，因为手枪很重；她自己那么瘦小，卫生包却那么大，这一切都那么奇怪，那么令人感动，令人难以忘怀。”①

正是这个“令人难以忘怀”的、瘦小的女医生使作家塑造了塔尼亚这样一个外表瘦弱而内心刚强、身材矮小而精神高尚的俄罗斯妇女形象。

塔尼亚来到斯大林格勒前线，见到集团军参谋长谢尔皮林。大战在即，她要求谢尔皮林让她到团的卫生队去，可以直接上前线救助伤员。谢尔皮林却另有打算。他告诉塔尼亚，他没有权力安排她的工作，她的工作应由集团军卫生部主任来安排。塔尼亚只好到集团军卫生部去听候安排。塔尼亚刚一走，谢尔皮林就给集团军卫生部主任打电话：“我把奥甫相尼科娃医生派去归您支配……作为同志我对您有个请求，……她是个经验丰富的医生，我本人认识：和我一起突围的。在游击队待过，被授予了红旗勋章。她会向您申请去团卫生队。您不要满足她的申请。她是负过重伤来报到的，暂时让她在医院干干。以后再说。拒绝她时您不要提

---

① 西蒙诺夫：《战争中不同的日子》，载《西蒙诺夫文集》第八卷，莫斯科：“文学艺术”出版社，1982年，第88—89页。

我。”刚进门的炮兵将军问谢尔皮林是在给哪位熟人张罗，谢尔皮林说：“不仅仅是熟人，我想在可能和许可的范围内让她在世上活的时间更长一些。”

苏军刚刚解放了斯大林格勒外围包围圈里的一座苏军战俘营，那些被俘的苏军战士已被饥饿和伤病折磨得奄奄一息，急需救援。集团军卫生部主任打算派塔尼亚去参加救援工作，问谢尔皮林她是否有足够的经验，谢尔皮林回答他说：“比你我的经验更丰富。”

塔尼亚被派往苏军战俘营参加营救工作。那里的惨状令塔尼亚非常震惊。营区的四周布满了骨瘦如柴的战俘的尸体，活着人们也被折磨得奄奄一息，不像人样。塔尼亚和医务人员立即展开紧张的工作，熬肉汤给战俘们补充营养，烧热水给战俘们洗澡、理发，清除身上的虱子。

一天，有个身材高大的营长来医院找他失踪的战士，她觉得这个人有点面熟，到底没有想起以前是不是见过这个人。当她转身要带他去找人时，他却双手按住她的肩膀，说：“我是辛佐夫。您好，您不认识我了吗？”

“她马上认出他来了。要不是以为他不在世上了，她肯定早就认出来了。

“‘您好，伊万·彼得罗维奇！而我还为您牺牲难过呢。’

“‘我还活着。’

“辛佐夫仍旧站着没动，她不知道自己的两只手应该干什么才好。要不是他把两手放在她的肩上，她一定张开双臂拥抱他。他还是默默地站着，两手放在她的肩膀上，目光专注地、奇怪地看着她，好像看见的不是她，而是另外的某一个人，他看的样子好像知道了他不能知道的事情似的……

“她站在后面，望着这宽阔的、疲惫的、棉袄外束着皮带的肩背，心里暗暗想着：一旦他和这个中尉讲完了，转过身来，她就必须告诉他，他的妻子死了……

“‘我必须告诉您关于您妻子的事，’塔尼亚望着地板说道。‘我和她一起在游击队待过。她牺牲了。’

“‘我知道。’辛佐夫说。

“她抬起头，看了看他的眼睛。

“他那平静而疲惫的脸上毫无表情，没有任何波动……”

其实，辛佐夫早已从玛莎的哥哥阿尔捷米耶夫那里知道了这一不幸的消息。他给塔尼亚留下联系地址，就离开了医院。回到部队驻地，阿尔捷米耶夫正在他的营部等着他。阿尔捷米耶夫曾在最高统帅部工作过，亲眼见过斯大林，辛佐夫就同他谈起斯大林的情况。阿尔捷米耶夫告诉他，斯大林说话“非常镇静，当他看你的时候，你就会有这样的感觉，好像他在审查你，想把你从里到外看清楚，搞得你神经紧张”。他的长相“和画像上一样，只是有点老，稍微矮一点儿；问话的时候，直盯着你的眼睛。他说话非常慢，非常平静，虽然当时情况很紧急，可是听起来却不慌不忙。……他在听我们汇报的时候，不停地踱来踱去，有时停一下，看你一眼，再踱几步。”阿尔捷米耶夫说斯大林走路很轻，“一开始想说像猫，后来又想说像老虎，后来两种比喻都没说出来：不论是像这个还是像那个，好像形容斯大林同志都不合适……

“……整个战争过程中，辛佐夫一直想尽可能多的打听斯大林的事情，因为在他内心深处，这个问题的答案——斯大林，究竟是怎么样的人？直接关系到如何回答另一个很重要的问题：为什么直到现在，战争第二年了，才真正地和德寇算总账？”

斯大林的形象在整个三部曲中都占有很重要的地位。西蒙诺夫是亲眼见过斯大林的，在三部曲的每一部中都有对斯大林问题的议论，都有对斯大林的多角度的描写。他通过不同职业的人、不同级别的军人，多方面、多方位地描述斯大林的形象、斯大林的功过、斯大林在当时对各类人等的影响，力求尽可能客观地塑造斯大林的真实形象。

斯大林格勒战役在进行中。集团军司令巴久克中将和参谋长谢尔皮林少将之间经常意见不一致，所以集团军军事委员扎哈洛夫必须经常从中调解。巴久克为人刚愎自用，作风武断，而谢尔皮林思想缜密，对于战役的设想和部署比较合理，所以巴久克的武断命令，常常被谢尔皮林委婉地予以纠正，虽然巴久克最终还是接受了谢尔皮林的修正意见，但内心里却感到有失集团军司令的尊严，心中窝火。因此司令员和参谋长之间的关系很不和谐，多亏军事委员扎哈洛夫从中调解，所以工作还可以正常运行。

经过多日苦战，苏军终于突破了德军在斯大林格勒外围的防线，战斗深入到市区。辛佐夫曾在斯大林格勒市区战斗过，对市区内的街道情况比较熟悉。他带着几个侦察兵通过一个地下通道，悄悄摸进一所房子，这是德军的一个指挥所，他们在那里俘虏了一个德国将军。师长库兹米奇命令辛佐夫亲自把俘虏押送到师指挥部。

"'将军同志,'辛佐夫紧着上前走了两步,把德国人留在后面,报告道:'俘虏的德军第二十七步兵师少将师长……'他由于激动顿了一下,忘了德国将军姓什么。

"'因斯菲尔德。'扎瓦里申在后面提醒了一下。

"'……奉您的命令带到!'

"辛佐夫很奇怪,库兹米奇默默地站在那里,好奇地瞅着他,而不是看那德国人。要是别人处在他的位置,肯定会看那个德国人,可是库兹米奇却看着他辛佐夫。

"'伊里因在电话里是这么汇报的,你亲手俘虏了一名将军,是吗?'

"'是的,我自己也没料到。我带几个侦察兵,穿过一条旧的地雷地道,摸进了一所房子的地窖,刚要行动,就碰见四名军官。他们没反抗就举手投降了。后来……'辛佐夫没转身,只用头向后面的德国人扬了扬,'他和副官走了出来,没抵抗也投降了。'

"'真是个将军吗?'库兹米奇问,第一次仔细打量那个德国人。

"'这是他的证件,上面标有军衔和职务。'辛佐夫把德国人的军人身份证递给库兹米奇。"库兹米奇要辛佐夫把俘虏送到集团军参谋长谢尔皮林那里。他知道辛佐夫认识谢尔皮林,曾和他一道在莫吉廖夫突围。"他拥抱了辛佐夫,还吻了他一下,'我们要打回去。你不用急着回来。要是参谋长留你吃饭,你就吃。他要你喝酒,你就喝。这是你应得的。但晚上必须回来,不能超过这个期限。告诉副教导员,让他马上打报告给战士们请功。晚上能写好,明天就给你们每人发一枚勇敢奖章!'"

辛佐夫把被俘的德国将军送到了集团军参谋长谢尔皮林那里。这是他们在莫吉廖夫突围之后第一次见面。但是辛佐夫看到谢尔皮林面带愁容,对他押送德国将军来见他,似乎并没有表现出特别的高兴。辛佐夫不知道,谢尔皮林刚刚接到了他的儿子的阵亡通知书,妻子死后,儿子是他唯一的亲人。战争开始后,他的儿子一直利用谢尔皮林的关系,用种种借口,留在后方的后勤部门。对于儿子的这种做法,谢尔皮林非常不满,认为一个年轻力壮的小伙子,在祖国危难之际,不上前线去保卫祖国,很不像话。谢尔皮林曾对他多次进行劝导、告诫、说服,最后他终于在父亲的劝导下上了前线,在坦克部队服役,当一个技术营长。可他在最近的一次战斗中身负重伤,牺牲了。谢尔皮林得知儿子牺牲的消息,十分难过,但是大战在即,他只能隐忍着儿子牺牲的悲痛,指挥着围歼斯大林格勒守敌的战斗。

踞守斯大林格勒的德军司令鲍罗斯终于宣布投降了。几个月来紧张战斗的苏军将士终于感到松了一口气。塔尼亚完成了医院的工作,来找辛佐夫。桌上有酒有菜,军官们正准备为鲍罗斯的投降而庆贺一番。大家入座之后,辛佐夫注视着塔尼亚的眼睛,突然说道:

“现在我们要为塔尼亚干一杯。来,小伙子们,你们为她干一杯,因为我非常爱她。”

“小伙子们”为塔尼亚干杯,说说笑笑,还朗诵诗。当军官们吃喝完毕,纷纷离去的时候,辛佐夫没有离去,而是留在塔尼亚身边,他笑着对塔尼亚说:

“是战争将我们抛到一块儿。”

“它什么也没抛,”塔尼亚说。“是我自己来的。”

“塔尼亚你说,当初我和佐洛塔列夫轮流背你的时候,我们俩谁能想到今天?”

塔尼亚回答:

“不知道,现在我觉得当时就对你有些感觉,你还记得吗?那个看林人问你:‘你妻子,是吗?’但是这也许不是真的,我那时什么也没想。”

“她卷好一支纸烟,当他咔嚓一声打亮打火机的时候,她看到他脸上微露惊异的神色。

“‘你还没有习惯我。你以为我是一个女人吗?我早就成为一名军人了。然后才谈得上其他的。’——她说。不过她心想:‘我的天啊!所有这些也毕竟太困难了。我多么希望战争快点结束啊!现在寂静无声,明天大概没有战斗了,而且我们不用被调到别的战线去,或许,整整一个月,或是更长的时间,我们再也不用去打仗,这样真是幸福啊!’她怀着如此强烈的愿望想着这件事,要是在别的时刻她会为此狠狠地骂自己一顿的。”

塔尼亚是西蒙诺夫在《生者与死者》三部曲中塑造的一个非常优美的俄罗斯妇女形象。俄罗斯文学中不乏优美的女性形象,但是塔尼亚是十月革命后成长起来的苏维埃女性,她的思想、性格中处处闪耀着新时代的光芒。她敢爱敢恨,敢作敢为,既柔情似水,又果断刚强,既有高尚的思想精神,又秉承着原则。但是这样一个优美、可爱的形象,也遭到某些人的非议。有的苏联读者和评论家给西蒙诺夫写信,就塔尼亚的形象塑造,特别是涉及塔尼亚的个人生活,提出种种非议和批评。西蒙诺夫断然反驳了这一类的指责:

“关于我在小说中对妇女的描写,我不想同您争论——这不是作者的问题。在我的书中,有的妇女,我喜欢,也尊重她;有的就不喜欢,也不尊重她。我不是伤风败俗的拥护者。我知道,也看重忠诚,而且也知道忠诚在前线上对一个人意味着什么。但是评价一个女性毕竟不能单从这一个方面。衡量一个女人的道德品质,不能单看她一生中有一次爱情还是两次,不能单看她在生活中曾同一个男人在一起,还是同两个甚至三个男人在一起——我不能单从这一点来评价一个女人。因为在她的生活中还有战争,在战场上人们的行为是各种各样的。比如说,我的小说中所描写的塔尼亚·奥甫相尼科娃,她忠诚地走过了战争,但愿上帝也让每个男人都能这样地走过战争,那么,对于我来说,这毕竟是最主要的,而不是她同第一个丈夫的不成功的婚姻,或者是她后来的不单纯的个人命运。

“我们说到男人们在战场上的表现时,总是能考虑各种情况,但是主要的也是看这个人是如何作战的。不知为什么评价在战争中的女人时就完全从另一个方面来议论呢。我认为这是不对的。”①

男女相爱,是男的先向女的表示,还是女的先向男的表示?这在一般人的概念中,似乎总是男的更主动些,如果女的采取主动,反而要引起人的非议。在中国,一般认为这是一种封建意识,但是,想不到在社会主义的苏联也有人有这样的意识。苏联卫国战争中,苏联空军有一个女飞行员轰炸机团,是一个屡建战功的英雄团队,其中有位女飞行员和西蒙诺夫认识,她看了《生者与死者》三部曲之后给西蒙诺夫写信,对于《军人不是天生的》中塔尼亚爱上辛佐夫并主动去找他这一情节,认为她的行为会让人失去对她的尊重。西蒙诺夫回信说:

“至于说到您对塔尼亚的意见,我不同意您的看法。如果一个女人爱上一个男人,那么对于我来说谁先去追谁并不是什么本质的问题。她爱上了,因为性格的坚强,她主动来到他的身边。我不认为这有什么不好,也看不出她的这种行为会成为她在某些人的眼里失去尊严的借

---

① 西蒙诺夫:《致马特维耶夫》,载西蒙诺夫:《关于战争的书信,1943—1979》,莫斯科:苏联作家出版社,1990年,第465页。

口。当然，这里可以有不同的观点；我只是对您说出我的看法，并不想同您争论……”①

还有一位朋友直截了当地建议西蒙诺夫从《军人不是天生的》中删去塔尼亚和辛佐夫的亲密的谈话，因为在他看来，辛佐夫和塔尼亚亲密的谈话是同小说的整个语调不协调的。西蒙诺夫给他回信说：“我个人认为，即使在这种极为亲密的谈话中也反映了战争的阴影，同样的，在辛佐夫对玛莎的思念中、在他去拜访护士的情节中、在谢尔皮林对妻子的思念以及其他一些讲到战争期间男女亲密关系的情节中，都是如此。无论是多么不同的人们，战争在他们身上都打上了自己的印痕。”②

在西蒙诺夫描写反法西斯卫国战争的作品中，他写了好几个优秀的苏联妇女形象，无论是开着自家的卡车上前线运送弹药的“盐场姑娘”帕莎·安诺申科、斯大林格勒前线的女卫生员安尼亚，还是《俄罗斯人》中女司机华丽雅和《生者与死者》三部曲中的“小大夫”塔尼亚·奥甫相尼科娃，她们都是“钗裙不让须眉”的英雄豪杰，她们都有各自的性格特点，但是有一点是共同的，那就是舍生忘死的爱国主义情怀、坚强不屈的战斗意志、朴实无华的人生态度、高尚的道德情操，她们都是在苏维埃社会主义制度下成长起来的新女性，在她们身上无不闪耀着社会主义时代的光辉。

塔尼亚和辛佐夫的爱情是自然而然发展的结果。他们是同生死共患难的战友，他们一起在谢尔皮林的率领下，冒着枪林弹雨，突出了德军的包围，又在尤赫诺夫公路上，摆脱了被德国人围歼的灾难，逃进了森林中。塔尼亚患病发着高烧，突围逃跑时崴了脚，没法走路，全靠辛佐夫和佐洛塔耶夫轮流背着她，逃出性命。因为她病情严重，辛佐夫把她安置在森林中一个护林员的家中。护林员以为她和辛佐夫是夫妻。塔尼亚当时心中动了一下，但并没有在意，因为她知道，辛佐夫有妻子，而且他的妻子也在为保卫祖国而战斗。在敌后做地下工作时，她认识了辛佐夫的妻子玛莎，而且两人成了共同战斗的战友。后来玛莎“牺牲”了，她在斯大林格勒前线的军医院里出乎意料地遇见了辛佐夫，在心中埋藏已久的这份感激之

① 西蒙诺夫：《致谢苗诺娃》，载西蒙诺夫：《关于战争的书信，1943—1979》，莫斯科：苏联作家出版社，1990年，第257—258页。

② 同上书，第280页。

情，才突然升温，升华为火热的爱情。这一情节不仅很好地表现出辛佐夫和塔尼亚两人的某些性格特征和美好的精神世界，也展现出战争对于人的幸福的摧残和破坏，如果删去这个情节，将会严重损害这两位主要主人公形象的完美和完整。西蒙诺夫的断然拒绝是理所当然的。

谢尔皮林站在斯大林格勒前线的战场上，德国人已经彻底被歼灭了，俘虏也都被送往后方。他看着战场上的情景，回忆起当年保卫察里津时，他和战友格林柯站在斯大林旁边观察阵地时的情景。如今他又站在这里了，但是他的战友格林柯却还被斯大林关在集中营里。他下定决心给斯大林写信，向他报告格林柯的冤案。

"现在，1943 年，他又来到了 1918 年斯大林同志来看过他们的那个地方。最后他请求重新审查格林柯的案子。他写道，他不仅从共事中了解格林柯，而且可以证实，即使在集中营格林柯也始终忠于苏维埃政权，忠于斯大林同志本人。在末尾他写道：亲爱的斯大林同志！我认为我有义务向您报告，军长格林柯对祖国的忠诚并不亚于我，在保卫祖国、抗击法西斯侵略者方面也并不亚于我。如果您相信我，那么我和军长格林柯都应当在我所在的前线；如果您不相信我，那么我们俩都应当在他所在的地方。"

信发出后，过了大约两个星期的样子，他接到莫斯科的电话，要他赶紧回莫斯科，斯大林要召见他。他在莫斯科一下飞机，就有一个少校军官把他接走了。他来到斯大林的办公室。

"斯大林身着特制的元帅服，佩戴着金色的宽肩章，裤缝上镶着红色的饰条，但裤子并没有塞在靴筒里。他走起路来有点摇晃，好像有点跛，但同时脚步却又那么轻松，好像他穿的不是皮靴而是高加索的软靴一样。"这是西蒙诺夫通过谢尔皮林的目光给斯大林画的一幅肖像。他身上特制的元帅服显得庄重而威严，但是"裤子没有塞在靴筒里"和那轻松的步履，又显得亲切而随意。

"……斯大林开门见山地问：'您写信给我，说我们逮捕的二级集团军司令格林柯是冤枉的？'……

"'我在对质的时候以及在关押地见过他，斯大林同志，他对您是极为忠诚的。'

"'这些我已经从您的信上读到了，我问您，您坚信我们冤枉了他吗？'

斯大林盯着谢尔皮林的眼睛问。谢尔皮林在这样的目光下感到很不自在,这是充斥着习以为常的权力的目光。谢尔皮林感到恐惧,但如果不从一开始就克服这种恐惧,那以后就难以克服了。所以谢尔皮林用又尖又响亮的声音回答,可能是因为紧张的缘故,他的声音在这个空旷的办公室里听起来甚至带有挑战的意味:

"'绝对相信。就像相信自己一样。'

"斯大林看着谢尔皮林,脸上带着某种奇怪的表情。他似乎很吃惊有人这样跟他讲话,然后站了起来。谢尔皮林也站了起来,不知道这意味着什么,或许这表明谈话已经结束。但斯大林用一个柔和的命令手势阻止了他……

"斯大林一言不发地沿着长桌走着,当他经过谢尔皮林的身边时又一次盯着他的眼睛专注地看了看。然后又走到长桌的另一端,还没转过身来,自言自语地说了一句什么,声音那么小,谢尔皮林只是由于自己处于极度紧张状态中才勉强听到了斯大林的这句自言自语:

"'如果找得到,就重新审查'……"

斯大林又问了些部队当前状况的问题,谢尔皮林都根据自己平常的思考,做了如实的回答。最后斯大林问他:

"……如果任命您担任集团军司令,您怎么看?"

谢尔皮林回答:

"服从命令,斯大林同志。"

西蒙诺夫在整个《生者与死者》三部曲中多次谈到和议论斯大林问题,但是正面、直接描写斯大林的形象,这恐怕是唯一的一次。西蒙诺夫利用斯大林召见谢尔皮林的情节,对斯大林的外表、风度、谈话的语气,都作了直接的描写。在谢尔皮林的眼中,斯大林是一支胜利之师的伟大统帅,所以他看到了身着元帅服的斯大林的沉稳和胸有成竹的镇定,感觉到他渴望了解部队真实情况的意愿,但同时从他那手握大权的人的锐利目光中,又感受到一种莫名的恐惧。谢尔皮林在钦佩和恐惧的矛盾心境中对斯大林留下了伟大而又可怕的印象。

评论家卡拉干诺夫认为,斯大林召见谢尔皮林这个场面"是苏联文学所有类似题材中写得最好的。显而易见,这里不仅显示出西蒙诺夫对于战争的了解,而且使他能够借助于从熟识的将领那里听来的话和从他们的回忆录中读到的情景，真实地再现斯大林和谢尔皮林的谈话”[①]。

塔尼亚知道辛佐夫受伤住院后，来医院看望辛佐夫。斯大林格勒战役虽然结束了，但是还有一些零星的漏网德军在放冷枪、冷炮，一辆运送伤员的卫生车在途中被一发炮弹击中，发动机中弹炸毁，司机和随车医生当场炸死。辛佐夫很为塔尼亚的安全担心，塔尼亚却说，如果什么都怕，那在前线就什么都不能做了。他们商讨着打报告、申请结婚的事，如果上级批准，那么他们就能够经常见面、在一起了。塔尼亚刚走，集团军司令谢尔皮林到医院来给获奖的受伤战士颁奖，同时也来看望老战友辛佐夫。辛佐夫已经打了报告，要求出院后仍旧留在集团军工作。谢尔皮林考虑，辛佐夫失去一只手，再去当营长，已经不合适了，但是在集团军司令部还是可以找到一个合适的职位的。

“是啊，”谢尔皮林严肃地说，“当初，情况一团糟，你和那个头发蓬松的摄影记者一起到莫吉廖夫郊外来找我时，我真没料到你会在以后的时间里成长为一名营长。当然，军人不是天生的。和平年代培养一个好营长需要十年的时间。但在战争这所大学里，并非每一个在和平时期的优秀生都能取得令人满意的成绩。……总之，你到时候来报到，我们一定给你找到一个职位，让你像一个军官一样去战斗，去成长。”

“谢尔皮林边说这些边想，像辛佐夫这样的人完全可以调到集团军作战科工作。他既有文化，又有作战经验，可以放心地把他派到前线去了解和汇报形势。他过去当过指挥员，可以比其他人少出差错，他这种人肯定会到最前沿去。

西蒙诺夫的《生者与死者》三部曲，从 1955 年开始写，到 1971 年第三部《最后一个夏天》出版，前后历时 16 年。这期间苏联文坛的创作倾向有很大的变化。50 年代中、后期，当西蒙诺夫创作第一部《生者与死者》的时候，正是“战壕真实”派兴起、在文坛上大放光彩的时候。受这股潮流的影响，西蒙诺夫在《生者与死者》中描写辛佐夫的前线见闻和莫斯科保卫战的战斗场景时，都带有战壕真实的笔法。从 1959 年到 1964 年创作第二部《军人不是天生的》时候，苏联文坛的潮流又变了。“战壕真实”被认

---

① 卡拉甘诺夫：《亲近和距离》，莫斯科：苏联作家出版社，1987 年，第 182 页。

为不能全面地展现战争的面貌，有“只见树木不见森林”的缺陷，要提倡写“全景文学”，多人物、多线索地展现战争和战役的全貌。可以看得出，西蒙诺夫的《军人不是天生的》正是在这样一种文艺思潮的影响下产生的。这部小说正是以众多的人物和多条情节线索来展开主题的。它的情节线索涵盖了反法西斯卫国战争的方方面面，有前线的战斗、后方的艰苦，还有敌后游击队的活动和医院后勤的医疗救助。从描写的人物看，从最高统帅斯大林、集团军司令、军长、师长到普通士兵、医护人员、后方百姓众多人，都有涉及，可以说是完全按照“全景文学”的标准规范来布局、建构的。到写第三部《最后一个夏天》时，苏联文坛的风向又发生了变化。这时，勃列日涅夫上台执政，苏联经济状况有所好转，但是社会的物质生活虽然改善了，人们的道德却没有提高。社会道德水平的降低引起了全社会的关注，道德意识的问题成了许多作家创作的主题。西蒙诺夫的在创作《最后一个夏天》时，也把这个主题纳入小说的艺术表现之中了。

三部曲的第三部《最后一个夏天》写的是苏军在猛烈的冬季攻势的隆隆炮火声中进入反法西斯卫国战争的第四个年头。1944 年苏军已从苏联腹地伏尔加河和顿河地区一路反攻，逼近西部的白俄罗斯。人们“越来越感觉到即将来临的第四个夏天会是战争中最后一个夏天了”。[①]

已升任中将的集团军司令谢尔皮林率领他的部队又打回了 1941 年被迫撤退的地方——莫吉廖夫附近。德国人现在还占据着莫吉廖夫。“谢尔皮林在这个熟悉的地方巡视了一遍，便往司令部方向返回。忽然前面乘坐着侦查处军官的吉普车在路边一阵打滑，然后轮子就碰到了鬼知道什么时候在那里埋下的一颗地雷。驾驶员忽然打了个急转弯，车子一下撞到了树上……”

谢尔皮林受伤，锁骨骨折并轻微脑震荡，被送到莫斯科近郊的一个军人疗养院治疗和休养。谢尔皮林的主治医师是中校军医巴兰诺娃。她的丈夫巴兰诺夫是谢尔皮林在军事学院的同事，1941 年，谢尔皮林率部从莫吉廖夫突围时，曾在途中遇到从另一个部队来的巴兰诺夫。当时，巴兰诺夫一副狼狈不堪的样子，脱掉军官的制服，换了一身士兵的服装，丢下部队独自逃跑出来，被谢尔皮林抓住。按照军法，谢尔皮林可以将他枪

---

① 康·西蒙诺夫：《最后一个夏天》上卷，李如钰、李浩译，北京：东方出版社，2005 年，第 1 页。该书引文下面不再加注。

毙，但是谢尔皮林只是把他降为列兵，随队突围。在谢尔皮林的部队突出重围，快要回到苏军部队的时候，巴兰诺夫自己开枪自杀了。当谢尔皮林到巴兰诺夫家通知他的死讯时，并没有告诉巴兰诺娃她的丈夫死去的真实情况，只是含糊其辞地说，在战斗中英勇牺牲了。巴兰诺娃深知丈夫的为人，又见谢尔皮林说得吞吞吐吐，就怀疑谢尔皮林没有说出真情。后来她从别人的口中得知，她的丈夫不是“英勇牺牲”，而是临阵脱逃，内心羞愧，畏罪自杀的。从这件事上，她理解了谢尔皮林的善良和不愿给她增添痛苦的良苦用心，因此一直怀着对谢尔皮林的一份感激之情。现在，她是谢尔皮林的主治大夫，两人好像旧友重逢，也好像一见如故。经常的接触，她对谢尔皮林的性格和为人有了更直接的了解，这样，两个孤身的中年男女萌生了真挚的爱情，命运使他们结合在一起。“他明白，不论现在和将来，和他在一起，她都会感到幸福。”

当谢尔皮林陶醉在自己“黄昏恋”的幸福之中时，他想不到他的头顶上正在聚集危及他命运的阴云。方面军司令利沃夫早就对谢尔皮林不满，他不能容忍“他下属的三个集团军中，有一个集团军是由一个战前在集中营里蹲了四年的人指挥的”。他找了个借口要撤掉谢尔皮林，“这个决定已经上报给斯大林了，可是斯大林不同意，他说：‘我信任他。’”现在，谢尔皮林在医院疗养，他又想借此机会重提撤换集团军司令的问题，他对集团军军事委员扎哈洛夫说：

“您的集团军几乎有一个月没有司令员了。我今天给莫斯科打电话了解了一下。过多久他才能回来履行职务，上面没有给出一个准确的答复，这取决于医疗报告。这就形成了一种不能容忍的状况。……事态在不断进展中，但司令员还不知道何时才能回来。但是就算他来得及赶回，……战前他的健康状况就不好，战争一开始又受了重伤，而现在经过车祸以后又有了脑震荡……就算医生能让他回来，那么还存在一个问题，这么一个体弱多病的人还能不能投入全部精力来指挥集团军呢？因此又产生了这么一个问题：如果派他去做其他工作会不会更好些？”

军事委员扎哈洛夫和参谋长鲍依科觉察到谢尔皮林头上的阴云，便让辛佐夫到莫斯科去给谢尔皮林送信，部队正在酝酿一次大战役，集团军没有司令是不行的。扎哈洛夫对辛佐夫说：“我们在这里不晓得，他究竟恢复得怎么样了？问题真是很微妙——既无权催促他早点出院，又想要他早点出来，你要把握好这两者间的尺度。”辛佐夫自斯大林格勒战役失去左手后，便在集团军作战处工作。让他去给谢尔皮林送信是最合适不过的。他和谢尔皮林在1941年曾一起在这一带突围，是出生入死的战友；另外他在作战处，对当前前线的形势有比较全面的了解。参谋长鲍依科特意叫他带上作战地图去向谢尔皮林汇报。辛佐夫到莫斯科后，给谢尔皮林送交了信件，然后到邮局给塔尼亚发了一封“留局待领”的电报。他和塔尼亚已经正式办理结婚手续。这次是塔尼亚回塔什干休产假，很久没有来信。第二天辛佐夫接到塔尼亚母亲的回电，塔尼亚早产，婴儿死亡，她已回部队了。

谢尔皮林在莫斯科住院期间，他的副官和他的儿媳相爱，而且登记结婚了。他的儿子牺牲之后，儿媳一人带着女儿艰难度日，儿媳和副官相爱，他既感慰藉，又感惋惜：他多了一位亲戚，却少了一个副官，按照规定，亲属是不能给首长做副官的。所以，见到辛佐夫之后，他就想让辛佐夫做他的副官。他对辛佐夫说：

“我在这儿治病期间，我的儿媳嫁给了叶夫斯基格涅耶夫，是改嫁。我多了个亲戚，却丢了个副官，等回到前线，我就放他走。我昨天想起，当我们突出包围时，你曾经做过我的副官，所以就决意让你再当一回，但要征得你同意啊。我要明确一点：我不会像有些人那样把副官当成勤务兵，我没有这种习惯……”谢尔皮林回部队后，少校辛佐夫便成了集团军司令的副官。

在离开医院之前，谢尔皮林曾向巴兰诺瓦提出向民事登记处办理结婚手续，而巴兰诺娃却觉得没有这个必要。她认为：“假如他过几天就要重返前线并且会在那儿一直待到战争结束，而她也将奔赴与他毫不相关的另一处战场，那么去民事登记处办理结婚手续就没有必要了，对他没有必要，对她也同样如此。他不是个新兵，而她也并非娇小姐，不需在真正去服役前用婚姻来锁住他们的关系。”她对谢尔皮林说：“我不会去你那儿，不会与你生活在同一个屋檐底下。同一个屋檐底下的生活，等战争结束后再开始吧。而现在，就让我去另一个方面军，不去你的那个方面军；我会给你写信，有时会写得很长，而你可以回得简短些，但每一封都要回。”

谢尔皮林返回部队，立即开始繁忙的战役准备工作，察看地形，调兵遣将，集结物资。辛佐夫整天形影不离地跟着他在各师、军中跑来跑去。这里很多地方使他们回想起1941年撤退时的情景。但是现在他们越战越强，又打回到1941年开始撤退的地方。即将开始的代号为“巴格拉齐昂”的白俄罗斯战役，就要收复莫吉廖夫和明斯克。发起进攻的时间是卫国战争三周年的纪念日，发起进攻的地点就在三年前德国人使苏军惨遭失败的地方。一度逼近到莫斯科城下的德军“中央集团军”现在已经退守到苏军通往柏林的道路上，德国人自己也感到柏林就在他们背后了。

塔尼亚休完产假，返回部队，中途在等车的时候，碰见了她的老领导、老战友，游击队长卡希林。卡希林告诉她，曾经同她一块儿做地下工作的战友、化名薇洛奇卡的玛莎，没有死，她还活着。

“后来调查表明，原来，她的证件确实被偷换了。”卡希林解释说：“当时被押去处决的那批人里的她，其实是当晚死在牢里的另一个姑娘。而她就冒认了那个死去的姑娘的身份，被安插在被驱逐到德国去的人群里。告诉我这些的那个女人见到她的时候，她正乘运牛的火车即将被带去华沙……她完全有可能和其他人一样，现在正在那儿做工，或者受雇于某个德国地主了……不过无论怎样她毕竟还没死，她还活着……”

听到卡希林告诉她的这个消息，塔尼亚心里顿时感到一种说不出的滋味，不知道是痛苦还是高兴。“她的脑中忽然闪过一个念头：等她一回去，她就立即去找卫生部主任，把一切向他坦白，然后求他立刻把她调到另一个集团军去，这样她就能躲开和丈夫的会面；她会从那儿给他写信向他阐明真相。……当她面对着将军的那一刻，她忽然变了主意，她恳请将军把自己派去团卫生连当医生。她记起，去年他们处的一名女医生也坚持去那，去了以后，一个星期就牺牲了。那一刻她浑身战栗地想：‘让我也那样被打死吧，这非常好，再好也没有了。’”

战役开始的前一天，辛佐夫去看望塔尼亚。他们为在战场上久别重逢而深感幸福，同时又为女儿的夭折而忧伤。塔尼亚依偎在辛佐夫身旁内心里充满着痛苦和矛盾。辛佐夫走后，她给辛佐夫写了一封长信，告诉他玛莎还活着，他们的关系不能继续下去，但是信写好后，她又想当面告诉他，便把信放进箱子。

谢尔皮林的集团军担负主攻任务。战役开始后，他们的攻击出乎德国人的意料之外，由于谢尔皮林判断正确，从方面军调来的远射程重炮团，在几分钟内便摧毁了敌人的军部。战斗进行中，谢尔皮林带着辛佐夫乘车到各军、师指挥所巡视。他们来到师长塔雷津的指挥所。塔雷津师在几天的进攻中落后了，正在焦躁不安。谢尔皮林告诉他，不能蛮干，要善于随机应变。但是谢尔皮林刚离开不久,便在途中得到塔雷津不幸阵亡的消息。

白俄罗斯战役的第五天,德军“中央”集团军群司令布什被撤职,陆军元帅德莫尔接替他的职务。这真是命运的嘲弄。三年前,这个德莫尔指挥一个坦克师从这个地方首先侵入俄罗斯,但是三年后,他却不得不在这里签署一道突围撤退的命令。

尽管德军拼死抵抗,但是苏军攻势锐不可当,第六天傍晚收复了莫吉廖夫。

战役进展顺利,苏军向着明斯克的方向挺进。在一条河流的渡口,谢尔皮林乘车路过,从后视镜里看见站在路边的塔尼亚,便让司机停车对辛佐夫说,给你几分钟的“探亲假”看看塔尼亚。他们匆匆谈了几句,塔尼亚总想告诉玛莎还活着,但又不知如何开口。他们都没有想到这短短的几分钟,竟是他们在一起的最后时刻。就在这一天,塔尼亚运送伤员时同几个流窜的德国兵遭遇,一场枪战,德国兵被打死,塔尼亚也负了伤。

这个情节让人想起西蒙诺夫在《战争中不同的日子》里采访一个娇小、瘦削的女医生的记载。她的战友们对她都非常尊敬和温和,她讲到她运送伤员时,曾遭遇德国人,“当德国人朝她奔过来的时候,她掏出左轮手枪,就朝德国人开了枪,因为假如她不开枪,那么他就会朝她开枪的,就这样,她把德国人打死了”。但是,塔尼亚不是用的手枪,而是放在汽车驾驶室里的一支冲锋枪。“一想到这支躺在她背后的冲锋枪,塔尼亚就抓住枪带把它拽到自己身边。不知为什么,她没有起身,就那样继续坐在卡车踏板上,把冲锋枪抵在肚子上,朝着德国人就是一梭子弹。先是照着所有德国人的远射,后来她看到一个德国人已经离卡车很近了,正举手想扔手榴弹,于是就朝这个德国人打了一次近射。……塔尼亚朝他开完第二枪的时候,他已经扔下了手榴弹。”塔尼亚就是被这颗手榴弹炸伤的。

西蒙诺夫经过一番艺术加工把那位女医生的经历用在了塔尼亚身上,使这位身经百战、勇敢镇定的女英雄的形象跃然纸上。西蒙诺夫把这段素材用得非常巧妙和恰到好处,使内心纠结的塔尼亚比较自然地处理了她和辛佐夫的关系,同时也彰显出塔尼亚高尚的道德情操。

塔尼亚的伤并不重,本来可以在集团军医院治疗,伤愈后返回原部队,但是塔尼亚为了让辛佐夫和玛莎重新团聚,她决定去后方医院,从此远远地离开了辛佐夫。

战事进展顺利，苏军向明斯克推进。谢尔皮林乘车巡视部队，德国人一颗大口径炮弹在公路上爆炸，弹片打穿吉普车后壁，击中了谢尔皮林。他受了致命重伤，当把他送到卫生所时，他已死了。

谢尔皮林应该埋葬在什么地方，集团军里有两种意见：一种认为，谢尔皮林应埋葬在明斯克，因为他是为解放明斯克而牺牲的；一种意见是埋葬在莫吉廖夫，因为他是从莫吉廖夫开始作战的。两种意见各有道理。集团军军事委员扎哈洛夫做不了决定，就给莫斯科打电话，直接请示斯大林。莫斯科很快来了回电。

"斯大林的助手说，谢苗诺夫（战争期间斯大林的化名）同志让他向集团军军委和司令部，并通过他们向全军战士、军官们转达对忠于祖国的军事首长、集团军司令谢尔皮林上将的哀悼，并通知他，已决定用军礼把谢尔皮林安葬在莫斯科新圣女公墓，安葬在他妻子身旁，该命令已下达给莫斯科警备司令了。"电话中称谢尔皮林的军衔是上将，扎哈洛夫心存疑惑，就又问了一遍。斯大林的助手又说了一遍，"上将"。他解释道："这个军衔是今天早上授予谢尔皮林和其他几位将军的，……方面军应该已经收到消息了。"

集团军的军事委员扎哈洛夫同谢尔皮林有深厚的战友情谊，他比任何人都了解，"有几次斯大林曾经亲自关心到了谢尔皮林的命运。在这场战争爆发前，斯大林听了谢尔皮林几个朋友的求情，就下令把谢尔皮林找回来，让他回到部队。1941年秋，斯大林收到了谢尔皮林从医院写来的信，就下令等他病愈后给他一个师，把他派回前线，而不是让他去训练预备队。斯大林读过他写的有关格林柯的信，在斯大林格勒战役后就召见了他，让他去指挥集团军，出了皮金事件之后，也没有撤他的职。在这次战役前，尽管利沃夫建议换掉谢尔皮林，斯大林还是坚持己见，让谢尔皮林继续留任。……这就是谢尔皮林的一生。由于特定的情况，他得到了斯大林的亲自关怀，他的一生也就打上了斯大林的印记……斯大林亲自决定了他的命运，亲自处理他的问题。……现在，谢尔皮林死了，斯大林又作了一次安排，命令把他葬在莫斯科……"

谢尔皮林死后，辛佐夫被任命为某团的参谋长，临行前他去看望塔尼亚，才知道塔尼亚受伤去了后方医院。塔尼亚的女友将她写好的一封信交给了辛佐夫。塔尼亚在信中写道："万尼亚，我对不起你：很可能你的妻子还活着，而我昨天一整夜都下不了决心，没有把这件事告诉你……"塔尼亚写了她从游击队长卡什林那里得到消息的经过，然后写道："以下几句对于你自己来说，应该是不言自明的，也就是，我再也不能和你生活在一起了。因为以前是我自己告诉你的，说你的妻子牺牲了，然后你作为一个自由的人和我走到了一起。现在看来，我向你撒了谎。当然，我不想这样做，但是，事情毕竟已经到了这个地步，我就不能和你继续在一起了，我没有这个权力。等战斗暂时停止下来后，我就请求把我调到别的方面军去，到时我只要解释说，你的妻子没有死，他们就会把我调走的。……我在你面前罪恶深重，没有任何权力向你再提出请求。但是我还是请求一点：离开我，忘记我吧。不然，我们只会让我们自己痛苦……"辛佐夫坐在返回的汽车里，两眼直盯着挡风玻璃，却什么也没有看见。他的前妻还活着，这他能够想象。塔尼亚因此而不应该存在于他身边，这他无法想象。他一直沉默着坐在那里，好像是一个死人。

战役胜利结束，苏军向西挺进。扎哈洛夫和新任集团军司令鲍伊科面前的地图上写着："多马切沃。国境线。"解放俄罗斯的战役即将完成，他们不禁想到战后的生活。扎哈洛夫说："假如无论在世界的哪个角落都听不到枪声的话，那么，大概人们会不习惯的，他们会觉得，自己会永生不死的。特别是在最初的几天……"

苏联时期描写反法西斯卫国战争的文学作品为数众多，甚至形成了一个专门的"战争题材"。在这众多的同类作品中，西蒙诺夫的《生者与死者》三部曲是其中的佼佼者。三部曲不仅以高屋建瓴的广阔视野和严谨的历史主义精神描写了整个反法西斯卫国战争的全过程，而且题材涵盖了战争时期苏联社会生活的方方面面；小说塑造的众多人物体现了苏联各族人民不畏艰难、不怕牺牲、勇敢坚强的爱国主义精神。小说出版后受到广大读者的热烈欢迎。特别是小说中塑造的谢尔皮林这个人物，不仅深为广大读者喜爱，而且得到文学评论界的一致称赞。因此，小说中谢尔皮林的死就使人感到惋惜和遗憾，有的读者就写信给西蒙诺夫责问他为什么让谢尔皮林死了。西蒙诺夫以感同身受的心情写了一封回信：

"……谢尔皮林在我的小说结尾牺牲了，为此您生我的气。谢尔皮林是我在写作过程中就爱上的人，同他离别，我本人也深感惋惜，之所以爱上他，是因为在写他的时候，心里就想着几位我在战争中认识的好人，他们涌现在我的心头，推动着我把谢尔皮林写得像书中所写的那个样子。

“但是很不幸，战争是个残酷的东西。直到最后一天它都是残酷的、悲剧性的。有些人在柏林牺牲在胜利之日，牺牲在最后的几天，这是我亲身经历的。

“但是我的小说中谢尔皮林的牺牲不单是因为事情就是这样发生的，比如，白俄罗斯第三方面军司令员切尔尼亚霍夫斯基也是在他的精力、才华旺盛的壮年，在最后的胜利非常临近的时候牺牲的。谢尔皮林的牺牲不仅是事情就是这样发生的，在我的小说中他的牺牲还有一个原因。

“正如我曾对您说过的，事情就是这样，战争直到它的最后一天都是悲剧性的。因为战场上是要死人的。即使我们已经战胜德国人，粉碎和包围了他们，在这种情况下战争依然是个悲剧。为了表现直到其最后一天都是悲剧，为了取得胜利，为了向胜利的每一步，我们都要付出难以想象的代价。为了让读者感受到这一点，我不能不同小说中我最珍爱的一个人诀别了。

“假如同我诀别的这个人是我不怎么爱、不怎么珍贵的一个人，那么读者就不会感受到战争是多么具有悲剧性，它让我们丧失了多么好的人。

“正是因为这个缘故我才让小说这样结束，而不是以其他方式。您大概能够很好地理解我，知道我同自己的主人公诀别也不是那么简单、那么轻松。”①

谢尔皮林的形象被公认为苏联当代文学的典型代表。苏联作家协会书记马尔科夫在苏联第四次作家代表大会上把谢尔皮林的形象誉为“西蒙诺夫天才的重大创作成果”。苏联文学评论家、莫斯科大学教授鲍恰罗夫认为，西蒙诺夫在谢尔皮林的形象里“令人信服地融合了作品的三个最重要的组成部分：主题、性格、事件，或者，说得详细点：作者成功地表现了主人公独特的个性特征，在行动中、在过去战争的最大战役的真实战斗环境中表现主人公。”②

在保卫祖国的战场上，他是个善于用兵的出色的指挥员，为了不让战士做无谓的牺牲，他敢于抵制上级错误的命令，即使丢掉师长的职务也在所不惜。谢尔皮林为人刚正不阿，顾全大局，坚持原则。他不计较个人恩

① 西蒙诺夫：《关于战争的书信，1943—1979》，莫斯科：苏联作家出版社，1990年，第426—427页。

② 鲍恰罗夫：《人和战争》，莫斯科：苏联作家出版社，1973年，第124页。

怨，也不在乎个人得失，他把对于革命事业的责任看得高于一切。小说通过他对革命事业、对家庭生活、对上级、对下属、对爱情和友谊的态度，通过揭示他内心世界丰富的精神生活，展现出他的高尚的道德品质，使他的性格的光芒多棱角地映射出来，有血有肉，栩栩如生。最难得的是，为了给战友平反冤案，他无私无畏，敢于仗义执言，当面向斯大林表明自己的看法和立场。在当时的历史条件下，这不仅需要勇气，还要有不惜自我牺牲的精神。有不少人在枪林弹雨中出生入死，毫无惧色，却不敢在政治逆流中挺身而出，公开地、率直地说出自己的观点。谢尔皮林这样做了，显示出他的正直和勇气。这不仅突出了他个性的坚强，更重要的是强调了他的老布尔什维克的思想信念。这样，作者就赋予这个形象以更为深刻的时代和社会的内涵。有位苏联文学史家高度评价谢尔皮林形象的意义，认为谢尔皮林的形象“体现了他这一代人——肩负过革命的使命、经受过战前艰苦的历史环境考验的一代人的崇高的精神世界”[①]。

西蒙诺夫曾在一篇文章中谈到谢尔皮林形象的塑造。“旅长谢尔皮林的形象是从我的两种回忆中形成的：第一，我在战争的各个年代都曾遇到过一些人，他们作战极为出色，但各有一段颇不轻松的个人经历。几次同他们会见的情形至今记忆犹新，后来我便将他们的个人经历赋予了我的主人公。第二，1941 年莫吉廖夫保卫战的几个插曲和不甘心撤退的团长库捷波夫上校的气魄，我至今铭记不忘。他的团是那时我去过的几个团之一。这个人的外表和精神气质便构成了谢尔皮林形象的基础。”[②]

辛佐夫和塔尼亚是整个三部曲中仅次于谢尔皮林的重要人物形象。辛佐夫角色的意义首先在于，正是在这个人物身上体现出“军人不是天生的”这个主题。他本是个军报记者，虽为军人，也有军衔，但却是个文职人员。对于这样一个文质彬彬的军报编辑，保卫祖国的责任使他成为一个勇敢机智的战士，在战火纷飞的战场上锻炼成一个足智多谋的指挥员。谢尔皮林说，培养一个好的营长，在和平时期需要十年，而辛佐夫在保卫祖国的疆场上，一年多的苦战已经成为一个优秀的营指挥员。这个过程

① 维霍采夫：《俄罗斯苏联文学史》，译文见北京大学俄语系俄罗斯苏联文学研究室编译的《五十—六十年代的苏联文学》，北京：北京大学出版社，1981 年，第 65 页。

② 西蒙诺夫：《写在新的创作之前》，李毓榛译，载《苏联当代作家谈创作》，北京：北京师范大学出版社，1984 年，第 250 页。

正是展现了辛佐夫誓死保卫祖国、为祖国甘洒热血的爱国主义精神。他从前线突围出来，丢失了全部证件，千方百计想回部队，人家不要他；这在有些人是求之不得的事，但是辛佐夫却把失去军职、失去党籍这些个人的利害，放在一边，重新参军，当个列兵，只要能在前线上抵抗德国法西斯就是最大的心愿。这是多么崇高的精神境界和道德情操！辛佐夫是十月革命后在社会主义社会中成长起来的一代人，他们这一代人是反法西斯卫国战争前线上的主力军，有的人是战士，有的人是团、营、连的中下级指挥员，可以说，是这一代人，以生命的代价捍卫了社会主义祖国！辛佐夫是他们的代表，他们或许没有辛佐夫这样的传奇般的经历，但是他们誓死保卫祖国的意志、为祖国不惜贡献一切的崇高精神却是一致的。

辛佐夫是个综合的艺术形象，虽然在第一部《生者与死者》中，西蒙诺夫把自己上前线的经历写在了辛佐夫身上，但是辛佐夫后来的经历和性格特征却是西蒙诺夫从他接触过的众多红军战士、军官那里综合概括来的。在这个人物背后有许多鲜活的生命。有位朋友问起小说中主人公的去向，西蒙诺夫在回信中含糊其辞地说："……写完一本书，决定要打上句号，以后再也不想讲自己主人公的故事，认为关于这个人物的所有最重要的东西都已经讲完了。我的辛佐夫就是这种情况。我不想再讲述他的事情，我肯定不会再做这样的事。

"但是有时候我也在心里想象，他后来的生活道路应该是怎样的。我看到他成为一个团长，在战争的最后那些日子里，在柏林附近什么地方进行战斗；看到他是一个从头到尾经过战争全过程的人，多次受伤，多次拿自己的生命去冒险，但是一切都走过来了，最后活了下来，像许多人那样，尽管我们伤亡惨重。"①

俄罗斯苏联文学历来都有优美的妇女形象，从普希金的塔吉雅娜，屠格涅夫的丽莎、叶琳娜，列夫·托尔斯泰的娜塔莎，阿·托尔斯泰的卡嘉和达莎两姐妹，法捷耶夫的邬丽娅和柳芭，一直到瓦西里耶夫的女兵们，几百年的文学历程中，优美的妇女形象不胜枚举，这些俄罗斯妇女内心丰富，精神高尚，胸襟宽阔，意志坚强，甚至可以说"巾帼胜过须眉"。西蒙诺

---

① 西蒙诺夫：《关于战争的书信，1943—1979》，莫斯科：苏联作家出版社，1990年，第462—463页。

夫《生者与死者》三部曲中的塔尼亚，完全有资格进入这些俄罗斯优美妇女形象的行列。当法西斯入侵，祖国危亡之际，她挺身而出，参军上前线，在游击队、在敌后做地下工作，她出生入死，无比顽强；面对敌人，她果断镇定，勇敢应战，以一当十；她怒斥一伙发国难财的投机倒把分子，正气凛然，和她的在后方苟且偷生的前夫相比，尽管她身材瘦小，却显得无比高大，光彩照人，全身充满一股浩然之气；而对自己心爱的人却又柔情似水，无比温存。特别是在小说最后，当她得知辛佐夫的妻子玛莎还活着的时候，她忍受着内心的痛苦，毅然决定离开辛佐夫，让他们夫妻劫后重逢，幸福团聚，绝不把自己的幸福建筑在别人的痛苦之上。这个决定突显出塔尼亚崇高的道德情操。塔尼亚和辛佐夫的爱情是一对出生入死、患难与共的战友之间的深厚感情，每个读者看到这里无不叹息。作者西蒙诺夫在给友人的一封信中曾谈到他写这一情节时的感受："我不知道辛佐夫、塔尼亚和玛莎三人将来的命运是怎样的。我以他们的命运为例说明，战争不仅夺去人的生命，它也毁灭人的幸福。它造成了这样一种状态，似乎是谁都没有过错，而又全都有过错。在这个战争造成的三角爱情之中，我以个人的人性的偏爱，把小大夫塔尼亚置于最高的地位。我让她肩负起了解实情和做出决定的重担。她做出了一个难以想象的困难的决定，为此我非常喜爱她。我不可能写成另一个样子，强迫她做出另一种决定——那样的话，对我来说她就不是她了。这对我来说是重要的。重要的是她做出了这个决定。至于她今后的命运，其他人的命运，我和您一样，都不知道！"①

《生者与死者》三部曲这样一部长篇巨著，其内容是十分丰富、十分复杂的。它涉及战争期间、乃至战前年代苏联社会生活的许多方面，可以说是苏联战争年代社会生活的一部百科全书。

三部曲最主要的内容、最多的篇幅，当然，是作家热情歌颂苏联各族人民抗击德国侵略者的英雄气概的篇章。小说倾全力塑造的主要人物谢尔皮林、辛佐夫、塔尼亚，都是反抗法西斯侵略、誓死保卫社会主义祖国的英雄人物。他们和千千万万抗击侵略者、保卫祖国的有名的、无名的、活着的和死了的战士一样，具有同样的胸怀、同样的精神、同样的道德观念和同样坚强的意志。正是他们以自己的鲜血和生命，以艰苦卓绝的斗争，

① 西蒙诺夫：《关于战争的书信，1943—1979》，莫斯科：苏联作家出版社，1990年，第463页。

捍卫了祖国的独立和尊严。小说中也有一些情节在整个作品中并不占重要地位,但却表现出普通的苏维埃人保卫祖国的英雄气概。五个炮兵营的战士,拖着自己的一门火炮一边战斗,一边撤退,步行四百多俄里把大炮拖回部队。在莫斯科保卫战中,辛佐夫所在的连队,有个弹药手眼睛被打瞎了,坚持不下火线,躺在战壕里往弹匣里压子弹,直到流尽最后一滴血。正是由于这些人的忘我奋斗,才打败了穷凶极恶的法西斯,保卫住社会主义祖国。

战争年代后方生活的艰难困苦和后方人民支援前线的忘我劳动也在三部曲中占有相当重要的地位。男人上了前线,后方劳力不足,妇女顶起了男人从事的各种轻重体力劳动;小学生放学后还要到车站去卸煤。更为严重的是粮食、食品、燃料等各类生活用品严重的供应不足。塔尼亚回家休伤假,带回半块肥皂,母女二人才洗了个热水澡。塔尼亚的父亲,在工厂工作,忘我劳动而又食不果腹,两腿浮肿仍坚持工作,最后累死在车床旁。西蒙诺夫在小说中写了许许多多普通苏维埃人的形象,不管他们是战士、军官还是普通百姓,身上都蕴含着一种平凡而又豪迈的气质,一旦祖国需要,他们人人都可以成为光彩照人的英雄。正是因为苏联人民举国一致,同仇敌忾,紧密团结,共同抗敌,才能在短短四年之中把横扫欧洲、不可一世的德国法西斯彻底粉碎。

苏联的社会也是一个复杂的社会。当全国人民举国一致保家卫国、抵抗法西斯侵略的时候,总有一些人贪生怕死,置国家的安危于不顾,逃避一个国家公民应尽的义务,更有甚者,趁国家困难、物资短缺之际,从事投机倒把发国难财的勾当。上了前线的,也有个别人,大敌当前,当了逃兵。西蒙诺夫不仅大书苏联人民的英勇抗战,而且也揭露和鞭挞这些社会的渣滓,更全面、更真实地反映了战争期间的社会生活。

列夫·托尔斯泰为写长篇小说《战争与和平》而研究 1812 年俄国的卫国战争时,他看到了这场战争所激发的人民群众和那些贵族的精英人物的爱国热情,看到了这种爱国热情对于这场战争的胜负所起的决定性作用。他在一篇文章中说:“如果我们取得胜利的原因不是偶然的,而实质上在于俄国人民和士兵的性格,那么,这种性格在我们遭到挫折和失败的时候就应当表现得更鲜明。”[1]用托尔斯泰的这段话来说明苏联反法西

---

① 《列夫·托尔斯泰文集》第十四卷,北京:人民文学出版社,1992 年,第 13 页。

斯卫国战争取得胜利的原因也是非常恰当的。西蒙诺夫在《生者与死者》三部曲中在描写战争时期那些最艰难的日子时，在表现苏联人民在极端困难、极其危机的情况下抵挡法西斯时，他正是以这一点，即苏联人民和军队的性格、爱国主义情感的力量来说明卫国战争胜利的原因的。西蒙诺夫在《生者与死者》三部曲中除了展现卫国战争的历史进程之外，更为重要的是深刻揭示社会生活中更深层的内在矛盾，展现人们的思想、精神和伦理道德等。小说中以相当的篇幅描绘了 20 世纪 30 年代末苏联肃反扩大化在社会生活中，在一般人的心理、思想意识中所造成的不良影响。最突出的就是明哲保身，对人的猜疑、不信任。因此小说中大声疾呼地提出了应该相信人、爱护人的问题(应当明确，这里所说的“人”，不是泛指的人，也不是敌人，而是自己人、自己的朋友和同志)。

三部曲在刻画人物的艺术形象时，注意挖掘人的内心深处的精神世界，以人物在日常生活中遵循的伦理、道德准则来衡量人物的品质、性格、胸怀和情操。在描写谢尔皮林的父子关系时，谢尔皮林按照自己的道德准则、伦理观念要求儿子，他明知在前线随时都有牺牲的可能，他依然希望儿子肩负起保家卫国的责任，在祖国危亡之际挺身而出。他的儿子遵从他的教诲，上了前线，后来在战斗中牺牲。得到儿子阵亡的消息，谢尔皮林非常痛苦，但并不后悔。辛佐夫、塔尼亚，他们在战斗中、在生活中、在对人对事的行为中都体现着社会主义的道德准则和伦理观念。西蒙诺夫仿佛为他的小说中的正面主人公规定了一条道德准则，那就是他们的工作和斗争是为了国家和人民的利益，他们在生活中总是把自己放在第二位，总是替别人着想。谢尔皮林、辛佐夫、塔尼亚是这样生活和工作的，塔尼亚年老的母亲，身受重伤、复员到后方的玛里宁，也都是以这样一种态度对待工作、对待生活、对待别人的。这样一种无产阶级集体主义的道德和伦理准则同小说中那些贪生怕死、损人利己、事事为个人打算的人的人生准则形成鲜明的对照。1960 年西蒙诺夫有一次曾谈到他的“道德原则”:“从我的道德原则的观点看来，自我封闭、个人中心主义、脱离人民的共同利益的立场，我在青年时代便认为是不能容忍的，甚至是可耻的(当然，现在我也这样想)。”①人们常说，是西蒙诺夫的这一代人打赢了卫国

---

①　别拉娅:《西蒙诺夫的三部曲和当代文学进程的特点》，苏联《文学教学》杂志，1975 年第 5 期。

战争。这一代人是十月革命后，在社会主义制度下培养、成长起来的一代人。俄罗斯人的民族性格在这一代人身上又焕发出社会主义、集体主义的光辉。在艰难困苦中，在危难时刻，他们更具有坚忍不拔的力量，他们更具有誓死粉碎顽敌、不获全胜绝不收兵的坚强意志和战斗精神。他们才是反法西斯卫国战争取得胜利的根本原因。西蒙诺夫在《生者与死者》三部曲中讴歌苏联各族人民奋勇保卫祖国的爱国主义精神，塑造了新时代的俄罗斯民族性格，为世界反法西斯战争留下了一部真实的史诗。

《生者与死者》三部曲在苏联刚一发表时，评论界议论纷纷，有的赞扬，有的批评，但是在后期，也就是在苏联解体之前，评论界和文学史家看法基本一致，几乎是众口一词的好评，充分地肯定西蒙诺夫《生者与死者》三部曲的思想和艺术的成就。

苏联文学评论家拉扎列夫从历史、时代和人物命运的关系充分肯定西蒙诺夫在小说中对人物心理和时代面貌的描写："历史的命运都铭刻在三部曲主人公们的命运和心理活动中。他们的命运和心理活动都是由时代造成的；他们的命运和心理活动也构成了时代的面貌。命运和心理都取决于时代，但是时代也取决于它们——西蒙诺夫成功地表现出这个复杂的辩证关系。"①

另一位评论家认为："三部曲最重要的艺术特点是创新的特点，它表现在作者成功地做到，以有机的协调互动完整地表现出事件的进程：军事统帅的思想运动、指挥员的战术技巧和士兵们的作战能力。……《生者与死者》的历史主义和艺术魅力是同对人、对人的行动和思想的解释紧密相关的，是同作家把他所喜爱的小说主人公变成读者喜爱的人的能力密切相关的。"②

苏联文学史家、列宁格勒大学教授维霍采夫在他编写的《俄罗斯苏联文学史》中评价"西蒙诺夫的三部曲是描写伟大卫国战争全景的长篇小说中最杰出的作品之一。其特点不仅是事件众多，布局复杂，还是在再现这

---

① 拉扎列夫：《康・西蒙诺夫》，莫斯科："文学艺术"出版社，1985年，第242页。

② 卡拉甘诺夫：《亲近和距离》，莫斯科：苏联作家出版社，1987年，第156—157页。

些事件的复杂矛盾和多种变化时描写得真实动人"[1]。

莫斯科大学教授、苏联文学评论家梅特钦科和彼得罗夫合编的《俄罗斯苏联文学史,40—70年代》评价西蒙诺夫的《生者与死者》三部曲是描写苏联卫国战争的"规模最宏大"的作品,"作家以多层次的素材再现了战争的全景、它的总的进程、它的规律性"[2]。

苏联文学评论家别拉娅甚至称西蒙诺夫的三部曲"几乎是当前长篇小说的最高典范"[3]。

毫无疑问,西蒙诺夫的长篇小说《生者与死者》三部曲是一部成功的作品,也可以说是代表西蒙诺夫小说创作最高成就的作品,它的历史价值和文学价值都是不容忽视的。

---

① 维霍采夫:《俄罗斯苏联文学史》,译文载北京大学俄语系俄罗斯苏联文学研究室编译的《五十—六十年代的苏联文学》,北京:北京大学出版社,1981年,第63—64页。

② 梅特钦科、彼得罗夫:《俄罗斯苏联文学史,40—70年代》,莫斯科:教育出版社,1980年,第371页。

③ 别拉娅:《西蒙诺夫的三部曲和当代文学进程的特点》,苏联《文学教学》杂志,1975年第5期。

第六章

面对现实，尊重历史

西蒙诺夫生于十月革命前夕的 1915 年，他的少年、青年时代都是在社会主义思想教育下度过的，他们这一代人应该说是社会主义制度培养起来的第一代新人。尽管他挚爱的姨妈曾在苏维埃制度下受到不公正的对待，他尊敬的继父在 30 年代也曾遭到无端的逮捕，但是年轻的西蒙诺夫还是拥护社会主义，相信斯大林和布尔什维克会给苏联人民带来美好的未来。所以，当他中学毕业时，父母都希望他考大学进行深造，而西蒙诺夫却被当时全苏联开展的轰轰烈烈的社会主义建设热潮所吸引，毅然放弃升学而进了工厂，投入祖国的建设事业。对于他们来说，斯大林的名字是和社会主义祖国、布尔什维克党联系在一起的。所以在他们的作品中歌颂斯大林是和歌颂祖国、歌颂党相一致的。1947 年，当西蒙诺夫的中篇小说《祖国的青烟》受到突如其来的批评时，他隐约感觉到这突然的批评后面可能有斯大林的影子，多年后，他在给朋友的一封信中谈到了他当时的感受：

“在 1947 年，伟大卫国战争胜利两年之后，斯大林对于我，是和其他伟人一样的人物。也就是说，我想说的是，对于我来说，在那时候他的个人权威是至高无上的。他不喜欢这部小说对我来说是沉重的精神打击。”①

“至高无上权威”可以说是那个年代的人们对斯大林的共同认识。初出茅庐的西蒙诺夫正是怀着对“权威”的崇拜、敬仰、信赖、热爱的感情走上文坛，走上战场的。他在卫国战争期间写了大量的洋溢着爱国主义精神的通讯、报道、特写和文学作品，他的这种热情和献身精神也都是以对斯大林的这种感情和信念为基础的。他在 1941 年的日记中记下了他读了 7 月 3 日斯大林讲话时的激动心情：

“我读过斯大林 7 月 3 日的讲话之后，我感到这是一篇没有任何隐瞒、没有任何掩饰、向人民彻底说真话的演说，而且也只有在今天这样的情况下才可以说出这样的话。这是令人高兴的。看起来，在这样艰难的情况下能说出这样严峻的真实，这就是自身有力量的证明。

“还有一点感想。‘我的朋友们！’这个称呼让人喜欢，直说到人们心里去了。我们的讲话中很久听不到这样的称呼了。

“……当然，那时我们并不知道，以后的一切会有什么样的转折。……但是那时候，听过这篇演说之后，脑子里就产生了许多想法，以后会走上正轨，要奋勇作战，如果需要就是去死也在所不惜，即使退到白海，退到乌拉尔，但只要一息尚存，就决不投降。那时候就有了这样的感情……”②

1941 年 7 月是苏联卫国战争最严峻的日子，应该说，斯大林的这篇讲话是鼓舞人心的，是坚定人们战胜法西斯侵略者的信心的。在战场上，红军战士正是喊着斯大林的名字去冲锋陷阵的。西蒙诺夫当时的感受是理所当然的，合乎情理的。但是在苏共二十大之后，在彻底否定斯大林的风潮中，有些人对这篇讲话进行了歪曲的解读，西蒙诺夫看了之后非常不以为然，在日记中进行了反驳，并谈了自己的看法：

“近年来我常常听到或在文学作品和杂志上读到对于斯大林在战争的第一天委托莫洛托夫出面讲话，而他本人直到战争的第十二天才发表演说这件事的各种各样的解释。其中有这样一种说法，在战争爆发的最初几天，斯大林完全惊惶失措了，无法处理事务，也不能参与对战争的领导。”西蒙诺夫不同意这种说法。他认为是斯大林受到了巨大的震撼，而

---

① 西蒙诺夫：《关于战争的书信，1943—1979》，莫斯科：苏联作家出版社，1990 年，第 610 页。

② 西蒙诺夫：《战争中不同的日子》，载《西蒙诺夫文集》第 8 卷，莫斯科：“文学艺术”出版社，1982 年，第 60 页。

且这种震撼的程度“由于他肩负着为所有发生的一切承担最大一份责任而更加深重了。……但是无论如何我无法设想斯大林会在战争爆发的第一周完全惊惶失措而放弃了对整个国家的领导。……无论怎么说，即使在那些日子里斯大林依然保持着巨大的权威，他完全意识到自己权威的全部力量，因此他不愿以他的权威冒险。”在未来的发展前景尚未明朗之前，“斯大林不愿亲自向全国、向全世界发表广播讲话以免发生事后再收回讲话的被动”①。西蒙诺夫的这种说法直接批驳了那些论调，即因为斯大林“惊慌失措”而放弃了对战争的领导，从而导致前线的全面溃败。这里应该说明，西蒙诺夫的日记是在20世纪70年代后期才发表的，这时赫鲁晓夫下台已经十多年了。对于斯大林在卫国战争爆发之前缺乏准备的责难，已经不是众口一词，而是有很多不同的观点了。恰科夫斯基的长篇小说《围困》、斯塔德纽克的长篇小说《战争》，在描写战争爆发之初的情节时，都明确地描写了苏联在战前的准备工作。俄罗斯瓦·瓦连尼科夫大将的回忆录《人·战争·梦想》中也以充分的事实说明，在卫国战争爆发之前，苏联政府和红军并非毫无准备。瓦连尼科夫大将在回忆录的《序言》中说，“需要指出的是，国家领导和军事首长还在6月就已经采取了一系列国防措施。比如早在6月12日至15日根据防御计划命令西部各军区领导将位于纵深的各师向边界前进。此外，在德国人进攻的前三天各边防军区军事委员会接到总参谋部的指示（根据斯大林的决定），使西北、西和西南各军区（同时还有一些相应的军区）的野战领导机关进入野战指挥所。6月21日组建了南部方面军”。瓦连尼科夫认为，战争爆发前有两个事件对国家进行防御准备具有“特别重要”的意义。“第一个事件：1940年4月17日，斯大林在红军政工领导纪念对芬兰战争大会上的讲话。”斯大林在讲话中批评政工领导的错误，批评他们崇拜过去内战的经验，观念落后，不理解现代战争的要求。斯大林指出，现代战争大量要求使用炮兵，大量使用航空兵和坦克，步兵武器自动化，需要建立有文化的、熟练和有教养的指挥编成。……要求团结而又有工作能力的司令部、训练有素的有主动性而又守纪律的战士、政治上坚定而又懂军事的政工人员。

---

① 西蒙诺夫：《战争中不同的日子》，载《西蒙诺夫文集》第8卷，莫斯科：“文学艺术”出版社，1982年，第61页。

1941年5月末，即离德国进攻苏联不到一个月，斯大林在联共(布)中央政治局扩大会议上讲话。斯大林讲话一开始就指出："形势日益尖锐化。我们有可能遭受法西斯德国的突然进攻……像希特勒这样的冒险家们什么事都干得出来，特别是我们知道，法西斯德国进攻苏联是在美国和英国的垄断资产阶级直接支持下进行准备的……"[①]瓦连尼科夫特别指出：苏联政府"在战前年代所采取的经济、政治、意识形态措施……无可争辩地证明，苏联领导和斯大林有目的地进行准备，国家有能力反击可能的侵略。不理解这一点就不可能理解苏联军队在以后的年代的胜利"[②]。

事实证明赫鲁晓夫给斯大林安上的"对法西斯侵略毫无准备"这个罪名是经不住历史检验的。斯大林不可能是一个置国家安危于不顾的人。但是在当时社会舆论的推波助澜之下，饱受法西斯侵略之苦的苏联人民很容易被这种责难所蒙蔽，况且斯大林在30年代的肃反工作中也确有扩大化的错误，使许多好人蒙受了不白之冤。

西蒙诺夫在这个过程中，客观看，还比较清醒。对于苏共二十大上赫鲁晓夫的报告和苏共二十大的决议，他不能不信，但又有所保留。这表现在他对自己在战争年代所写的作品中涉及斯大林的地方是否要修改的态度上。在卫国战争期间写的作品，无论诗歌、小说、戏剧，还是通讯报道和新闻特写，对斯大林，当然，是以一种对待最高统帅的敬仰和信赖的态度来写的，这些作品在苏共二十大以后曾遭到责难和质疑，但是西蒙诺夫坚持认为，那是当时的历史真实，人们正是怀着忠于斯大林、忠于祖国的感情在前线战斗的。在他1942年创作的话剧《俄罗斯人》中，主人公萨方诺夫有这样一段台词：

"不是别人，而是我们还要同你一道前进。斯大林怎么说的？他说，我们还要一道前进。前进，这就是一切！(沉思地)斯大林……我，亚历山大·瓦西里耶维奇，有时候不相信这个人，有时候不相信那个人，但是无论何时何地，我永远都相信他。我听他的广播讲话的时候，我的震伤还没有痊愈，他的话在耳朵里互相干扰，尽管这样，我毕竟还是听清了他的话：'挺住，萨方诺夫，一步不能后退！就是死，也要挺住！坚持住，挺住！就

---

① 瓦·瓦连尼科夫：《人·战争·梦想》，赵云平、孙越译，北京：解放军文艺出版社，2005年，第4—5页。

② 同上书，第10页。

是受上十次伤，也要挺住！’这就是我听他说的话，这就是他亲自对我说的话。”

1967年莫斯科马克思剧院打算上演《俄罗斯人》，剧院的导演对有些台词是否可以修改而征求西蒙诺夫的意见。西蒙诺夫在回信中明确地对他说：

“……对于我来说，话剧《俄罗斯人》是在特定的时代，怀着那个时代人们特定的感情写的一个剧本。因此对于剧本的台词做任何原则性的修改，我做不到，也不认为是正确的。……现在说说萨方诺夫谈到斯大林时的那段独白。即便当我知道关于斯大林的所有问题之后，我所体会到的对斯大林的感情也是十分明确的，就像在我的《军人不是天生的》一书所表达的那样。我认为在出版我的文集的时候，不能把《日日夜夜》或者《俄罗斯人》中提到斯大林名字的不多的地方删去，我想，那些地方都是真实地反映了那个时代人们对他的态度。……

“总体上来说，这个问题您可以看演出的总体效果而定。但是今天，四分之一个世纪之后，要把四分之一世纪之前我在《俄罗斯人》剧中所写的斯大林，改成另外一个什么样的人，我个人认为是不可能办到的。”①

西蒙诺夫认为，在卫国战争中人们对斯大林的信赖和拥戴是历史的真实，如果把这铁一般的事实硬要改成以苏共二十大上赫鲁晓夫所责难的那个斯大林，那是违背历史、歪曲事实，“是不可能办到的”。在西蒙诺夫晚年，他在整理战争年代的笔记，创作纪实作品《战争中不同的日子》时，又提到了《俄罗斯人》。他说：“《俄罗斯人》是在战争中写的，剧中出场人物的背后，几乎都有真实的人，他们都是我亲眼看到的，而且是难以忘怀的。这一点不仅对于观众是重要的，而且对于我这个作者来说，也是意义非凡的。”②对于观众之所以重要，因为那是历史的真实，是不能随着风向、潮流的变化而任意改变的；对于作者之所以“意义非凡”，那是考验作者的真诚，考验作者是否以严肃的、真诚的态度对待现实生活，对待自己的创作。在卫国战争中，西蒙诺夫走遍各条战线，深入部队和士兵的连

---

①　西蒙诺夫：《关于战争的书信，1943—1979》，莫斯科：苏联作家出版社，1990年，第348—349页。

②　西蒙诺夫：《战争中不同的日子》，载《西蒙诺夫文集》第九卷，莫斯科：“文学艺术”出版社，1982年，第83页。

队,甚至冒着危险走到前线去采访,力求反映战争的真实情况。战后年代,政治风向变了,但是他所亲眼目睹的现实生活已经成为不可更改的历史事实了。1961 年 1 月,西蒙诺夫在给米哈伊洛娃的一封信里更明确地表明了自己对这个问题的态度:

"……您的信里有许多方面是公正的,但有些东西并不公正,特别是不能事后做出一副样子,似乎在 1941 年人们就知道斯大林有现在才知道的那些问题,就像现在这样来对待他。这是不真实的。真实的情况是,那时候人们对待斯大林的态度是各式各样的,……无论现在的评价有多么不同,但是在当时,很多很多的人怀着对他的无限信任而死去,而且口里喊着他的名字死去,这也是真实的。这是绝对真实的。……因此我不能对您的信里所说的那些人的论断表示尊重。……我自己是辛佐夫一代的人,我也不是从月亮上掉下来的,而且在 1941 年我也不知道我们后来所知道的一切。1941 年我曾从前线、从前沿阵地写过一首诗《斯大林同志,你听见我们了吗?》,直到今天我并不为此而羞愧,因为那时候我正是这样想的。1941 年 11 月 7 日,我从敌后破坏小组空降回来,听到红场上的阅兵,听到阅兵式上斯大林的演说,我哭了,到现在我并不为我的眼泪而羞愧。"①

到 20 世纪 50 年代,西蒙诺夫开始创作《生者与死者》三部曲的时候,苏联的社会思潮发生了天翻地覆的变化。苏共二十大,赫鲁晓夫全盘否定斯大林的报告,把 30 年代后期苏联肃反运动扩大化的错误、卫国战争初期的失利等等诸多苏联社会中发生的问题全都作为斯大林的"罪行"加以揭露和清算。斯大林不再是领导苏联人民建设社会主义强大国家、打败德国法西斯侵略者取得伟大卫国战争光辉胜利的敬爱的领袖和统帅,顿时变成对国家犯下严重"罪行"的罪人。对于这样 180 度的大翻转,西蒙诺夫感到震惊、惶惑、不解,但又不能不接受。然而西蒙诺夫毕竟从卫国战争爆发到攻克柏林接受纳粹德国投降,经历了战争的全过程,对于斯大林在打败法西斯德国、取得卫国战争伟大胜利中所发挥的作用,并非全然无知。因此,他评价斯大林时显然会对那种"全盘"否定的评价打折扣。他在《生者与死者》三部曲中对斯大林并没有全盘否定,他对斯大林的总体的评价是"伟大而又可怕","可怕而又伟大"。如果是从字面理解,那就

---

① 西蒙诺夫:《关于战争的书信,1943—1979》,莫斯科:苏联作家出版社,1990 年,第 119 页。

是说,斯大林在表现伟大的时候,他也是个"可怕"的人,在他表现可怕的时候,依然是个伟大的人。西蒙诺夫还特别强调,在描写斯大林的时候,这两者都要考虑到。具体到《生者与死者》三部曲的创作,在长达十六年的历程中,西蒙诺夫对斯大林的这个"总体评价"也并非前后完全一致,也是随苏联当时的社会思想的变化而有所不同。

西蒙诺夫在写三部曲的第一部《生者与死者》的时候,是20世纪50年代后期,苏共二十大刚刚开过,1937年的肃反问题和1941年卫国战争初期红军失利的问题正处于社会舆论关注的中心,所以在《生者与死者》中战争初期的失利和对人的信任便成为小说的两个重要内容。小说没有直接指名道姓地谴责斯大林,但是小说中的情节,如战争爆发时,许多前线地带的军官在休假,部队处于无人指挥的状态;红军装备落后,部队供应不足,在战场失利;因为证件丢失,辛佐夫得不到组织和同志的信任等情节,都是隐晦地指向政府领导。这些情节是小说的重要内容,但却不是小说的中心主题。中心主题依然是在那样极端困难的情况下,苏联人民抵抗法西斯侵略的同仇敌忾的爱国主义精神。如对战争爆发缺乏准备、红军装备落后、部队供应不足等问题,是通过一个老工人的疑虑提出来的,并没有具体的指向。不相信人的问题是通过辛佐夫的遭遇和他抒发内心的不平来表现的。这些在小说中都是作为苏联人民抗击法西斯侵略的一些客观困难而出现的,小说突出的是苏联人民即使在这样内外交困的状况下,依然顶住了德国法西斯的进攻,展现出俄罗斯民族坚韧、顽强的性格。

三部曲的第二部《军人不是天生的》写作的年代是20世纪的60年代,这个时期,特别是在赫鲁晓夫下台以后,苏联社会的风向又发生了变化,批判斯大林的个人崇拜已经不是主要议题,在卫国战争的问题上,甚至有部分地给斯大林恢复名誉的趋势。这在《军人不是天生的》的创作中也可以看出这种社会思潮变化的痕迹。在整个三部曲中,不少篇幅涉及或提到斯大林,但是直接、正面地描写斯大林的形象只有一处,那就是在第二部《军人不是天生的》中,斯大林召见谢尔皮林的场面。这个场面是西蒙诺夫精心设计的。西蒙诺夫在列席参加苏共中央政治局的斯大林奖金评奖会议时不止一次地见过斯大林,所以他能用简练的文字刻画斯大林的外貌特征,写他的庄重、沉稳的待人举止和说话语气。这大概就是要表现“伟大”人物的风度了,而他那锐利的目光仿佛能看到人的内心深处,又令人不寒而栗,这大概就是他让人感到“可怕”的地方了。这一切的描写都是通过谢尔皮林的感受表现出来的,仿佛是谢尔皮林在感受他的“伟大”和“可怕”。这次召见,斯大林对谢尔皮林的谈话始终是和颜悦色的,没有丝毫盛气凌人的架势。他接受了谢尔皮林对格林柯的评价,当面答应要重新审查格林柯的案件——“如果属实,应为格林柯平反”,而且非常关注地向谢尔皮林了解前线的情况,询问谢尔皮林对前线工作的意见,在召见的最后,他告诉身为集团军参谋长的谢尔皮林,要他担任集团军司令的职务。显然,这不是斯大林的心血来潮,而是深思熟虑的决策,体现出斯大林对谢尔皮林的信任,对他的军事才能的肯定。这一节的描写表现出斯大林作为苏军最高统帅的品德:倾听前线基层的真实状况;随时注意上级领导机关对基层的工作;能够任人唯贤,知人善任。这一番推心置腹的谈话,消除了谢尔皮林内心的恐惧,所以在召见结束的时候,斯大林留给读者的印象就只有“伟大”了。

西蒙诺夫创作三部曲第三部《最后一个夏天》的时候已经是 60 年代末 70 年代初勃列日涅夫当政的时期,苏联的经济有所发展,人民的生活水平有了一定的提高。在物质生活水平日益提高的时候,全社会面临的却是日益严重的道德危机。社会思潮中斯大林的问题似乎已经不是人们关注的重点。在《最后一个夏天》中写斯大林的笔墨更少了,但是对斯大林评价的分量却更重了。《最后一个夏天》写的是强大起来的苏军向德国入侵者发起白俄罗斯战役,以排山倒海之势摧毁德军的防御阵地,将侵略军赶出苏联国土。这次战役充分展示出谢尔皮林指挥多兵种大兵团作战的才能。小说中没有太多涉及斯大林的地方,只是在谢尔皮林经历的两个关键时刻,斯大林出面维护了谢尔皮林。在战役之初,方面军司令员利沃夫认为他的集团军司令中,不应有坐过四年牢的人,他给斯大林打“小报告”,要求撤掉谢尔皮林的集团军司令的职务,被斯大林一口否决,斯大林说“我信任他”。利沃夫没有得逞,谢尔皮林的集团军担任主攻任务,打了一个漂亮的胜仗。另一处是在谢尔皮林牺牲之后。利沃夫的意思是就地安葬,集团军军事委员扎哈洛夫和参谋长鲍依科主张葬在莫吉廖夫。双方意见不一致,扎哈洛夫打电话请示莫斯科,斯大林的秘书从莫斯科回电说,谢尔皮林已晋升上将,斯大林的意见是葬在莫斯科新处女公墓,和他的妻子葬在一起。扎哈洛夫想不到斯大林会让谢尔皮林葬在莫斯科。他回想卫国战争开始以来,斯大林对谢尔皮林做的都是好事,但是他又想到谢尔皮林曾含冤被关在集中营里达四年之久,所以他又对这个“好事”打了个问号。在这一部中,斯大林不信谗言,表现出他作为领导者的原则性,最后厚葬谢尔皮林更表现出他对于把毕生精力都贡献给革命事业的老布尔什维克的尊重,这都是“好事”,都可以算在“伟大”之列,而“可怕”的一面就没有再提了。

西蒙诺夫在《生者与死者》三部曲中通过小说的情节、主人公的感受而表达的对斯大林的评价,是随着苏联不同时期社会思潮的不同而变化的。在现实生活中,在友人的书信来往中,谈到斯大林的问题时,他也表达了类似的观点和看法。早在1959年,他在给纳乌莫夫的信中说:

“……在1941年7月辛佐夫准备为斯大林不惜牺牲自己的生命,这是历史的真实。在人们的心里对于斯大林绝对伟大的个性的态度存在着各种不同的观点,这也是历史的真实。这个人的个性特点,他的经历中的某些作为,即使在当时,人们在心里在某种程度上也是不能同意的。关于这一点,我说,也是历史的真实。……斯大林在战争中的作用,我丝毫没有贬低。虽然在战争一开始的时候,他在人民面前有巨大的、悲剧性的罪责。但后来在这次战争中他的许多作为是伟大的,值得人民永远记忆的。……假如不是1937—1938年斯大林应承担的、也不能不承担的历史责任,战争开始的时候可能在许多方面就是另一种样子,我们在开始的时候绝对会比现在这个样子强得多。所以,我,作为一个到过前线的人,我不能,也不愿视而不见,我不能不对斯大林活动的某些方面进行重新评价。当然,对于他确实做过的那些伟大的事情,我不想也不能视而不见。”①

1961年西蒙诺夫在《致国家文学出版社当代苏联文学编委会》的信

① 西蒙诺夫:《关于战争的书信,1943—1979》,莫斯科:苏联作家出版社,1990年,第113—114页。

中说：

“……在必要的地方，不提到斯大林的名字，就不可能写关于伟大卫国战争的长篇小说。但这还不是问题的全部。在描写过去的文艺作品中，作家不仅有责任表达他个人今天对这个过去的态度，包括对斯大林个人和他的影响的态度，而且有责任表现生活在过去现实环境中的人们，在那些有必要的地方，还要描写这些人那时候对待斯大林的态度。不同的人有不同的态度，而且带着不同的色彩，当然，他们之中绝大部分人都和我们现在所考虑的东西相距很远，我们现在所知道的许多东西，他们那时候是想都想不到的。……没有这种充分进行的对比，既不能写出真正的悲剧，也没有充分的历史主义……”①

1979 年，他的一位朋友写信和他谈到斯大林格勒改名的问题，他在回信中说：“……当然，‘斯大林格勒’这个词是历史词汇，任何人都不能把它从历史和人们的记忆中砍掉。斯大林格勒，这个词是同战争的转折点这个概念、同未来的胜利联系在一起的。词汇也是象征。词汇是象征并不是因为这个词里有斯大林的名字，而是因为我国人民和军队在保卫斯大林格勒的大会战中取得了具有世界历史意义的胜利。

“就我所见，无论是在谈话中还是在书信里，没有任何人为原称斯大林诺的城市现在改称顿涅茨克而特别难过。但是对待斯大林格勒这个词就要复杂多了。显然，如果站在理解斯大林格勒这个词的意义的立场上，当时就不应该给它改名……

“除此之外，很希望以后要允许我们更准确地评价斯大林这个人物，把所有的观点都弄个一清二楚，让人把所有的想法都彻底地说出来。”②

也是在 1979 年，西蒙诺夫已经住医院病卧在床，临终前口述了一部回忆录，标题是《我这一代人中一个人的亲眼见证》，因为书中涉及斯大林的内容比较多，笔者和北京外国语大学的裴家勤教授合作译成中文时，便译为《我这一代人眼里的斯大林》。这是西蒙诺夫临终前的最后一部著作，他要把自己一生的见闻记录下来，给后人留下一个历史的见证。西蒙

① 西蒙诺夫：《关于战争的书信，1943—1979》，莫斯科：苏联作家出版社，1990 年，第 142—143 页。

② 同上书，第 677—678 页。

诺夫根据自己的记忆和当时会后补做的笔记，进行口述。书中讲到他多次随法捷耶夫列席斯大林奖金评奖会议的情况。斯大林亲自主持会议，同各位政治局委员和苏联作家协会的书记法捷耶夫一起讨论。每次评奖，斯大林都把苏联作协提供的获奖书目通读一遍，所以他对每部评奖作品的去留和获奖的级别，都能有根有据地提出具体意见——这是他读过这些作品的见证。有时他还能提出书单之外的作品，他认为写得很好，提出是否可以评奖，让大家讨论。政治局委员们大都没有看过这些作品，提不出具体意见，能够和他讨论的只有法捷耶夫，有时两人意见相左，争论也很激烈，但最后往往是法捷耶夫妥协，说："您是会议主席，您说了算。停止争辩。"在叙述这些事情的时候，西蒙诺夫并没有描写斯大林令人恐惧的地方，他和大家讨论问题，并非不能听取不同意见。相反，在这些回忆和记录中，斯大林是个文学爱好者，是艺术作品的鉴赏家。同时，西蒙诺夫也注意到，斯大林评价文学作品的标准是从政治家的立场出发的，从是否有利于或有益于苏维埃政权和苏联共产党的政策出发的，他总是把政治标准放在第一位的。在西蒙诺夫的这些回忆和叙述中似乎感觉不到斯大林的"伟大"和"可怕"，倒是可以看出他是一个颇有鉴赏水平的文学爱好者。

第七章

《战争中不同的日子》

20 世纪 50 年代中期，西蒙诺夫在创作长篇小说《生者与死者》的同时，曾写了两个中篇小说，《潘捷列耶夫》(1957)和《列瓦绍夫》(1957)。这是他用修改《生者与死者》时删下来的一些素材写成的。这些素材在《生者与死者》中实在安排不下，但是西蒙诺夫又难以割舍，便独立成篇，写了这两个中篇小说。到 60 年代，他又写了《伊诺泽姆采夫和雷金》(1963)和《妻子来了……》(1964)。这四篇曾以《洛帕京日记摘抄》为名结集出版。70 年代，西蒙诺夫又写了《离开战场的二十天》(1972)和《你我不会再见面……》(1978)，这些作品都是以洛帕京的经历为线索表现卫国战争期间前方和后方的种种生活现象。后来西蒙诺夫把前面的四篇结为一集题名为《四步》，作为《洛帕京日记摘抄》的第一部，后面的两个中篇，各自独立，使《洛帕京日记摘抄》形成一个小小的三部曲。西蒙诺夫给第一部取名为《四步》是借用了苏尔科夫一首诗的诗意。1941 年 11 月，德国法西斯的侵略军已经逼近莫斯科，战况极为严峻。这时，诗人苏尔科夫写了一首抒情诗，题名为《火苗在窄小的炉子里跳动》，写的是在卫国战争前线的战斗中，战士们面对生死拼搏，一面坚持战斗，一面怀念远方心爱的姑娘。诗中有这样四句：

> 你如今离我非常非常远，
> 雪原茫茫来往无路。
> 我很难走到你的身边，
> 而走向死神——只有四步。

西蒙诺夫之所以取名《四步》，是因为这是写卫国战争前线的四篇作品，而这四篇作品都是写前线上生死悬于一线的拼死战斗，其中《潘捷列耶夫》一篇还写到了盐场姑娘安诺申科开着自家的卡车为前线送弹药的故事。

《离开战场的二十天》是描述《红星报》记者洛帕京写了一篇生动的特写，撤退到塔什干的一家电影制片厂要根据这篇特写拍摄一部电影纪录片，因此要洛帕京到塔什干去商讨和修改电影脚本。《红星报》编辑部特批洛帕京二十天假期，因此这位战地记者才有可能离开报社、离开战事频繁的前线出差。小说写洛帕京乘软卧火车前往塔什干。洛帕京离开战场二十天，但是这二十天中时时刻刻都笼罩在战争的阴影下，生活在战争的氛围中。火车软卧也失去了原有的清洁和舒适，从车厢的外表到车厢内的陈设，都显得那样陈旧，年老的列车员连弯腰扫地都显得那样费力。人们的"日常生活"、衣食住行，都离不开战争。朋友的交谈不外是前线的战况、供应的短缺、夫妻分离而造成的家庭悲剧。但是人们都在努力工作，都在为战胜法西斯而全力以赴，尽自己最大的努力。小说中有一段这样的描写：洛帕京"参观过工厂以后，他似乎感到另一场战争突然又落到自己肩上，这场战争虽自有其独特的、不同于其他战争的一面，但它终究是战争，是随着四一年、四二年而来的战争……在战争期间第一次到后方出差，直到今天为止所碰到的一切：维亚切斯拉夫的不幸、想在舞台上说出战争真相的女演员的询问、导演不顾疾病坚持工作的决心，这一切虽不失其为重要，但都不过是这'第二战争'的一小部分。这个所谓的'第二战争'，也许是他自己杜撰出来的，但它却发生在这里，在工厂里，在忽然看见了的另一个战场上"①。

---

① 康·西蒙诺夫：《洛帕京日记摘抄——离开战场的二十天》，张定中、王毅成译，上海：上海译文出版社，1984年，第158页。

洛帕京在离开战场的地方看到了“第二战争”，看到了不论前线和后方，不论各行各业，都在全力地为保卫祖国而战斗，当祖国需要的时候，普普通通的人都可以为祖国建立功勋。“洛帕京想起了他同共和国中央委员会书记一起在工厂的院子里沿着新开辟的窄轨铁路支线走着的情景。书记向他讲述四一年冬天大规模向后方疏散的时候，在塔什干召集了成千上万的农民，自带锄头、月铲等工具，经过四周的时间，修建了一些新的路基和路堤，铺设了三条新的车站线路，完成了似乎不可能完成的任务——这使塔什干铁路枢纽的运输量增加了一倍，从车上卸下一个又一个工厂。”洛帕京感叹：“创造奇迹的能力，只能来自创造奇迹的需要。正是这种需要，而不单单是个人的勇气，推动人们去建立功勋。”[①]

《洛帕京日记摘抄——你我不会再见面》是西蒙诺夫的这个小三部曲的第三部，写的是反法西斯卫国战争的苏军反攻阶段，《红星报》记者洛帕京在前线和后方的经历。洛帕京回到部队，到前线采访，很快写出了两篇通讯报道。第三篇业已写好，尚未发出，接到回编辑部的命令，便把文章草稿装进军用挎包准备回莫斯科了。在去方面军司令部的路上他遭到匪徒袭击，受了重伤，幸亏后面有一辆载着士兵的汽车赶到，救了洛帕京一命。

洛帕京在莫斯科的医院养伤，他的女儿、同事都来看他，连他在塔什干新结识的女友尼娜也来看望他。他们谈到一位在前线受过四次伤、获得两枚勋章、因重伤退役的团长，当了后方的中学校长。这位身经百战的校长感慨地说，他“在回想起战争刚开始，我们对战争没有准备的时候，就全身发抖”。他说：“这是我们教师教育得不对，不应该这样教育。”他说：“我在战场上指挥的孩子们，看到有人什么还没有来得及做就被打死了的时候，对此会有切身体会。”他说：“我战前相信的，现在和将来都还相信，任何法西斯匪徒都无法使我改变信念，不管他们打仗打得多么好，征服了多少国家。为了战胜野兽，我不想，也不会再培育出一个野兽。”这位校长总是说：“我的头脑里念念不忘的是我的士兵，如果我们从小学开始就按

① 康·西蒙诺夫：《洛帕京日记摘抄——离开战场的二十天》，张定中、往毅成译，上海：上海译文出版社，1984年，第195—196页。

另一种方式培养他们准备打仗的话，可能他们中间有一半人还能活着。”①

战争期间，不仅亲友之间的见面机会十分稀少，即使亲友之间的个人通讯也很困难。洛帕京的女友从塔什干给他发了一封信，过了一个多月洛帕京才收到。洛帕京感到，现在战争仍在进行，两人分居两地，他们在今后的几个月，也许是几年之内，见面的可能性很有限，而且无法确定什么时候见面。这也是战争给人们带来的一种精神上的痛苦，因此能够见上一面那是难得的珍贵。洛帕京的女儿从遥远的大后方来看他，临别时，洛帕京到车站为女儿送行，路途遥远，要坐几天火车，他很为女儿的安全担心。列车员是个上年纪的妇女，洛帕京托她一路上多多关照他的女儿。列车员让洛帕京放心，她说：“一旦发生什么事，我就把她带到我那儿去。我同情您，军人同志，您为女儿操心，可我已经没有可以操心的人了：丈夫和儿子都没有了。”听了这番话，洛帕京心里可以说是五味杂陈，战争造成的创伤，处处可见。

洛帕京伤愈之后又回到前线。苏军的进攻仍在继续，德军节节败退。有一次苏军要派一支坦克部队深入敌后进行袭击和侦察活动，洛帕京知道后要求参加坦克部队的这次战斗行动。这是一个非常大胆的、不合常规的请求，可是军团司令竟意外地同意了。洛帕京被塞进一辆坦克，这支坦克分队就出发了。

“在袭击德军后方的两昼夜内，起初，洛帕京根据坦克兵们的情绪感觉到，一切都进展得很顺利……从一切迹象判断，我们的坦克到德军后方是出敌不意。起初，落到我们坦克兵手里的一切东西都被摧毁了：有到前线去和从前线归来的载重汽车队，有未来得及掉头的轻便汽车、载重马车队和行军中的步兵纵队。敌人的联系被切断，修理坦克的战地修理工厂的所有设备被碾碎，我们的坦克左冲右突，回避着已经集结的德军部队，并用无线电密码不断发出报告。”②

但是后来的情况却很糟糕。当他们完成任务返回越过战线的时候，却遭到了敌人炮火的攻击，七辆坦克全被击毁，战士们几乎全部牺牲，洛

---

① 康·西蒙诺夫：《洛帕京日记摘抄——你我不会再见面》，山东大学外文系俄苏文学研究室译，上海：上海译文出版社，1984年，第55—57页。

② 同上书，第157页。

帕京和一个坦克兵侥幸从坦克的底仓口爬出来，保住了性命。他们爬进路旁的壕沟中，躲过了敌人炮火的轰击。第二天，苏军的一队侦察兵过来侦察，才发现他们，把他们救了回去。坦克军团司令生气地对洛帕京说："由于你我受到了集团军司令的申斥。要是我知道您是个如此不能轻易调派的人物，就不会让您去冒险了！上面命令把您送到集团军司令部去……"集团军司令叶菲莫夫将军接到《红星报》编辑部的电报，要洛帕京立刻返回莫斯科。在送走洛帕京之前，叶菲莫夫狠狠地把洛帕京"申斥"一顿："……现在是战争的第四个年头，您也近五十岁了，乘坦克到德寇后方东奔西跑，这不是您的事。您过于出名，干这种事也不够年轻。您只差没有做德国人的俘虏……您到我所属的部队，我们是老相识，您来让我对您如何更好地活动出主意，后来您的行动又违反了我的劝告，既然这样，请允许我认为您的行为是不正当的……您为什么要以自己的轻率举动给我增添麻烦？没有您，我的麻烦事已经够多的了。请注意，您参加袭击去了，我事后才知道，人们沉痛地向我报告，说跑回来的人中间没有您……你们同行不少人已经在战争中被打死了，有些人是我眼看着被打死的。对死者已经不能有所要求了。您最好能留在人世，不仅您自己，也要替死者关心战争。因此，我才对您这种不必要的冒险行为进行严厉批评。"①

洛帕京回到莫斯科。《红星报》新换了主编，新来的主编是一位将军，他对洛帕京很客气，没有把他当作一个少校，而是把他看作一个知名的作家，对于这位作家所写的小说、通讯报道，他都是热心的读者。他给了洛帕京四天假期，休息四天之后再到编辑部来见他。

洛帕京在塔什干的女友也赶来莫斯科和他聚会。她对洛帕京说，洛帕京所写的东西，她"都读了，但没全记住……我问你的是我没读过的东西。要知道我们在后方也在生活，也能看见自己周围的一切。但我们不是什么都能读到，人们只写一个方面的情况，另一方面的不写。我明白，在战争期间不可能不是这样，……如果突然有人命令我把我这些年看到和听到的一切写出来，写我想的一切，好的和坏的，写我遇到的所有的人，写我自己，写我所害怕的和不怕的一切，写我相信的和不信的一切，并且告诉我，这一切都要发表出去，所有的人都能读到，那我是不会同意的"。

---

① 康·西蒙诺夫：《洛帕京日记摘抄——你我不会再见面》，山东大学外文系俄苏文学研究室译，上海：上海译文出版社，1984年，第188—191页。

洛帕京听到她说的这些话，想到了自己。他认为，“……他毕竟不完全是这样，因为他战时的职责，他那样不遗余力地去忠实履行的职责，实质上在于尽可能反映出他所了解的战争的真实情况，这种真实情况，归根结底，不仅对他，对别人也同样必要。她想的是，如果突然要她写出一切情况，她会这样！不，由于职责关系，他的情况比她要复杂一些”。洛帕京意识到“这就是所谓个人生活……难道人还有另外一种生活，不是个人的、无个性的，那是什么样的生活呢？是阴间的生活吗？如果一个人不是出于胆怯而把自己分成假象的两部分的话，那么自然界除了个人生活以外，任何别的生活都是没有的”。①

但是洛帕京并没有能够休假四天。刚过两天，主编就打电话把他叫去，说前方来电，《红星报》著名记者、洛帕京的好友，古尔斯基，在前线随侦察连去东普鲁士某据点侦察，回来渡河时中弹片牺牲，方面军司令点名叫洛帕京去处理他的丧事。由于天气的原因，飞机延误，洛帕京到达方面军司令部时，古尔斯基已经安葬了。洛帕京来到古尔斯基的墓前。“洛帕京今天有一种不同于往常的感觉。因为通常去前线都是去看已认识的人，或暂时还不认识的人，但总是去见活着的人……而现在明明知道是到死人那里去，不是去看人，而是去看坟墓。”洛帕京不无悲伤地想到，战争使人长期感到沉痛。“最可怕的是沉痛长期压在人们心上。也许，战争还可能缩短，还可能挽救某些人的生命。可是，对死者的沉痛纪念却是无法缩短的——无论是政治部的慰问信，无论是死后的追赠，还是任何其他东西。”②洛帕京想到，前不久还和古尔斯基约好一块去看望他的母亲，现在却再也不能相见了。

关于洛帕京这个人物，西蒙诺夫在一篇文章中曾这样说：“……军事记者洛帕京，有这样一个人，也没有这样一个人。以前，1939 年，那时我们和蒙古人一道在蒙古大沙漠里同日本人作战，我同作家波里斯·拉宾同住一个蒙古包。他比我大十岁，在东方走过许多地方，在那之前就已经写了几部篇幅不大，但非常精彩的小说。他对待战争的态度是非常严肃认真的，但是对于战争中的危险却头脑冷静，甚至带有一个大胆无畏的人

---

① 康·西蒙诺夫：《洛帕京日记摘抄——你我不会再见面》，山东大学外文系俄苏文学研究室译，上海：上海译文出版社，1984 年，第 254—255 页。

② 同上书，第 305—306 页。

的某种幽默感，同时，他又绝对是个文人，任何战争，无论如何都不能把他变成军人。两年之后，这个人依然是他的同志们的勇敢精神的榜样，他在攻占基辅的战斗中牺牲了。原来我没打算把作家拉宾写进我的小说，但他这个人的个性用在这方面太无与伦比了。但是他的某些外貌特征、举止做派、对待战争和危险的态度，都是小说中的洛帕京所特有的。”[①]这里，西蒙诺夫说，在塑造洛帕京这个人物时，他借用了作家拉宾的性格，但是小说中所表现的洛帕京的经历，有一些也是西蒙诺夫亲自体验过的，如乘坦克到敌后侦察，不经请示批准，冒险去战地采访，回来后受到批评等。在苏联卫国战争期间，许多作家都以各大报刊军事记者的身份参加了保卫祖国的战争，而且做出了卓越的贡献，洛帕京的形象是西蒙诺夫为那些曾活跃在保家卫国的战场上的新闻工作者留下的一幅永生的肖像。

在20世纪的六七十年代，苏联文坛有一股书写“个人生活”的风气，1978年，西蒙诺夫带有“反讽”意味地把和洛巴京相关的这些作品合并成一部长篇小说，取名《所谓的个人生活——洛帕京日记摘抄，几部中篇小说组成的长篇小说》，意思是说，在卫国战争年代，在前线是保卫祖国的战斗，在后方也是保卫祖国的“第二战争”，所谓的个人生活就是为保卫祖国而战斗，完成这个神圣的职责，既是全社会共同的生活，也是每个人的“个人生活”。

苏联评论家拉扎列夫认为《所谓的个人生活》写了卫国战争中许多新的生活内容，是对西蒙诺夫以前所写的关于战争题材的补充，“《所谓的个人生活》关于战争的描写有许多是西蒙诺夫的其他作品中所没有的：他越来越深入地研究了那些年里所发生的事件，有了新的发现，揭示出许多看似熟悉的现象中那些未知的方面，找到了新的性格和命运，它们以独特的方式折射出那个严峻的时代。所以这部长篇小说并没有包容和覆盖西蒙诺夫以前所写的作品，而是对它们有所补充”[②]。

20世纪70年代，苏联的文学创作有向多样性发展的趋势。有些“写实”的作者追求生活的“真实”，直接把真人真事搬进作品，于是文学创作中便有了大量纪实风格的作品，回忆录、日记、游记、特写、纪实小说，甚至

---

① 转引自拉扎列夫：《康·西蒙诺夫》，莫斯科：“文学艺术”出版社，1985年，第283页。

② 拉扎列夫：《康·西蒙诺夫》，莫斯科：“文学艺术”出版社，1985年，第298页。

还有纪实戏剧和纪实诗歌,种类繁多。在这样一种文学思潮的影响下,军事题材的创作中也涌现出许多纪实风格的作品。如阿达莫维奇的纪实小说《我来自燃烧的村庄》、格拉宁的《克拉芙季娅·维洛尔》等。在这样一种文学思潮的推动下,西蒙诺夫经过几年努力,把自己的战时日记和笔记,整理、加工,写成了长篇纪实作品《战争中不同的日子》。有些战后成长起来的作家,他们写纪实作品,全靠访问当事人、卫国战争的参加者所做的录音和笔录,以此为基础创作出他们自己的作品。然而,西蒙诺夫与他们不同,西蒙诺夫亲历反法西斯卫国战争的全过程,而且积累了几十本采访笔记和日记,这些都是他不顾疲劳,甚至牺牲睡眠和休息所记下的亲眼所见、亲耳所闻、弥足珍贵的生活实录。这些笔记和日记为西蒙诺夫毕生的军事文学创作提供了丰富的、真实可信的素材。

《战争中不同的日子》是根据西蒙诺夫在战争年代在前线采访所记的笔记和日记整理出来的一部作品,它的真实性和纪实性都要超过他在战争期间所写的所有作品。西蒙诺夫在战争期间回答一个外国记者的提问时曾明确地说:"至于说到作家,就我的看法而言,战争一结束,就应该整理自己的日记。在战争时期,他们无论写了些什么,这些东西无论怎样受到读者赞赏,然而只要战争一结束,他们在战争中、在战场上所写的东西中,只有他们的日记才是最实质性的东西。"[①]在西蒙诺夫看来,日记中所包含的某些东西在战争年代公开发表的作品中是写不进去的。由此看来,《战争中不同的日子》是一部更为真实的纪实作品,但它同时又是一部文学作品,它的文学价值毋庸置疑。作家在陈述事实的过程中,对于环境的描写、人物形象的刻画、人物举止和言谈话语的个性化,较之任何一部作家虚构的文学作品都毫不逊色。

"我走到了那片林中空地,在这里树林中的道路接上了通向明斯克的公路。突然,一个拿枪的战士带着几个目光迟钝的疯子,在离我五步远的地方跑到公路上,用压低的断断续续的声音喊叫:

"'快跑呀! 德国人包围了! 我们完了!'

"站在我旁边的几个军官中有人喊道:

"'开枪打死他,造谣惑众!'说着,就掏出手枪,向他射击。

"我也拿出了枪——这是一个小时前刚刚得到的,也朝一个逃跑的人

---

① 转引自拉扎列夫:《康·西蒙诺夫》,莫斯科:"文学艺术"出版社,1985年,第244页。

开了枪。……显然，我们并没有打中他，因为他继续朝前跑了。有个大尉跑过来拦住了他的去路，想要截住他，并且一下子抓住了他的步枪，经过一番搏斗，一个红军战士把步枪夺下来了。可是步枪走火了。这一声枪响更把他吓坏了，他好像被伤害了似的，拔出刺刀就向大尉扑去。大尉拔出手枪把他撂倒了。过来三四个人，一声不响地把尸体拖到大路一边去了。”①

这是战争刚爆发时，西蒙诺夫被派往西部方面军，前往报社编辑部的途中所遇到的前线混乱状况的一幕。他的精准、细致的描写，使人如临其境。这个场面在创作《生者与死者》时被作家巧妙地用到辛佐夫寻找报纸编辑部的情节中了。

“……我们从原路返回编辑部。在一个小树林里我们遇见了几个小孩：一个五六岁的男孩和两个大一点的小姑娘。他们都拿着满篮子的草莓。我让汽车停下，请他们卖给我们点浆果。男孩本来要卖给我们了，但是他姐姐赶紧把他拉到一边，很生气地对他说了些什么，然后把草莓递给我们，却不收钱。我们不愿白白地拿孩子们的草莓，小姑娘说道：

“‘科利卡想要钱，这是不允许的。’

“‘为什么呢？’我问。

“‘母亲要问他的钱是哪里来的，他就会告诉母亲，是你们给的。母亲一定会生气，而且会哭，准要把科利卡狠揍一顿。您就拿去吧，我们再去采。’

“只好这样收下了。很让人感动，但是更让人难过。我在想，两个星期之后，这些孩子们该怎么办呢。”

这是西蒙诺夫在前线采访途中遇到的一件小事，一件不起眼的却意味深长的小事。它的文学意味所带给读者的不仅是人情上的感动，更重要的是激发读者更深层的思考。

西蒙诺夫经历了反法西斯卫国战争的全过程，从战争爆发的那一天，一直到苏军攻克柏林，他都是亲身经历，耳闻目睹，他的笔记和日记就是这个全过程的真实笔录，因此《战争中不同的日子》在某种意义上来说就

---

① 西蒙诺夫：《战争中不同的日子》，载《西蒙诺夫文集》第八卷，莫斯科："文学艺术"出版社，1982 年，第 17 页。该书引文下面不再加注。

有一定的史料价值。

有一次，他们的汽车开进一片稀疏的松树林，看见一位上校正在那里伤心叹息，他告诉西蒙诺夫他的一个营的不幸遭遇：

“他的右翼一个营在一个小村子里包围了一伙德国伞兵，正要准备把这些德国人彻底消灭，德国人却立即举起了几面白旗。满心高兴的营长同他的战士们在开阔的田野里站立起来，准备过去接收俘虏。就在这时，德国的迫击炮和机关枪突然开火，几秒钟内就把全营四分之三的战士都撂倒了。活下来的营的残部只得退却了。”

在库尔斯克战役时，西蒙诺夫曾采访过一个德国俘虏：德国坦克兵，很年轻，刚满 19 岁。他叫阿道夫·密耶尔，汉诺威人，1942 年 10 月应征入伍，1943 年 6 月从法国鲁昂来到俄罗斯。他们连里与他同龄的有 70 人，老兵也有 70 人，全都住过医院。他是“费迪南”自行火炮的驾驶员。他对西蒙诺夫说：“我在学校的时候，没想到会上战场，可是还是赶上了。我曾希望，战争在到我应征年龄之前结束就好了。父亲和叔叔给我讲过上一次战争的故事，我可不愿意赶上这场战争……到莫斯科城下的撤退之前，我对胜利充满信心。后来就产生了怀疑……”后来，他曾有一次休假，见到父母，他们一直以为儿子参加战争不会很久。

西蒙诺夫问他是否看到过在德国做工的俄国人，他说：“我看到过，他们住在集中营里，只是到农民这里来干活。”他最担心的是德国遭到轰炸，他害怕他的父母经受不住这些空袭。他对西蒙诺夫说：

“党卫军才需要俄罗斯，他们盘算着在这里可以得到土地。我可不愿意为党卫军在这里掠夺土地去送死。我们村里已经有四十人阵亡了，受伤的有一百多人呢……”

西蒙诺夫在整理自己的日记和笔记时，感到限于当时情况，对某些事件、战役、指挥员的记载都比较粗略，甚至不够确切和全面，于是他就到军事机构的资料馆和档案馆做了大量的核对和查实的工作。这件事，西蒙诺夫耗费了很长时间，但是做得非常扎实，因此也有了许多新的发现，对他的笔记和日记做了重要的核对和补充。因此，《战争中不同的日子》的某些篇章应该具有文献记载的意义。

西蒙诺夫曾说过，战争刚开始的时候，他在莫吉廖夫前线同 388 步兵团团长库捷波夫的会见是“整个战争年代里最有意义的会见之一”。库捷波夫给他留下非常深刻的印象，因此在创作《生者与死者》三部曲的时候，他把库捷波夫的某些性格特征写在了谢尔皮林这个形象里，但是由于当时的战争环境，加之接触的时间不长，所以对库捷波夫的了解，既不深入，也说不上全面。战争结束多年之后，他在整理自己战争年代的笔记和日记时，在军事机构的档案馆里才看到了库捷波夫本人的厚厚的"人事档案"。

"谢苗·费多罗维奇·库捷波夫，出身于图拉省一个农民家庭，1915年商业学校毕业，应召进入沙皇军队，毕业于亚历山大军事学校，在西南战线同德国人作战，军衔是少尉(而不是我日记中所记的准尉)。1918年自愿加入红军，同波兰白军、各种匪帮都作过战，当过排长、连长，受过伤。他曾在参谋军官进修班学习，以优异成绩完成了伏龙芝军事学院函授系的学业。学过德语。曾任司令部队列处主任四年，营长两年，团参谋长三年，团长助理四年，团长两年。在这个职位上遇上了战争。在库捷波夫服役的各个年代，他的鉴定评语都是最高评语。1928年是'能干的司令部工作人员'，'精通业务'，'实在、认真、守纪律'，'思想坚定'，'困难时刻意志顽强……属于可以破格提拔的干部'。1932年是'精力充沛，主动性强，具有指挥员的坚定意志。热爱并精通军事业务'。1936年是'能够迅速弄清情况，善于做出决定'。1937年是'精力充沛、工作能力很强的指挥员。全面发展'。1941年是'作为团的指挥员，他的表现是精力充沛、意志坚强，是个有文化的指挥员。他以身作则，堪称顽强和纪律的典范。全团的战斗准备和政治素养在全旅整个部队中都居第一位，在检查时不止一次受到表扬'."西蒙诺夫说，正是因为有了这样长期的严格的锻炼，"他们才能够在战争爆发的最初阶段的艰难环境中一开始就站在了战斗状态的最高点上"。

1941年时直接领导守卫莫吉廖夫的是师长罗曼诺夫。西蒙诺夫到库捷波夫团采访的时候并没有见到罗曼诺夫。据他的战友们的回忆录说，罗曼诺夫领导他的师守卫莫吉廖夫直到最后一刻，在他试图突围时，受了重伤，人们以为他牺牲了。西蒙诺夫曾在档案馆看到罗曼诺夫的人事档案，说他是一位学识渊博的师长，他在部队工作的这些年里，所有的考评都是优秀。他的档案中写的是："他失踪了"。战后十多年，有消息说，1941—1942年的冬天，有人在法西斯的集中营里看到过一本德国杂志，里面有穿着便服的罗曼诺夫的照片，照片的说明是："172步兵师师长罗曼诺夫少将，游击运动的领导者，在鲍里索夫市被擒，处绞刑。"后来西蒙诺夫找到了这本德国杂志,里面确实有罗曼诺夫的照片,照片的德语说明是:“……在苏联的一个村庄里俘获了布尔什维克的少将罗曼诺夫。他当过苏军 172 师的师长,但是最后他脱下军装,换上便服,干起了组织游击战争的活动……”这就是说,罗曼诺夫直到生命的最后一刻都在为保卫祖国而战斗。

西蒙诺夫在这篇日记的最后写下了这样一段话:

“我到莫吉廖夫去的时候,看到市中心的街心花园里矗立着拉扎连科将军的雕像,他是 1944 年为解放莫吉廖夫而牺牲的。我想,这座雕像的旁边还缺着另一个人——罗曼诺夫,1941 年,为了不让这座城市落入德国人手中,他做了一个人的能力所能做的一切。我不怀疑,他的雕像终究会建立的。最近我收到莫吉廖夫新闻工作者的一封信,建立这座雕像的决定已经通过了。”

《战争中不同的日子》中记载了许多西蒙诺夫采访过的苏军将领的印象,他的详细的记载和准确的描写,不仅可以作为这些人物的文献资料,而且也都成为他的文学创作的源泉,许多人被他直接写进了他的作品,如前面提到过的《日日夜夜》中的安尼亚,《俄罗斯人》中的华丽雅,《生者与死者》中的谢尔皮林、“小大夫”塔尼亚等。1944 年春天,西蒙诺夫到科济里将军的步兵师采访,他在这个师待了两三天,那几天前线恰好没有什么战事,没有什么报道可写,但是师长科济里这个人却引起他的兴趣,西蒙诺夫觉得“这是个有着高尚的精神品格的人,具有独特的魅力……是个天生就有巨大智慧的人”。西蒙诺夫对他进行采访,并且以“快速记录所能达到的准确性”记下了他的自述:

“……我生于叶卡捷琳娜斯拉夫斯基省一个叫博格多的村庄里。父亲在那里当木匠,后来就来到了顿巴斯。我的命运是很顺畅的,但是我喜欢反其道而行之。1910 年我就去当兵了。1914 年夏天,在战争爆发之前,基什涅夫有一场国际射击比赛,我取得了立射的第四名。……1914 年曾在喀尔巴阡山中打过仗。在那次战争中,四次‘葛奥尔基’士兵奖章换来了有彩带的金质十字章,并且晋升为下级准尉。职务是 134 费奥多西斯基团机枪队上士。国内战争时被推选为 414 阿特卡尔斯基团团长。后来任第一起义军的司令。在国内战争期间获得两枚红旗勋章,并保持着一份很好的文件:1919 年 5 月 17 日在沃尔诺瓦赫车站收到一封列宁的电报。那时我获得了第一枚勋章……后来,和平时期,大多数时间是指挥一个团。战争开始的时候，我在布列斯特—里托夫斯克。我的一家人都在那里牺牲了。……在布列斯特—里托夫斯克城下，我们所有的少将都集合在一起，像国内战争时那样，进行表决，我被推选为第四军临时指挥，并把它的残部带出包围圈，我做到了。……在莫斯科城下，我指挥海军陆战队一个特别分队。1941 年冬天，12 月之前，我被任命为旅长，接着就投入了进攻行动，水兵们打仗打得太棒了！

“后来我在老卢萨城下受伤，伤很重。返回前线之后，在诺夫哥罗德城郊守卫。在诺夫哥罗德又第二次受伤。这是第七次，暂且算最后一次。……

“我的两根肋骨没了。若是坐汽车，还没什么，可若是骑马，那就是一场灾难。要睡觉呢，那就是坐着受罪。背上有两处伤，没法躺下睡觉。我一生有两个爱好，打仗和农业。我当团长的时候，完成了农业技术夜校的学业。战争结束之后，我不愿再留在军队里。战后我想像老农似的经营农业。”

但是这位身经百战的老将军并没有能够实现他这个朴素的愿望，没有能够实现在广阔的田野上耕耘的理想。在战争临近结束的时候，他作为一个步兵旅的副旅长，乘坐一辆“维利斯”小汽车在公路上行驶时，遭到德国人的炮火轰击，被打死了。多年后，当西蒙诺夫回忆起同他的会见时，他对生活的看法，他的气魄，他同下属谈话的风度，仍然历历在目。西蒙诺夫在创作《生者与死者》三部曲时，便以他为原型，塑造了库兹米奇将军这个人物。

从文学理论的角度来看，作家在创作过程中，如何将现实生活中的人和事，转化为文学作品中的艺术画面、情节和人物形象，仔细研究《战争中不同的日子》和西蒙诺夫创作的军事题材作品，将其进行比较，会受到很多启发和教诲。这对于初学文学创作的作者，以及对于从事文学理论研究的人，都是非常有意义的。

战后年代西蒙诺夫的创作活动，并不仅限于文学写作，他充分利用当时已经发展起来的电视技术，制作了许多电视纪录片，如《士兵在行进……》和《士兵的回忆》。他同电影导演楚可夫斯基一道制作了关于特瓦尔多夫斯基和布尔加科夫的电视纪录片。他精心筹备并举办了“马雅可夫斯基创作二十周年”的展览。多年来，西蒙诺夫在苏联文学界做了许多并非个人文学创作的工作。20 世纪 70 年代初他是布尔加科夫遗产委员会的领导人，经他的努力，《莫斯科》杂志发表了布尔加科夫的代表作品《大师和玛格丽特》。

从 20 世纪 20 年代就久负盛名的讽刺作家伊里夫和彼得罗夫，其著作多年来没有得到出版，是西蒙诺夫争取到他们作品的出版。

西蒙诺夫是 30 年代遭到不公正对待的大诗人曼德尔施塔姆的遗产委员会主席，经过他顽强的坚持，曼德尔施塔姆的诗歌作品得以在大型的"诗人丛书"中出版。

第八章

品诗论文，臧否人物

早在战争年代，特瓦尔多夫斯基发表了长诗《瓦西里·焦尔金》之后，西蒙诺夫就曾写信给特瓦尔多夫斯基，对这部长诗赞不绝口，异常钦佩。他从来没有和特瓦尔多夫斯基有过书信来往，但是读了刚出版的《瓦西里·焦尔金》之后，他抑制不住内心的激动，给长诗作者写了封信：

“今天我读到了刚刚出版的一期《旗》杂志上刊登的《瓦西里·焦尔金》第二部的全部章节。我立刻又一次完全清晰地感到了这是多么好(我觉得，这种感觉从第一部就有了)。无论诗歌界还是散文界，这恰恰是除你之外任何人都不能很好地把握，也不能大胆地抓住的东西。……我也非常热衷于这个题材，也曾做过几次尝试，不过幸而没有公之于众，后来我才明白，显然，你所写的是战士的心灵，我写不出来，这不是我的题材，我写不了，也不会写。

“而你却写得这么好。也许，其中某个部分到以后会过时、会消失，但是最主要的东西——战争，是那么真实，那么可怕，人的心灵是那么单纯，同时又那么伟大。这些东西，对众多的俄罗斯人来说正是最为重要的、最为贴心宝贵的，这一切在你的笔下聚拢起来了，全都写到诗里去了，这简直太难了。甚至不能说聚拢（这个词不确切），而似乎应该说，流淌，自由自在而又朴实自然地流淌。那些话，也像是平常的说话：自自然然而又意味深长。至于说到风格，甚至连想都不用想：它也是自然天成的。总之一句话，我读得满心高兴……”①

在斯大林死后，赫鲁晓夫执政时期，特瓦尔多夫斯基在当时社会思想的影响下，写了一首长诗《焦尔金游地府》，批判斯大林的错误和“罪恶”。当时西蒙诺夫担任《新世界》杂志的主编，不同意在杂志上发表这首诗，因而引起特瓦尔多夫斯基的不满，甚至影响到后来两人之间的关系和交往。但是对于《瓦西里·焦尔金》这种赞赏和评价，西蒙诺夫直到晚年都始终不变，决不因苏联社会思潮和政治思想的变迁而改变。1976 年 2 月，他在回答一家西方杂志编辑部的问题时说：

“如果从总体上看我们战争时期的诗歌创作，那么应当公正地说，许多诗人都是在那个时候写出了他们最好的诗歌，而且这丝毫没有什么可奇怪的：因为绝望的力量、希望的力量、巨大的考验和沉重的震撼，这一切都铭刻在那个时期的诗歌创作中了，而且不仅是抒情诗，还有史诗性的作品。哪怕只提到一部《瓦西里·焦尔金》也就足够了。”②在西蒙诺夫看来，特瓦尔多夫斯基的一部《瓦西里·焦尔金》就足以代表苏联反法西斯卫国战争时期诗歌创作的最高成就了。

年轻的时候，西蒙诺夫曾把特瓦尔多夫斯基当作他们这一代诗人的精神领袖。1939 年初，特瓦尔多夫斯基因创作《春草国》而受到表彰，他是俄罗斯诗人中为数不多的获得列宁勋章的人之一，有人嫉妒，有人疑虑，西蒙诺夫说：“但是在我们年轻一代的人们心里，总的来说，都不感到惊奇。对于我们来说，这个事实的背后是对于特瓦尔多夫斯基长者地位的承认。不是年龄的长者地位，是内在精神的长者地位，承认他在其他许多诗人中的领先地位，不仅是我们这一代的诗人，而且也包括那些长辈诗人。”③

在西蒙诺夫的思想意识中，特瓦尔多夫斯基的这种“领先地位”是始

---

① 西蒙诺夫：《致特瓦尔多夫斯基信》，载西蒙诺夫：《关于战争的书信，1943—1979》，莫斯科：苏联作家出版社，1990 年，第 32—33 页。

② 转引自拉扎列夫：《康·西蒙诺夫》，莫斯科：“文学艺术”出版社，1985 年，第 80 页。

③ 西蒙诺夫：《关于特瓦尔多夫斯基的随笔片段》，载《西蒙诺夫文集》第十卷，莫斯科：“文学艺术”出版社，1985 年，第 433 页。

终不变的。1976年,也就是在他离世的前三年,他的一位朋友写信问他,20世纪的俄罗斯诗人中谁可以称得上是“伟大诗人”,西蒙诺夫很坦率、也很有感慨地给他回信,谈到“伟大”作家和诗人的问题。他认为“任何一个活着的人都不应该称其为伟大作家或诗人,不应称为活着的经典作家”。他认为,“‘伟大的’这个修饰语用的时候要特别小心,只能用在以毕生精力做了所能做的一切而离开我们的人”。接着他就说:“凭着我的内心感受,我觉得20世纪的勃洛克、马雅可夫斯基和特瓦尔多夫斯基可以称为伟大的俄罗斯诗人。我在内心里默不作声地自己认为,再没有任何一个人可以配得上这个修饰语。他们之所以能够并驾齐驱,不仅是诗歌才能,而且还有他们的主题、人民性、真实性。所以在我的意识中,20世纪中‘伟大的’这个修饰语似乎不能和别人的名字连在一起,只能同这三个人。”①

西蒙诺夫写这封信的时间是1976年4月,那时候勃洛克、马雅可夫斯基和特瓦尔多夫斯基早已不是苏联文坛上走红的诗人,他们的作品已经不是读者和研究家关注的中心,那时候备受追捧的当代诗人是叶甫图申科,是老一辈的诗人帕斯捷尔纳克和已故的叶赛宁和阿赫玛托娃。对于这些诗人的创作成就和广大读者中的影响,西蒙诺夫当然十分清楚,所以他在信中坦诚地承认:“如果举手表决的时候,我永远都是少数。”他特别提到帕斯捷尔纳克,并将他同勃洛克、马雅可夫斯基和特瓦尔多夫斯基做了对比。他承认:“就帕斯捷尔纳克那种惊人的、独一无二的诗歌天赋来说,有时候我真想称呼他是伟大的诗人。……但有时候拿这个修饰语同帕斯捷尔纳克的诗歌在社会生活中的意义一衡量,就感到有点矛盾,仿佛有什么东西阻碍我说出这个词,但是在我说到勃洛克、马雅可夫斯基、特瓦尔多夫斯基时,说出这个词却是那样充满信心。”②

从西蒙诺夫这番话里可以看出,西蒙诺夫评价一个作家、一个诗人是否称得上伟大作家、伟大诗人这个称号,不仅要看他的艺术才华、他在文学艺术上所达到的高度,更重要的,还要看他们的作品在“社会生活中的意义”“对人们的贡献”,他们的作品的“主题、人民性、真实性”。

---

① 西蒙诺夫:《致马拉霍夫信》,载西蒙诺夫《关于战争的书信,1943—1979》,莫斯科:苏联作家出版社,1990年,第559—561页。

② 同上书,第559—561页。

这是西蒙诺夫的艺术观和价值观。一个作家,一个诗人,只有他们的作品能够达到高度的艺术才华,同时又能对人们做出重大的贡献,对社会生活具有深远的意义,这样的作家和诗人,才能配得上"伟大作家""伟大诗人"的称号。他还特别提到了叶赛宁。他承认叶赛宁是个杰出的诗人,在人民群众中具有"遍及天下的巨大名气",他的诗歌具有"压倒一切的力量和崇高的精神",尽管这样,但是他依然觉得,叶赛宁的"诗歌的最深层次中缺少点什么"使他"感觉不到要称他'伟大的'"。[1]西蒙诺夫承认他的看法"太主观",不一定对,但是他坚持这样的看法。

苏联时期的一些文学评论家在评论西蒙诺夫的小说创作时,常常将西蒙诺夫的现实主义的创作方法和托尔斯泰的文学传统联系起来。有的评论家认为,西蒙诺夫的战争小说在其描写的真实性方面是受了托尔斯泰的《塞瓦斯托波尔故事》的影响,说西蒙诺夫在其创作中发展了托尔斯泰对俄罗斯军人的性格的展现。有的评论家认为,西蒙诺夫发展了托尔斯泰关于展现俄罗斯人在战场上最为典型的举止行动的思想,甚至拿西蒙诺夫笔下的人物和托尔斯泰《战争与和平》中的图申上尉相比较。为此,西蒙诺夫曾在同一位评价家的通信中,表示了自己的看法:

"对于我来说,托尔斯泰永远是我最喜爱的作家,他以最大的力量回应了我所有的思想和感情,其中也包括我和战争有关的思想和感情。至于说什么东西更多或更少地具有吸引力,我本人就很难判断了。当然,托尔斯泰对我的影响是非常大的。总之,我很难设想,一个作家如果试图以自己的力量把战争写得真实而又平常,那就是一种伟大而可怕的劳动,而且必然完全是有意识地这样做的,——我很难设想,这样的作家会体会不到托尔斯泰的影响。"[2]

这是西蒙诺夫在1965年写给评论家弗拉德金娜信中的一段话。过了两年之后,他在给另一位友人的信中,又谈到了托尔斯泰对他的影响:

"至于说到我对托尔斯泰的态度以及他在我的少年时代乃至成为作

---

① 西蒙诺夫:《致马拉霍夫信》,载西蒙诺夫《关于战争的书信,1943—1979》,莫斯科:苏联作家出版社,1990年,第559—561页。

② 西蒙诺夫:《致弗拉德金娜信》,载西蒙诺夫《关于战争的书信,1943—1979》,莫斯科:苏联作家出版社,1990年,第286页。

家之后对于我的巨大意义,我可以只说一点:托尔斯泰,无论过去和现在,都是我最重要的导师。他那刨根问底地深入发掘主人公内心世界、深入挖掘人的行为的原因、探讨人的道德准则的基础的强烈意愿——这一切对于我来说,过去和现在永远都是不可企及的典范;如果一个作家想要说出时代和人们的真实状况,也就是说,更确切地说,说出他所能够说出的、他主观上感受到的那种绝对的真实状况,他就应该像托尔斯泰这样的典范那样工作。"①

托尔斯泰的文学传统,在20世纪的苏联文学中可以说是根深叶茂。几乎所有知名的大作家都从他的文学创作中吸取了丰富的营养。托尔斯泰在行文中喜欢使用大量的插入句,造很长的句子,法捷耶夫在创作《毁灭》时,也是造很长的句子,大量使用插入句、重复句,这种修辞风格,西蒙诺夫认为,正是受了托尔斯泰传统的影响。但肖洛霍夫则是"另一种、离托尔斯泰传统很远的修辞风格,它们有自己的路数,它们是那样的自成一体,在19世纪的俄罗斯文学中似乎看不到这样一种传统",而它的源头应该是20世纪20年代苏联文学中"那种辞藻华丽、富于隐喻、色彩斑斓、粗野豪放的文风"。在西蒙诺夫看来,对托尔斯泰传统的理解应该"更宽泛"一些,他说:"更加认真地理解托尔斯泰的传统,总的说来,就是要更加接近真实的传统,即使这个真实非常复杂,非常困难,也不要离开真实退后一步。这就是努力尽自己才华的可能,彻底地弄清楚人的心灵的运动的传统。"正是在"弄清楚人的心灵的运动"这一点上,西蒙诺夫认为,法捷耶夫和肖洛霍夫都坚持了"托尔斯泰传统"。②

西蒙诺夫一向对肖洛霍夫是很尊重的。在20世纪六七十年代,苏联国内外有人挑起《静静的顿河》的著作权的风波,在广大普通读者中造成很大混乱。法国巴黎的一家出版社出版了由索尔仁尼琴作序的一本书,言之凿凿地说《静静的顿河》的作者是曾经当过白军军官的俄罗斯作家克留科夫,这本书虽然没有译成俄文,但是它的内容却在苏联到处流传,一时间肖洛霍夫的《静静的顿河》似乎真的成了这位早已去世的白军军官的遗作了。这个问题引起苏联文艺界领导的重视,他们责成西蒙诺夫通过

① 转引自芬克:《康·西蒙诺夫》,莫斯科:苏联作家出版社,1983年,第114—115页。

② 西蒙诺夫:《致马拉霍夫信》,在西蒙诺夫《关于战争的书信,1943—1979》,莫斯科:苏联作家出版社,1990年,第559—561页。

列宁图书馆看了克留科夫的档案材料和他的全部作品，随后向苏共中央书记详细汇报了他所看到的内容。西蒙诺夫非常肯定地说："克留科夫不可能是《静静的顿河》的作者，语言不同，风格不同，规模也不同。为了杜绝在这个问题上的谣言和臆测，我们最好出版克留科夫的文集。凡是读过克留科夫作品的人，再不会有任何疑虑，《静静的顿河》只能是肖洛霍夫写的，而绝不是克留科夫。"①当时苏共中央主管意识形态的书记苏斯洛夫断然否定了出版克留科夫文集的建议，只同意由西蒙诺夫向西方报刊发表一次谈话，表明他的看法。于是西蒙诺夫向当时联邦德国的《明镜周刊》发表了一次谈话，刊登在该刊 1974 年第 9 期上。后来肖洛霍夫知道了这件事，很受感动，他说："我不止一次地得罪过他，可他从来没有抱怨我。这次他超越个人恩怨，挺身而出……"②

20 世纪 30 年代，斯塔夫斯基是苏联作家协会的领导人之一。西蒙诺夫在高尔基文学院学习的时候，有人给作协领导打"小报告"，说西蒙诺夫有"反苏倾向"的言论，斯塔夫斯基亲自出面和西蒙诺夫谈话，不问青红皂白就叫他"坦白交代"自己的"反苏"言论。虽然后来弄清楚了，这是一次子虚乌有的诬告，但是他给西蒙诺夫留下了很不好的印象，他"很粗暴、不公正，同时又追求外表漂亮的好心肠和不容置疑的'党的'绝对正确。这一切结合在一起就造成一种不可捉摸的虚伪印象"③。后来，在哈勒欣，西蒙诺夫又碰上了斯塔夫斯基，他们同在《英勇红军报》工作。这一次，斯塔夫斯基仿佛完全变成了另一个人。西蒙诺夫说："他几天之内就成了我年长的朋友和叔叔了，他真诚地、无休无止地关心我的安全，对我的关心胜过了对他自己。在他身上表现出一种真正的友好之情，淳朴的、毫不做作的同志情谊。"在卫国战争的前线，斯塔夫斯基表现得非常勇敢，无论是军官还是普通战士，"都说他很好，谈起他都满怀温情，对他的勇敢和朴实充满敬意。……也就是说，他在前线确实又成了一个淳朴的人，一

---

① 转引自库兹涅佐夫：《肖洛霍夫和反肖洛霍夫》，莫斯科：《我们的同时代人》杂志，2000 年第 5 期，第 274 页。

② 同上书，第 274 页。

③ 西蒙诺夫：《遥远的东方》，载《西蒙诺夫文集》第十卷，莫斯科："文学艺术"出版社，1985 年，第 10 页。

个好同志”。[①] 1943 年，斯塔夫斯基在卫国战争中牺牲了。谈起他，西蒙诺夫心里总是有两种矛盾的心情和两种评价，既想起他的傲慢、粗暴和不友好，又不能不承认他的热情、勇敢和朴实。

1901 年出生的卢戈夫斯科依是比西蒙诺夫年长一辈的诗人。西蒙诺夫早在青年时代就听过卢戈夫斯科依的诗朗诵。那时他刚刚走上诗歌创作的道路，在文学出版社文学创作辅导班学习，文学出版社的辅导员建议他去参加卢戈夫斯科依诗歌朗诵会。他听到了诗人朗诵他的著名诗篇《风之歌》。他喜欢这首诗，也喜欢朗诵诗歌的人。多年之后，西蒙诺夫回忆起来，卢戈夫斯科依那洪亮的声音、动人的表情，依然历历在目。后来，文学出版社推荐西蒙诺夫到高尔基文学院去学习，在那里才同卢戈夫斯科依有了更多的亲近的接触。

卢戈夫斯科依是伴随着十月革命、国内战争、五年计划等重大历史事件成长起来的一代人，他们是这些事件的见证人和直接参与者。因此，他的诗篇中贯穿着同革命时代密切相关的人生体验。

西蒙诺夫在高尔基文学院学习的时候，卢戈夫斯科依是学院的教师，西蒙诺夫和同班的同学女诗人阿里格尔、诗人多马托夫斯基、列别杰夫等同龄人都是卢戈夫斯科依的“门生”，他们不仅听他讲课，而且经常到他的工作单位“青年近卫军”出版社和他的家里去拜访。西蒙诺夫说：“我们之所以都喜欢卢戈夫斯科依，是因为他也喜欢我们。没有这一点，文学界长者和后辈从来都不会，也不可能产生友谊。可以产生尊敬、崇拜和赞美，等等，但是绝不会产生友谊。……我再说一遍，我们之所以爱卢戈夫斯科依，是因为他也爱我们，虽然在我们这些年轻人对他的爱之中也有崇拜的意味，有对我们所爱的人的理想化的成分。但主要的是不仅我们需要他，而且他也需要我们。我们，我们那些不成熟的诗篇，我们那种毫不瞻前顾后的勇敢，正是卢戈夫斯科依所需要和感兴趣的。”[②]

20 世纪 50 年代卢戈夫斯科依出版了三本重要的诗集：《太阳门》《蓝

---

① 西蒙诺夫：《遥远的东方》，载《西蒙诺夫文集》第十卷，莫斯科：“文学艺术”出版社，1985 年，第 11 页。

② 西蒙诺夫：《忆卢戈夫斯科依》，载《西蒙诺夫文集》第十卷，莫斯科：“文学艺术”出版社，1985 年，第 351 页。

色的春天》和《世纪中叶》。其中组诗《蓝色的春天》是以革命的历史为主题的，特别是写到了十月革命一代英雄人物的不朽传统。这是一本回忆和思考革命的青春岁月的书，但是它的整个精神都是针对今天、针对年轻的新一代的。这些激情燃烧的青春岁月的诗篇，使西蒙诺夫的一代青年人既感到震撼，也感到亲切。

西蒙诺夫说，实际上，“卢戈夫斯科依在我们青春时代的地位要更为重大和重要。他理解、并且支持我们身上那些对我们自己来说都是最最珍贵的东西：相信人的勇敢精神，相信男子汉的友谊，相信战士的同志情谊。他理解，并且支持我们要有这样的信念：没有长途跋涉的路途，没有艰难困苦的考验，没有征服大海和沙漠的意志，没有反对谁拥护谁的坚定的选择，没有对为什么而生和为什么而死的坚强认识——就不会有诗歌。他希望我们都能成长为勇敢的诗人，对于这样的诗人来说，惊心动魄的革命斗争风暴不仅是往日的回忆，而且应该是当今的气息和未来的预感。我们写的诗可以有好有坏，但他喜欢的只是那些包含有这样情怀的诗”①。

西蒙诺夫非常感激卢戈夫斯科依，在青年时代能得到这位长辈诗人对他的教诲，他终生受益，不仅在诗歌创作上，更是在人生道路上。

对于十月革命后侨居法国的俄罗斯作家布宁，西蒙诺夫对他一直怀有好感，认为他是个非常好的作家，特别是在反法西斯战争中，在沦陷的法国，他对法西斯侵略者一直持反对的态度，并且对苏联的卫国战争保持着爱国主义的立场，在他的日记中流露出对故国无限牵挂的情怀。布宁是个值得尊敬的人。反法西斯战争胜利后，1946 年西蒙诺夫访问法国时，特意去拜访他。两人谈到回国的问题，布宁表示他是很想回去的，去看看那些熟悉的地方，但是年龄使他感到为难。布宁说：“最好还是让我在这遥远的地方想念你们大家，想念俄罗斯吧。说老实话，别人不会对您说这个，可我实话实说，我在法国已经非常习惯了……对一切都习惯了，住惯了这里的房子，散散步，习惯了这里的生活方式……法国成了我的第

① 西蒙诺夫：《忆卢戈夫斯科依》，载《西蒙诺夫文集》第十卷，莫斯科：“文学艺术”出版社，1985 年，第 353—354 页。

二故乡。”[1]在巴黎，西蒙诺夫同布宁曾多次见面交谈。有一次布宁谈到了梅列日科夫斯基和吉皮乌斯。“这两个人，他都不喜欢，而且瞧不起他们。”梅列日科夫斯基和吉皮乌斯夫妇，在德国人占领时，都曾为法西斯侵略者做事，在那些艰难困苦的日子里，过着优裕的生活。俄罗斯的侨民们都躲着他们，不想同他们来往。在赶走法西斯侵略者之后不久，梅列日科夫斯基已经死了，有一次布宁在大街上遇见吉皮乌斯。布宁本来已经躲开她，但是她却直奔布宁而来，抱怨布宁不理她。布宁告诉西蒙诺夫说：“我回答说，我确实不愿同她见面，我对她说，夫人，您是在吃您个人所作所为的苦果。德国人在的时候，您同您的丈夫梅列日科夫斯基的日子过得太好了，现在当然就不好了。当然，她是位太太，我不能对她说别的，但是我很鄙视她。实际情况也就是这样：她同梅列日科夫斯基为德国人办事，而且在这之前两口子还为意大利人干事，受到墨索里尼的供养，这事我知道得很清楚。我对他们的鄙视态度是他们罪有应得。我认为没有必要隐瞒这一点。”[2]

布宁旗帜鲜明地反对德国法西斯，旗帜鲜明地反对梅列日科夫斯基之流无耻地为法西斯服务，特别是当法西斯德国向自己的祖国发动了残酷的战争，对自己的同胞灭绝人性地滥肆蹂躏、疯狂屠杀的时候，竟然心甘情愿地去为这些法西斯匪徒效劳，实在是丧失了做人的起码准则。

布宁不但欣赏西蒙诺夫的才华，而且更把他看作来自故土的亲人，很想在家里招待他一下，但是由于囊中羞涩、无力办到而深感歉意。西蒙诺夫了解到这个情况后，对布宁说，就在他们家举办一次同胞聚会，“您出地方，我出食品”。

当时，巴黎正在召开四国部长会议，每天都有从莫斯科直航巴黎的苏联飞机。西蒙诺夫找到他的飞行员朋友，说明情况，请他转告西蒙诺夫的妻子去购买莫斯科的“美食”，再由他带回巴黎。飞行员们都读过布宁的书，西蒙诺夫用莫斯科美食招待布宁的主意，他们都很赞成，很高兴同意代办一切。第二天，他们果然按时飞回巴黎，带来了莫斯科的黑面包、人人喜爱的香肠、鲱鱼和白面包圈。西蒙诺夫在文章中写道：

---

① 西蒙诺夫：《回忆布宁》，载《西蒙诺夫文集》第十卷，莫斯科：“文学艺术”出版社，1985年，第361—362页。

② 同上书，第364页。

“布宁情绪很好。大概这一切让他很感动，所以他显得很开心。此外，餐桌上的黑面包、白面包圈、鲱鱼、人见人爱的烤香肠，所有这些几乎被遗忘的——特别是在战争年代——俄罗斯食品，简直使他们高兴死了。我现在还记得他吃着香肠时的样子，一边笑着，一边说：‘真好，布尔什维克的香肠真好吃！……’

那天晚上，在布宁家做客的还有诗人和评论家阿达莫维奇和苔菲，阿达莫维奇是侨民中最有智慧的文学家之一。大家都喝了点莫斯科的伏特加，苔菲弹着吉他唱了一首歌……”①

爱伦堡在苏联是个大名鼎鼎的人物。20世纪二三十年代，西蒙诺夫读过他的作品，特别是在西班牙内战时期，他从西班牙马德里发回的通讯报道，是青少年喜爱的作品。西蒙诺夫说：“那时候我的青年时代，爱伦堡的声音，对于我那就是站在反法西斯战争最前沿的一个人发出的声音。”②

苏联卫国战争期间，爱伦堡和西蒙诺夫都在《红星报》当军事记者，但是见面的机会并不多，因为军报记者都是尽量更多、更经常地到前线去，到作战部队去。西蒙诺夫知道，《红星报》的读者都喜欢爱伦堡的文章和通讯报道，“在《红星报》上发表文章的天才的作家和记者有许多，他们的姓名都同伟大卫国战争的历史牢固地联系在一起，但是无论怎么说，《红星报》上……长时间没有刊登爱伦堡的作品，那么大家都会感到缺少了某种非常重要的、非常必需的东西”。于是，“信件就会从前线一涌而至：爱伦堡哪里去了？报纸上为什么没有他的文章？”“大概，正是这种读者的感情才堪称对爱伦堡在战争年代所做的一切的最高评价。”③

反法西斯战争胜利结束之后，西蒙诺夫和爱伦堡曾一块出访美国和加拿大，那次出访使西蒙诺夫对爱伦堡有了更具体、更直接的了解。他说：“爱伦堡不是小市民。他也绝不是没有偏见，也不是不会偏激的人，但在他的整个一生的历程中，他首先是个战士。正是这一点构成了

---

① 西蒙诺夫：《回忆布宁》，载《西蒙诺夫文集》第十卷，莫斯科：“文学艺术”出版社，1985年，第366页。

② 同上书，第421页。

③ 同上书，第426页。

他的性格的本质。除了他是个战士之外,他还是一个非常机敏和睿智的人……”西蒙诺夫讲了他们在美国的一次遭遇:“一群爱好作者签名的人围着爱伦堡,他们纷纷把美国出版的爱伦堡的著作递给他要求签名。他签了很久,签了很多。突然有个人不是要他签名,而是要他写需要的什么话。

“爱伦堡写了。

“但是那个肆无忌惮的要求签名者并不满足于此,他又要爱伦堡给他写上什么话。

“爱伦堡拒绝了。

“于是那个要求签名的人,一边手里拿着一本书,一边口中不停地说,他当年曾捐了整整二十五美元来救援俄罗斯,为此就应当他要写什么就写什么。

“爱伦堡愤怒地看了他一眼,掏出一张纸币:‘给你五十美元,你以后再也不要向我们提起你给俄罗斯帮了多大忙了,拿着滚蛋吧。’”①

20世纪50年代中期,当爱伦堡发表了他的轰动一时的小说《解冻》时,西蒙诺夫曾写了一篇对小说的评论文章。这篇冗长的文章,绕来绕去,忽而说某个情节不够典型,忽而说人物写得苍白无力,最后的结论是对小说的全盘否定。西蒙诺夫当时虽然已经走上苏联作协的领导岗位,但在爱伦堡面前却是“小字辈”,对爱伦堡一向很尊重,就在发表批评《解冻》的文章之前不久,还经常到爱伦堡家里去。西蒙诺夫在《解冻》问题上的表现,令爱伦堡十分气愤。问题不在于他对小说的批评,而在于他的态度缺乏真诚。从此他们的关系十分冷淡。现在看来,西蒙诺夫的文章也许有某种背景,他不得不出面表示立场和态度,因此文章写得冗长而不得要领。《他是个战士》一文写于1973年,爱伦堡早已去世,西蒙诺夫也已接近生命历程的终点,他在这篇回忆文章中对爱伦堡做了很高的评价,特别突出了他在反法西斯战争中的功绩和贡献,对于在《解冻》问题上的龃龉,则只字未提。西蒙诺夫的这种暧昧态度,使人感到,他当年的文章并不是由衷之言。

西蒙诺夫的晚年,除了仍旧不遗余力地进行创作活动之外,也非常关

---

① 西蒙诺夫:《他说一个战士》,载《西蒙诺夫文集》第十卷,莫斯科:“文学艺术”出版社,1985年,第424页。

注年轻一代作家的创作，特别是那些写军事题材的作家的创作。白俄罗斯作家贝科夫是写“战壕真实”的代表作家之一，他的作品得到西蒙诺夫很高的评价。出版社要出版贝科夫的小说集，请西蒙诺夫为小说集写篇序言，西蒙诺夫欣然答应，但是后来因为健康的缘故无法执笔，便给出版社写信致歉，他在信中说：

“我非常愿意给这位作家的一卷集写前言。总的说来，我非常喜欢他。他的中篇小说《索特尼科夫》，我认为是我国文学描写战争、描写苏维埃人的美和精神力量的最好的、最崇高的作品之一。”[1]

阿斯塔菲耶夫是属于“前线一代”的作家，可以说是比西蒙诺夫晚一辈的作家，战后年代才开始创作，20 世纪 50 年代，他的作品才引起读者和评论界的注意。阿斯塔菲耶夫说，他在前线当兵的时候，就读过西蒙诺夫的许多作品，西蒙诺夫是他喜爱的作家，当他也走上文学创作的道路之后，对西蒙诺夫这个作家更是充满了敬意。作为一个写卫国战争题材的青年作家，阿斯塔菲耶夫的创作也引起了西蒙诺夫的注意。西蒙诺夫非常赞赏阿斯塔菲耶夫的文学才华，他在给阿斯塔菲耶夫的一封信里说：“早在我读《老橡树》的时候，您的那种作家的特质、您对人的那种敏锐的正义感特别使我感到高兴。您那种对恶劣的、愚蠢的陈旧生活方式的痛恨，我深有同感。”[2]

阿斯塔菲耶夫的中篇小说《流星》是一部非常抒情的战争小说，通过描写战争年代一对青年男女的美好柔情的、像夜空中的流星一样短暂的爱情，谴责战争的残酷和摧残人性。西蒙诺夫非常欣赏这篇小说，给予它很高的评价：“我觉得，在您的《流星》中，您解决了一个非同寻常的困难的课题。您写了战争的不加粉饰的真实，在您的作品中首先是写到了战地医院的真实——当然，不单是战地医院。虽然这种不加粉饰的真实有时候被讥讽地、甚至批判地冠以‘粗野的真实’，但是写战争就是要、就是应该写这样的真实。只不过我们不能时时事事都能够做到这一点。现在，

---

① 西蒙诺夫：《致伊兹拉依利斯卡娅信》，载《西蒙诺夫书信集，1943—1979》，莫斯科：苏联作家出版社，1990 年，第 496 页。

② 西蒙诺夫：《致阿斯塔菲耶夫信》，载西蒙诺夫《关于战争的书信，1943—1979》，莫斯科：苏联作家出版社，1990 年，第 189 页。

您的作品透过战争的粗野真实、在这种真实的缠裹之中而又挤出这种真实,完全自然而然、毫不勉强地同战争的粗野并行,写出了伟大的青春初恋的真实。”[1]

西蒙诺夫看《流星》这部中篇小说的时候,正在捷克斯洛伐克访问,在击节称赞之余,便立即向捷克斯洛伐克的文学家们推荐这部作品,捷克斯洛伐克的文学家们也非常感兴趣。当时西蒙诺夫舍不得把阿斯塔菲耶夫签名的赠书送给捷克朋友,便写信叫阿斯塔菲耶夫给他们另寄一本去。

康德拉季耶夫是一位大器晚成的作家。论年龄和经历,他应该属于“前线一代”作家。1941 年反法西斯卫国战争爆发后,他一直在前线作战,1943 年在战斗中负伤才离开部队到后方工作。他非常热爱文学,在写“战壕真实”的热潮中,他也曾根据自己在前线的经历从事文学创作,但都不成功。1974 年,他写了中篇小说《萨什卡》,他把小说手稿送到《新世界》杂志,杂志编辑答应发表,但是一直拖了五年,也没有发表,只是到了 1979 年,当他 59 岁的时候,他把小说手稿寄给西蒙诺夫,受到西蒙诺夫的推崇和赞扬,热情地推荐给《各民族友谊》杂志,这部在《新世界》杂志压了五年的优秀作品才得以问世,西蒙诺夫为小说写了序言。西蒙诺夫在“序言”中说,这部作品写的是“一个在最困难的时候、处于最困难的地方、担任最困难的职务——士兵的职务——的人的故事”。西蒙诺夫认为,作家康德拉季耶夫塑造的萨什卡的形象是“当代战争题材小说创作的重大收获”。[2] 中篇小说《萨什卡》写的是一个二十岁的普通士兵萨什卡在卫国战争最困难的 1942 年,在尔热夫城下最严酷的日常战斗生活中所经受的考验,以及他的高尚的精神面貌和丰富的内心世界。整个小说中没有曲折离奇的情节,作家以朴实的语言、抒情的笔调,塑造了一个富于正义感和人情味、淳朴可爱的俄罗斯士兵形象。据西蒙诺夫的研究家拉扎列夫回忆,当小说在《各民族友谊》杂志上刊登出来的时候,西蒙诺夫“是带

---

① 西蒙诺夫:《致阿斯塔菲耶夫信》,载西蒙诺夫《关于战争的书信,1943—1979》,莫斯科:苏联作家出版社,1990 年,第 190—191 页。

② 西蒙诺夫:《康德拉季耶夫小说〈萨什卡〉序》,载苏联《各民族友谊》杂志,1979 年第 2 期。转引自张捷:《俄罗斯作家的昨天和今天》,北京:中国文联出版社,2000 年,第 124 页。

着一种胜利的心情对我讲述这件事，仿佛发表的是他自己的一部作品……然而最令人惊奇的是：他能把他喜爱的作品同他自己写的东西相比，而且把它看得更高，对它表示敬意”①。

---

① 拉扎列夫：《康·西蒙诺夫》，莫斯科："文学艺术"出版社，1985年，第313页。

第九章

西蒙诺夫军事文学创作的基本特点

西蒙诺夫平生从事军事文学创作所遵循的原则就是描写真实。早在在哈勒欣担任战地记者时，他就主张要表现战争的残酷性，表现胜利的来之不易。他提出要用一辆在战斗中被击毁的坦克作为战争胜利的纪念碑。他坚决地反对以浪漫主义的虚夸来炫耀胜利的辉煌。他的这个主张一直贯穿在他毕生军事文学的创作中。在反法西斯卫国战争中，不论是写战地特写、通讯报道，还是创作小说或其他艺术作品，他都坚持这个原则。为了达到这个目的，他不顾个人安危，深入前线的连队，和士兵交谈，甚至乘坦克随部队到敌后去侦察，乘潜艇随海军战士出海，力求亲身体验普通战士在战争中的感受。他在给友人的一封信中说："我尽力写我了解得比较好的和自己亲眼见过的，哪怕是看得不多呢。我的长篇小说都是按照这个原则构建的，我写的、如今准备出版的战时日记，也是根据这样的原则。”[①]所以，他的作品才能够再现战场的真实情景，再现战士的真实感受。也正是由于这个缘故，他的作品能够经得住历史的检验。他在斯大林格勒战役刚刚结束的时候所写的表现苏联人民誓死保卫斯大林格勒的小说《日日夜夜》，其历史真实性经受住了时间的考验。反法西斯卫国战争胜利之后，在 20 世纪 50、60 年代发表了大量有关斯大林格勒战役的历史资料，以及军政要人和斯大林格勒保卫战参加者的回忆录，这些文章和作品的发表更进一步证明了《日日夜夜》的真实可信。战后几十年来，苏联作家写斯大林格勒战役的文艺作品不在少数，但是就真实性而言，西蒙诺夫的《日日夜夜》仍然是它们不可逾越的高峰。

西蒙诺夫认为，描写战争的文艺作品，应当让没有经历过战争、没有上过战场的人看了，能够对战争的真实、战场上的真实有所了解、有所感受，要让人们认识到“……战争不单是由英雄的功勋构成的，而且也是由数百万不知名的战士的功勋构成的。他们以各种各样的姿态冲锋陷阵，喊着各种各样的口号，有人喊‘为斯大林而战斗！’也有人喊别的口号。他们的死也是各种各样的，而不是像您所想象的那样，死得漂亮，还有浪漫的意味。应当以战争的真实情况来教育青年，而不能用那种被抬高的浪漫主义来教育青年。战场上也有浪漫主义，但那只是部分的真实”[②]。他说，要敢于揭露真实情况，不能视而不见。在苏联时期，有一位评论家针对西蒙诺夫在中篇小说《列瓦绍夫》中描写的师政委巴斯特留科夫的形象，对西蒙诺夫进行批判。小说中的这个政委，在部队危难时刻，抛下部队，临阵逃脱，致使部队全军覆没，而他却向上级谎报军情，反而受到晋升。这位批评家列举红军中 26 个著名政委的事例，说现实中永远不会有这样坏的政委，从而批判西蒙诺夫对巴斯特留科夫的描写是错误的。西蒙诺夫在给他的信中回答说：“我还能给您列举许多政委的姓名，他们不是文学作品中的人物，而是我在战争前线多次亲身遇到的人，而且他们都是无愧于这个崇高称号的人。您想必没有读过我的书，其中有许多地方

① 西蒙诺夫：《致科热夫尼科夫和克拉斯诺夫信》，载西蒙诺夫《关于战争的书信，1943—1979》，莫斯科：苏联作家出版社，1990 年，第 616 页。

② 西蒙诺夫：《致顿斯卡娅信》，载西蒙诺夫《关于战争的书信，1943—1979》，莫斯科：苏联作家出版社，1990 年，第 229 页。

写到的正是这样的政委，他们堪称他们所在部队的灵魂。至于说到存在着像巴斯特留科夫这样的典型是真实还是不真实，我这样写是出于作家的良心。如果您从来没有遇见过，特别是在严酷战斗的条件下，没有遇上巴斯特留科夫这样的人，您在生活中显然是太走运了。很遗憾，我就遇上过这样的事。我认为自己没有权力歪曲现实生活中所存在的事实，只表现那些好的，而对那些并不都如人意的事保持沉默。成千上万的人都会在生活中遇上巴斯特留科夫之类的人，如果我们对这些人保持沉默，那么读者就有权力说，我们故意抹煞政治教育工作中常常遇见的缺点，掩盖钻进党的队伍中的下流东西。很遗憾，这样的事还常常发生，不能对它们沉默不语，无论是写不久前的过去，还是写当今的现实，都不能使用一种彩虹般的语调，把一切都说得那么奇妙，那么美好。"①

真实地描写战争，这是自诩为"军事作家"的西蒙诺夫毕生坚持的原则。然而，什么是战争的真实？在不同的作家的作品中可能有不同的表现，但是在西蒙诺夫笔下，战争的真实就是：战场情景的真实，人物感受的真实，心理活动的真实，战争中日常生活的真实，战争进程和战役全貌的真实。

战后，有一批从前线回来的青年在苏联文坛上崭露头角，他们根据自己在战场上的经历，长于描写战斗第一线的弹如雨点、弹片横飞的激烈场面和下级军官或士兵在战壕中、在冲锋时的内心活动，十分逼真，被评论界称为"战壕真实派"。西蒙诺夫虽不属于这辈作家之列，但是他对于战斗场景和炮火中战士心理的描绘，其真实性较之"战壕真实派"作家毫不逊色。《日日夜夜》中萨布洛夫营攻占三座楼房的战斗、击退德军反扑的战斗，都写得非常紧张、逼真。西蒙诺夫的作品中描写过多种多样的战斗形式，如长篇小说《战友》写的苏军和日军的空战、坦克战，《日日夜夜》中的攻坚战、阻击战，《生者与死者》中苏军和德军的空战，苏军的突围战、遭遇战、保卫战，《最后一个夏天》中的多兵种大兵团的联合作战以及《你我不会再见面》中的坦克部队敌后侦察等，各种战斗形式在西蒙诺夫笔下都写得各具风采，各有其独特的真实感。

写战争，西蒙诺夫从不回避人在战场上面对死亡的恐惧（哪怕是瞬间

---

① 西蒙诺夫：《致索洛维耶夫信》，载西蒙诺夫《关于战争的书信，1943—1979》，莫斯科：苏联作家出版社，1990年，第293—294页。

的恐惧)，从不回避战争给人们带来的痛苦和灾难，力求真实地表现人物的内心感受。《日日夜夜》中的女卫生员天天冒着敌人的炮击和敌机的轰炸，在伏尔加河上往返运送伤员，毫不畏惧，但是她也坦然承认自己也有恐惧的时刻，她坦率地对萨布洛夫说："您知道什么是可怕吗？不，您一定不知道……要是突然间被打死，什么都没有了，那才可怕呢。"她承认有对死亡的恐惧，但这丝毫不影响她勇敢地来往于伏尔加河上。

《生者与死者》中的辛佐夫是个坚强的人，但是他在连续数天的行军疲劳中，竟然对受伤躺在医院里的战友产生了"强烈的羡慕心情"。辛佐夫心里想，这会儿如果躺在军医院的床上养伤，该有多么好啊！想是这么想，但他一步都没有掉队，仍旧大步走在行军的行列里。西蒙诺夫的主人公都是血肉之躯的普通人，都有人所共有的生理机能和心理感受，但是他们都能经受住战争中种种严峻的考验，从而显示出普通人身上的英雄气质。

作为军事题材的文学作品，力求表现出战争的全貌，探索决定其胜负的各种因素，是作家创作的重要的艺术追求。西蒙诺夫在《生者与死者》三部曲中，通过莫斯科战役、斯大林格勒战役和白俄罗斯战役完整地展现出苏联反法西斯卫国战争的整个进程。尽管对各个战役的描写，有的只写了局部的战斗，有的描绘了某个侧面，但是通过作者的高度概括，收到了窥一斑而见全貌的艺术效果。

一个军事指挥员，如果要部署一场多兵种大兵团作战的战役，恐怕也要很长一段时间的研究、谋划、筹备、调兵遣将、周密部署，在文学中完整表现这种大场面的艺术作品，还很少见。西蒙诺夫的长篇小说《最后一个夏天》可以说是一个成功的范例。小说细致而又全面地描写了白俄罗斯战役的实施过程，从司令部的运筹谋划，指挥人员的安排调度，后勤部门的物资供应，前线部队的部署，直到突击部队和突破口的选定，空军、炮兵、坦克部队如何密切配合，都写得有条不紊，错落有致，层次分明而又规模宏大，气势磅礴，全景式地展现了在保家卫国中越战越强的苏联红军，以摧枯拉朽之势将法西斯侵略者赶出国土的胜利场面。尤其值得称道的是西蒙诺夫生动地、富有个性地刻画了从最高统帅到中尉排长的一系列指挥员形象。各级指挥人员的风度、视野、思维方式、指挥方法等都写得恰如其分，从而增强了作品的真实性。

写战争的真实，战场上的炮火硝烟，固然是战争的主要方面，但是战争期间的日常生活，战斗间隙的平静，也是战争真实的一个侧面。西蒙诺夫特别强调，战争不仅需要流血牺牲，更需要付出艰辛的劳动和极度的精神紧张。所以他一向重视通过描写战争中的所谓“日常生活”，来展示人物的品格和气质。他把描写斯大林格勒战役惨烈战斗的小说题名为《日日夜夜》，因为在斯大林格勒保卫者们看来，那些出生入死、紧张激烈的战斗时日，就如同平常的上班下班一样，在这些普通的战士身上显示着一种非凡的英雄主义精神。他的短篇小说《步兵》就像记流水账似的写了步兵战士萨维里耶夫一天的生活历程。他们的连队从凌晨四点开始战斗行动直到深夜十二点才结束这一天的战斗任务。在这一天里士兵们先是快速的行军追击，接着又是挖战壕，阻击敌人的反扑，打退了敌人坦克的冲锋之后，又发起进攻，抢占渡口。这长达二十个小时的紧张战斗，即使不算流血牺牲，只说体力的消耗，也是十分严重的。西蒙诺夫的长篇小说《军人不是天生的》和中篇小说《离开战场的二十天》都写到了听不见枪炮声的后方生活。战争不仅使后方的生活异常艰苦，而且左右着人们的命运。前方的消息牵挂着后方人们的心灵。军事记者洛帕京为修改电影脚本，得到休假，来到远离前线的塔什干，何尝有一日不是牵挂着前方的战况，时刻准备着编辑部一个电话或一封电报，就要立刻赶赴前线去执行任务。事实上也正是这样，他在塔什干并没有住到假期休满，编辑部急电通知他，让他立即奔赴前线某方面军，去执行紧急任务。为了赢得胜利，把侵略者赶出国土，后方的人们忘我地从事繁重的工作和劳动。长篇小说《军人不是天生的》中，“小大夫”塔尼亚休伤假，回到塔什干家中。这哪里还像家啊！她的父母随撤退的工厂来到中亚的大后方，苏联西部地区的重要工厂、企业、政府机构都撤退到这里，没有这么多的住房能安置下这些撤退到这里的人们，几家人挤在一个房间里，如果哪家人接到亲人的阵亡通知书，她的哭声会引起几家人的悲伤。塔尼亚的父亲在工厂当镟工，工作繁重而又缺少营养，累死在车床旁。她的父亲死后，母亲立即顶替丈夫到工厂翻砂车间工作，从事对男人来说也是繁重的劳动，但是还不仅于此。每天下班后，她还要拖着疲惫的身体，去检查工厂食堂的工作，因为她为人正直、公正，深得全厂工人的信任。塔尼亚的伤假也没有休满，在斯大林格勒战役即将开始的时候，谢尔皮林一封电报就把她催回前线去了。

伟大的卫国战争是全国人民的战争，哪里能分得开前方和后方？即使听不到枪炮声,但是那战争的阴云无时无刻不笼罩在人们的头顶,重压在人们的心头。战争年代所谓的"日常生活"就是全国人民无论前方后方举国一致地抗击法西斯侵略、保家卫国的战斗生活。

西蒙诺夫写战争,写的是抗击侵略者、保家卫国的正义战争,因此,作品中洋溢着强烈的爱国主义激情。在西蒙诺夫笔下,爱国主义不是抽象的概念,而是和每个人的人生密切相关的、人人切身体验到的具体感情。西蒙诺夫在写到人们的爱国情怀时总是用人们对故土、故乡、家园的感情同伟大祖国联系起来,所以,无论小说中还是诗歌中,他所展现的人们对于祖国的感情都是那么具体,那么亲近。在抒情诗《祖国》中,他描写前线战士心中想到的祖国:

是那依傍三棵白桦的一片乡土,
是那绕过树林的漫漫长路,
是那清清的溪流,喧嚷的渡口,
是那细沙的河岸和丛丛的矮柳。

正是这样一种对祖国、对家乡、对自幼所熟悉的山川树木的亲切感情,激励着战士们勇敢地面对强敌,不怕牺牲,奋勇作战;激励着后方的男女老少,不畏艰苦,忘我劳动,支援前方战士。这种朴实的对家乡、对故土的深厚感情,升华为爱国主义的激情,成为战胜强敌的力量的源泉。

中篇小说《日日夜夜》中,萨布洛夫率领他的一营战士攻下斯大林格勒市内被德军占领的三座已经打成废墟的楼房时,他把坚守这座已成废墟的楼房看作是保卫俄罗斯祖国。虽然经过几天的连续作战,但他感到的不是全身的疲惫,而是肩上的重担:"他不知道南北的情形怎样,虽然从炮轰的声音判断起来,周围到处都进行着战斗,——可是有一件事他坚决地知道并且更能坚决地感觉到:这三所房子、被击破的窗户、被击破的房间、他、他的死去的和活着的士兵们、地窖里带着三个孩子的妇人,——所有的这一切就是俄罗斯,而他,萨布洛夫就在保卫它。如果他要死掉或是投降的话,那么这一小块土地便不再是俄罗斯,而成为德国的土地,这是他所不能想象的。"①

西蒙诺夫的军事作品,写的是保家卫国的正义战争,所以他的作品大

① 康·西蒙诺夫:《日日夜夜》,磊然译,北京:人民文学出版社,2015年,第51页。

都以弘扬爱国主义精神和民族大义为主题，他的主人公大都具有威武不屈、坚忍不拔、顽强奋斗的俄罗斯民族性格。特别是他刻画了十月革命后在社会主义制度下成长起来的一代青年的典型形象。像《日日夜夜》中的萨布洛夫、安尼亚，《生者与死者》三部曲中的辛佐夫、塔尼亚，《洛帕京札记》中的军事记者洛帕京都是在社会主义社会成长起来的青年，他们的思想品德、性格特点都带有社会主义新时代的明显特征。西蒙诺夫在小说中刻画他们的形象时，首先突出的是他们在工作中，在保家卫国的战场上，总是把国家和人民的利益放在第一位，总是让个人利益服从国家、人民和集体的利益，他们的爱国主义感情都已融化在保卫祖国的具体行动中了。《生者与死者》中的辛佐夫原是一个军报的编辑，他同妻子玛莎刚刚到达休假的疗养地，就从广播中听到了战争爆发的消息。他立即放弃休假，同妻子返回莫斯科，转车赶往他服役的白俄罗斯。但是那里已是前线，他找不到自己的编辑部，便留在坚守莫吉廖夫的谢尔皮林部队。莫吉廖夫被包围，他在突围中受伤，丢失了全部证件，因此也失去了军职和党籍，没有人给他证明，所有部队都拒绝接受他。他因为不能上前线保卫祖国而忧心忡忡，痛苦万分。他历经波折总算被新组建的莫斯科民兵部队接受，作为一个普通士兵开赴保卫莫斯科的前线。他作战勇敢机智，屡立战功，从普通士兵升任班长、排长、连长、营长，在斯大林格勒前线，成为第一个俘虏德国将军的战斗英雄。辛佐夫正是在社会主义制度下培育起来的青年，在祖国危亡之际，他只有一个愿望，那就是挺身而出，担起保卫祖国的大任，他没有顾及个人的安危，只有一颗报国之心。中篇小说《潘捷列耶夫》中写到一个女司机安诺申科。当德国侵略者打过来的时候，她开着自家的卡车报名参军，甚至连军服都有来得及换上，头上裹了一个头巾，就装上炮弹送往前线了。在西蒙诺夫笔下，这些在和平的日子里显得平平常常、普普通通的人，在保家卫国的关键时刻，都显出了他们的英雄本色。

西蒙诺夫是个作家，也是个记者，而且是中央级军报《红星报》的军事记者，因此，他对前线的形势和社会思想的变化都有敏锐的观察和感觉，而且能够做出迅速的反应。这种记者工作的职业特点在他的文学创作中也有明显的表现。他在战争期间创作的文艺作品，不论是小说、诗歌，还是戏剧，都是为适应战争或者说前线的要求而创作的。保家卫国的战争首先要求作家的作品要弘扬战士和人民保卫国家的爱国主义精神，激发人民战胜侵略者的信心和意志。在战争爆发的初期，当法西斯侵略者疯狂入侵，苏联红军节节败退的时候，西蒙诺夫写了抒情诗《等着我吧》，诗中那"我要回来的"呼号，给迷茫的人们坚定了战胜侵略者的信心。1942年，在卫国战争形势极为严峻的时刻，西蒙诺夫根据苏军部队几次小反击战的胜利，写了话剧《俄罗斯人》，歌颂军民团结一致，坚守家园，取得战胜德国侵略者的成功。话剧的演出极大地鼓舞了正在艰苦奋战的战士和人民。1943 年，苏联红军经过艰苦卓绝的战斗，取得了斯大林格勒战役决定性的胜利，彻底扭转了整个战争的战局。西蒙诺夫趁热打铁，写了长篇小说《日日夜夜》，把不怕流血牺牲、坚守阵地的斯大林格勒保卫者们的豪情壮志，比作每时每刻坚守岗位的工作，人人都在坚持战斗，人人都是英雄。西蒙诺夫以这部作品为苏联人民的爱国主义精神献上了一曲高入云霄的颂歌。小说在斯大林格勒战役胜利后不久，在报刊上发表，激励了苏联人民彻底战胜法西斯的顽强意志和战斗精神。这些作品都是应战争的需要而产生，又为赢得战争发挥了不可估量的作用。

战后，苏联的社会生活发生了许多复杂的变化。以描写伟大卫国战争为主题的文学作品，在概括现实的主题上，在表现主题的写法上，都有不同程度的深入和扩展。这些情况都是随着苏联当时的社会思潮和文学思潮的变化而形成的。这些情况在西蒙诺夫的作品中，特别是在创作历程长达十几年的《生者与死者》三部曲中表现得非常明显。三部曲的创作已经完全改变了单纯讴歌爱国主义、英雄主义的写法，融入了把写战争和思考苏联复杂的社会历史背景相结合的主题，使得抗战的主题更加深化，在战争的主线中融入了社会生活的方方面面，使人物的性格和心理更具有历史性和社会性的基础。于是就出现了像谢尔皮林这样具有深厚的历史和社会内涵的主人公形象。谢尔皮林出生在沙皇时代，经历了十月革命的历史变革，亲眼目睹了新旧社会天翻地覆的变化，在苏维埃政权下又蒙冤受屈，身陷囹圄，遭到不公正的对待。但他并不计较个人恩怨，也不在乎个人得失，对于革命的理想、革命的信念，坚如磐石，从不动摇，总是把对人民、对革命的责任看得高于一切。因此他能够无私无畏，刚正不阿，在任何情况下都坚持着老布尔什维克的政治本色。苏联时代的文学史家称赞谢尔皮林的形象"体现了他这一代人——肩负过革命的使命、经受过战前艰苦的历史环境考验的一代人的崇高的精神境界”①。与此同时,《生者与死者》三部曲中也描写了思想僵化的利沃夫、卑鄙无耻的巴斯特留科夫、明哲保身的柳欣和一群发国难财的投机倒把分子,通过这些人物形象,西蒙诺夫展示出苏联社会的复杂性,揭示战前年代苏联社会生活中的种种弊端对卫国战争的消极影响,但是尽管存在着这些问题,卫国战争仍旧取得了伟大的胜利,从而证明社会主义制度的优越性和俄罗斯民族的坚强不屈的性格。

西蒙诺夫从战争年代大量的生活现象中,抓住具有时代特征的东西,对历史事件和社会生活作了广泛而准确的概括,大至重要战役的描绘,小至个人的生活细节,都能做到既有生活的真实,又具时代的特征。历史的重大事件、个人的悲欢离合、主人公的坎坷际遇和丰富而深邃的感情世界、教条的思维模式、浩然正气的道德情操、卑劣无耻的苟且和自私,这一切都被巧妙地融汇起来,做到了小中见大,“大”“小”结合,“局部”与“全景”相结合,通过个别人物的命运反映历史事件,以历史事件的背景烘托主人公性格的时代特点,从而真实地再现了战争年代社会生活的风貌。

西蒙诺夫为军事题材的文学创作付出了毕生的精力,取得了卓越的成就,这是他对苏联文学乃至世界文学的重大贡献。

---

① 维霍采夫:《俄罗斯苏联文学史》,译文见北京大学俄语系俄苏文学研究室编译的《五十—六十年代的苏联文学》,北京:北京大学出版社,1981年,第65页。

第十章

西蒙诺夫与中国

西蒙诺夫是中国读者十分熟悉和喜爱的苏联作家。早在20世纪40年代，当中国人民抵抗日本侵略者的抗日战争正在如火如荼进行的时候，西蒙诺夫的作品便被介绍到中国，他的抒情诗《等着我吧》所饱含的对胜利的信念、对家人团聚的渴望，在遭受日本侵略的战火离乱中的中国人民心中激起强烈的共鸣。我国著名的文学家茅盾曾在当时的报刊上著文分析这首诗的艺术魅力："这一首抒情诗写于1941年，正当希特勒军队疯狂地直扑苏联，正当英勇的苏维埃战士离别了父母妻儿拿起武器走上火线，正当老弱妇孺从前方撤往安全的大后方，——是的，正当这样整个国家的人民都尝着生离死别的苦味的时候，这一首诗出现了；这一首诗里没有回忆过去的甜蜜，没有诉说现在的苦难，但是洋溢于全篇的缠绵悱恻的'等着我吧'的声音，却深刻地表达了知晓了自己的使命、自己的作战任务的苏维埃战士如何坚强不移抱着胜利的信心，抱着对于祖国和亲人们的挚爱！这是伟大的苏联人民的心声，借了西蒙诺夫的诗人之笔而向全世界宣告。”[①]当时，这首诗是我国著名的俄苏文学研究家、翻译家戈宝权先生翻译成中文的，译文清丽流畅，朗朗上口，非常完美地传达了原诗的情感和韵味，很受读者喜爱，在读者中流传很广。20世纪80年代以来，这首诗又有了几种新的译文，在读者中流传更广了。

抗日战争时期，在陕北的延安，中国的革命文艺工作者曾在延安中央党校的大礼堂排演了西蒙诺夫的话剧《俄罗斯人》，当时曾有幸观看演出的作家周立波回忆："剧中人物的坚定的意志和乐观的气氛，曾经打动了所有的观众。"[②]

西蒙诺夫的《日日夜夜》在苏联刚刚出版不久，苏联的外文出版机构就在莫斯科出版了小说的中文版，这真正是给正在为解放而斗争的中国人民雪中送炭。这部小说不仅鼓舞中国人民投入解放祖国的战斗，而且成为中国人民解放军的军事教材。西蒙诺夫成了我军战士熟悉的苏联作家，萨布洛夫更是战士们热爱的主人公。有经历过当时情景的同志回忆："我们解放军在高度野战化的作战和行军中，部队达到了最高度的轻装，人们甚至把自己最宝贵的纪念品都割爱了，但像《恐惧与无畏》和《日日夜夜》这样的好书总是在简单的行囊中占有着位置，跟着我们跋山涉水，成为战斗中的良好伴侣。"[③]据有关同志回忆，中国人民解放军高级将领刘伯承、徐向前、杨得志、杨成武、滕代远等同志曾多次号召我军指战员好好学习《日日夜夜》，做萨布洛夫那样智勇双全的指挥员。在晋冀鲁豫军区，《日日夜夜》曾被指定为团以上干部的必读文件。在攻打石家庄时，聂荣臻所属部队中，许多部队专门研究了《日日夜夜》萨布洛夫指挥攻占斯大林格勒三座楼房的战斗的一章；在攻打太原时，徐向前所部同样将这一章的摘要印成战场传单，发给担任巷战任务的部队，作为市街战斗的战术要领的参考资料。[④] 中国人民解放军战斗英雄，某部师长张明曾谈到他前后三遍读过《日日夜夜》，"不仅从中学到了一些军事科学知识，并且找到

---

① 茅盾：《康·西蒙诺夫访问记》，载剧本《俄罗斯问题》（中译本）一书，北京：世界知识出版社，1947年版。

② 周立波：《西蒙诺夫会见记》，《北京日报》，1952年11月7日。

③ 姚远方：《苏维埃战时文学成了我们无形的军事力量》，北京：《文艺报》1卷3期，1949年10月25日。

④ 以上资料均见姚远方：《苏维埃战时文学成了我们无形的军事力量》一文。

了自己所学习的榜样”。在攻打开封的战斗中，他是营长，他以萨布洛夫为榜样，勇敢顽强，机智灵活，打退了敌人的反扑，“像保卫斯大林格勒的萨布洛夫营一样，坚决地守住了这块阵地”。[①] 西蒙诺夫的《日日夜夜》也为我国的解放战争贡献了一份力量。

1949年后，西蒙诺夫作为苏联人民的第一批使者，同法捷耶夫一道，率苏联文化代表团访问我国，法捷耶夫是代表团团长，西蒙诺夫是副团长。代表团活动结束后，他又作为《真理报》的特派记者留在中国，采访尚未结束的中国人民解放战争。他到徐州访问了淮海战役的碾庄战场，采访淮海战役的情况，又随解放军第四野战军进军广西，采访解放广西的战斗。[②] 那次来中国，西蒙诺夫写了歌颂中国人民和新中国的动人诗篇，回国后又根据采访的印象写了《战斗着的中国》一书。

在苏联，西蒙诺夫曾多次接待访苏的中国作家。1947年茅盾访问苏联时，西蒙诺夫在自己家里亲切招待这位著名的中国作家。中国的两位获得斯大林文学奖金的作家丁玲和周立波都曾在苏联受到西蒙诺夫的热情招待。他的充沛的精力、愉快而潇洒的风度、热情而亲切的待人态度，都给中国作家留下了良好印象。回国后，周立波写了《西蒙诺夫会见记》，丁玲写了《西蒙诺夫给我的印象》(刊载于《文艺报》1949年1卷2期)。中苏两国作家的交往促进了两国人民的友谊和文化交流。

在中苏两国人民的友谊史上，既有阳光明媚的时日，也有阴云密布的时刻。在十年动乱期间，“四人帮”控制的宣传喉舌曾把备受中国人民喜爱的《日日夜夜》诬蔑成对苏联卫国战争的“恶毒诅咒”，把那首脍炙人口的抒情诗《等着我吧》诬蔑成“腐蚀、瓦解苏联人民和红军斗志”的大毒草。

① 张明：《我热爱苏联文学》，载《感谢苏联文学对我的帮助》一书，北京：作家出版社，1958年，第101—104页。

② 孟千：《西蒙诺夫巡礼淮海战场记》，载《文艺报》1卷5期，1949年11月25日。

西蒙诺夫的作品被当作“修正主义文艺”的“标本”大加挞伐。然而乌云毕竟遮不住太阳，荒谬掩盖不住真理。十年动乱之后，中国的俄罗斯苏联文学研究者进行了大量的拨乱反正、正本清源的工作，把颠倒的事实恢复其原来的面貌。专家、学者们举办了多次的俄罗斯苏联文学研讨会，重新认识、重新评价苏联作家和他们的作品。

在20世纪80年代初在苏州大学主办的一次全国性的苏联当代文学研讨会上，笔者和岳凤麟老师合作，在会上以《西蒙诺夫的〈生者与死者〉三部曲与苏联50、60年代的文艺思潮》为题做了个联合发言，客观而实事求是地肯定了西蒙诺夫的创作，积极地评价西蒙诺夫“在三部曲的创作中，敢于正视现实，冲破旧框框的束缚，从苦难和挫折中揭示胜利的源泉，真实地历史地描绘了卫国战争的全过程，从而使作品获得了巨大的成就”。[①] 大概过了两三年，黑龙江大学又在哈尔滨举办了一次全国性的苏联当代文学研讨会，笔者为大会提供了一篇题为《西蒙诺夫和他的军事题材小说》的书面发言，会后发表在《社会科学战线》杂志1985年第4期上。文章概括地论述了西蒙诺夫文学创作的历程，着重分析了他的军事文学创作中对艺术真实性的追求，弘扬爱国主义的激情和不遗余力地在作品中塑造正面的英雄人物的热忱，说明“尽最大努力来遵循生活的真实”是西蒙诺夫一贯坚持的创作原则，也是他在艺术上得到成功的根本原因。

十年动乱之后，中国的俄苏文学教师和研究者开始自主地编写俄罗斯苏联文学史。80年代初，经国家教委批准，由北京大学牵头，北京师范大学、北京外国语学院、南京大学、复旦大学、华东师范大学、上海外国语学院、武汉大学、黑龙江大学参加，由曹靖华任主编，集中四十多位专家学者，编写了我国第一部三卷本俄罗斯苏联文学史。该书的第二卷写1917年至50年代初的苏联文学史，在论述“卫国战争时期和战后初期文学”的一章中，西蒙诺夫的创作单列一节，比较详细地分析了西蒙诺夫在卫国战争时期的创作，充分肯定了这些作品中洋溢的爱国主义激情和所达到的艺术成就。该书第三卷叙述50年代初至80年代初苏联当代文学的发展过程，在第六章“60年代中期至70年代末的小说”中，专有一节论述“战

---

① 岳凤麟、李毓榛：《西蒙诺夫的《生者与死者》三部曲与苏联五、六十年代的文艺思潮》，载《五、六十年代的苏联文学》，北京：外语教学与研究出版社，1964年，第466页。

争题材小说”,其中比较详细地论述了西蒙诺夫的《生者与死者》三部曲的创作,指出“三部曲的主要艺术成就就是完整地反映了苏联卫国战争的撤退、相持、反攻的全部历史过程,形成一个完整的环形结构,……既反映了重大历史事件,也描写了主人公的悲欢离合,……突出地表现出人民是国家的栋梁,人民是胜利的源泉”,“三部曲堪称广阔地描绘卫国战争的巨幅画卷”。[①] 在20世纪80年代到90年代初的十几年里,我国学者相继编写了好几种苏联文学史,其中有宁夏人民出版社出版的臧传真、俞灏东、边国恩主编的《苏联文学史略》(1986),辽宁人民出版社出版的雷成德主编的《苏联文学史》(1988),北京大学出版社出版,李明滨、李毓榛主编的《苏联当代文学概观》(1988),北京大学出版社出版,任光宣主编的《俄罗斯文学简史》(2006)等,这些著作中或设专章,或以专节,对西蒙诺夫的创作进行了或系统、或概括的评述,充分肯定了西蒙诺夫在军事文学创作上所取得的成就和为军事文学创作所作出的贡献。这就是说,对于西蒙诺夫毕生所从事的军事文学创作、他所取得的成就、他所作出的贡献,中国的研究家和学者们已经达成共识。

---

① 曹靖华主编:《俄苏文学史》第三卷,郑州:河南教育出版社,1993年,第154—155页。

第十一章

结束语

西蒙诺夫自诩是“军事作家”,他满怀自信而又不无自豪地在他的六卷集序言中说:“我的所有散文作品都是和伟大卫国战争以及卫国战争之前的远东军事事件有关的。我的诗歌和戏剧大部分也是这种情况。这是好的,抑或是不好的;不过,迄今为止,我始终是、今后仍将是军事作家,我必须预先奉告读者,打开六卷集中任何一卷,你都会一次再次地遇到战争。”

有一次,西蒙诺夫同大学生读者会见时,有学生问他,关于战争,您写了许多,您这样写一成不变的题材,不感到太狭窄吗?西蒙诺夫回答说,就整个文学而言,只写战争题材是狭窄的,但对某个作家来说,却未必如此。他说,现在是和平年代,到处都在进行大规模的建设,“在这种宏伟的建设、繁忙的劳动以及为未来而进行艰巨斗争的气氛感染下,描写我们在战争年代所经受的种种艰辛,心里似乎就得到一些宽慰;之所以感到宽慰,是因为对于到底为了什么才去经受这番艰辛,有了实际的体会”①。西蒙诺夫说

① 西蒙诺夫:《写在新的创作之前》,李毓榛译,载《苏联当代作家谈创作》,北京:北京师范大学出版社,1984年,第244页。

这番话的时候,是1961年,他正在创作《生者与死者》三部曲。这番话可以说道出了他执着地创作军事题材的缘由和心情。当年的流血牺牲、保家卫国,正是为了祖国今天的繁荣昌盛,战士的鲜血没有白流,壮士的牺牲也就有了无限的价值。作为作家,他责无旁贷地、如实地把这种关于民族大义的崇高精神记录下来,使后来人受到感染、教益,自然也是一种内心的满足。

许多年后,到了晚年,西蒙诺夫对于一生都写战争题材有了新的见解。他在给一位读者的回信中说,他要把"生命的最后一刻"的"剩余的全部精力"都投入的工作是:"第一,尽自己的能力和理解写出和说出战争的真实情况;第二,仍旧是尽自己的能力和理解,阻止有人想说或想写关于战争的非真实情况;第三,竭尽全力把肩负着战争主要重载的普通的战争参加者的作用展现在后代人的面前,写出他的全部真实的悲剧,也写出他的全部真实的英雄气概;第四,无论在什么情况下,无论过去还是现在,只要我碰上对某个战争参加者不公正的事,我要尽自己的所能,即使求助于其他人,也要纠正这种不公正的事情,我认为这是我个人义不容辞的责任。"[①]在这里,西蒙诺夫说的不仅是作家的创作问题,还是一个公民的社会责任感。他认为自己作为一个反法西斯卫国战争的参加者、见证者,把战争的真实情况告诉那些没有参加过战争的人,那些晚生的后辈,是自己义不容辞的社会义务和公民责任,他应该使后辈子孙了解,法西斯的侵略是如何的残酷,他的那一辈青年、壮年乃至老年是怎样不怕流血牺牲,奋起保卫祖国,表现出大无畏的英雄气概。西蒙诺夫把自己的写作和文学活动当作一种社会义务、公民责任。在晚年,他不仅创作文学作品,而且利用新兴的电视传媒,制作了一系列电视片,展现那些普普通通的苏维埃人,一旦祖国需要,挺身而出,在战场上建立了英雄的业绩和功勋。平日里在工厂、在田野劳动的普通苏维埃人,在和敌人的生死搏斗中却显示出他们的英雄性格。

西蒙诺夫诞生在十月革命前夕,他的少年、青年时代是在苏维埃社会主义制度下度过的。他是苏维埃新社会培养起来的第一代青年。在反法西斯卫国战争的战场上浴血奋战的也大多是他们这一代青年。有的评论家说,正是他们这一代人战胜了德国法西斯,取得了卫国战争的胜利。他

① 转引自拉扎列夫:《康·西蒙诺夫》,莫斯科:"文学艺术"出版社,1985年,第9—10页。

们在战争中所表现出来的那些优秀品质无不闪耀着十月革命和苏维埃社会主义制度的光辉。西蒙诺夫有一次谈到，“从我的道德原则的观点看来，自我封闭，以自我为中心，脱离人民的共同利益的立场，我在青年时代便认为是不能容忍的，甚至是可耻的……”他在小说中所塑造的那些将士的形象也都是按照他的这个道德原则塑造的。那些在工作中、战斗中都是为了国家和人民的利益，在生活中总是替别人着想、把自己放在第二位的苏维埃人，是他讴歌的正面人物，他们体现着苏维埃的爱国主义精神和俄罗斯的民族性格；那些贪生怕死、损人利己、事事为个人打算的人，是他批判的对象。西蒙诺夫一生书写反法西斯卫国战争小说，讴歌那些用自己的生命保卫苏维埃祖国的人，这是难能可贵的。他晚年创作的长篇小说《所谓的个人生活》和他的战争年代的日记《战争中不同的日子》，以战争年代铁一般的事实说明，在任何时候，个人生活都不能脱离祖国的安全和民族的独立，离不开广大人民的共同生活。

西蒙诺夫是在社会主义制度培养、教育下成长起来的，他的人生观和价值观都是在社会主义制度下形成的。他的文学创作是20世纪苏联文学的一个重要组成部分。苏联虽然已经解体，但是苏联文学所蕴含的精神财富却具有不朽的价值，永远值得人们研究、学习。

附　录

1. 西蒙诺夫自传

译者按：这是西蒙诺夫写的最后一份，也是最详尽的一份自传，原载《西蒙诺夫文集》十卷本第一卷和文集《今与昔》，本文据十卷本第一卷译出。

(1)

1915年我生于彼得格勒，但童年时代却是在梁赞和萨拉托夫度过的。我的母亲做过打字员，有时也当办事员，继父当年曾参加过对日战争和对德战争，[①]他是军事学校的战术课教员。

我们家住在军官宿舍里。我的周围是一派军人生活的气氛：邻居都是军人，而且整个军校的生活也都摆在我的面前。早上和晚上的点名就在窗外的操场上。我的母亲和其他军官家属参加各种“促进委员会”的活动。父母的来客最常谈论的也是部队工作和

① 即日俄战争和第一次世界大战。

军队事务的话题。我和其他孩子每月两次到粮库去领取军官给养。

晚上，继父坐在那里画准备上课用的草图，我有时候给他帮点忙。我们家有严格的、纯粹军人的纪律。每天的日程安排得很紧，一切都要按照钟点，准时正点地完成，不许延误，也不准推诿，无论对谁许下诺言，都要求严格兑现，任何谎言，即使最微小的谎言，都会受到鄙视。

因为父亲母亲都是有工作的人，所以家里也实行劳动分工。从六七岁起我就开始担负力所能及的、逐渐增加的工作。擦桌子扫地，洗盘涮碗，洗土豆，照管煤油炉，如果母亲没时间，我还要去买面包和牛奶。至于让人给我铺床放被，帮我穿衣服，我不记得有过这种事。

我们家的气氛和父亲工作的部队的环境，在我身上培养起一种对军队、对一切同军事有关的事物的迷恋，一种夹杂着崇敬心情的迷恋。这种童稚的、尚未完全意识到的感情，正如后来所证实，已经融化在血液里，渗透到心灵中了。

1930 年春天，我在萨拉托夫七年制中学毕业以后，没有再上八年级，而是进了工厂艺徒学校学习镟工。这是我个人决定的，起初父母并不十分赞成，但是最后，一向十分严肃的继父说："这是他的事情，就让他照自己的决定去做吧！"

现在回忆起这个时期的事情，我想，当时促使我这样做而没有采取其他做法的重要原因有两个：第一个原因，也是主要的原因，就是五年计划，离我们不远的斯大林格勒新建成的拖拉机厂以及普遍的浪漫主义的建设热忱，已经使还在六年级的我坐不住了。第二个原因是希望独立谋生。我们的日子很拮据，勉强维持生活，所以在艺徒学校第二年我的每月三十七卢布的工资竟成了我们家财政预算中的一笔重要收入。

在工厂艺徒学校，我们每天四小时学习理论，四小时工作，起初在实习车间，后来便到各个工厂去了。我去工作的地方是"通用"厂机械车间，这个厂生产镟床用的是美式卡盘。

1931年晚秋,我随父母迁到莫斯科。1932年春,我在精密机械工厂艺徒学校毕业,定级为四级镟工,便到一家飞机工厂工作了,后来又调到"国际工人救援影片"电影制片厂的机械车间。

我根本不是心灵手巧的人,因此学习技术是十分困难的;但是渐渐地工作顺手了,几年后我便成为七级工了。

这几年里,我开始写一点诗歌。一次偶然的机会,我得到一本法国诗人埃雷迪亚①的十四行诗集《锦幡集》,是奥列伦—格鲁什科夫翻译的。至今我都难以解释,为什么这些冷冰冰的美丽诗行当时对我起了那么大的作用,使我模仿他而写起十四行诗来,写了整整一练习本。显然这些诗唤起了我初次试笔的愿望。不久,我一口气啃完了马雅可夫斯基全集之后,我又有了一个新产儿——以和普希金纪念像进行长谈的形式写的一首长诗。紧接着这首长诗,我相当迅速地写了另一首长诗,是取材于国内战争时代的;于是我逐渐迷恋起写诗来了,——这些诗,有的听起来还有铿锵的韵律,但大部分是模仿之作。我的亲友同事都很喜欢这些诗,但是我并不十分看重它们。

1933年秋,报纸上满篇都是报道白海工程的文章,在这些文章的影响下,我写了一首题为《白海运河的建设者》的长诗。朗诵时,听众反映还不错。有人便建议我拿它去文学咨询部试试——也许会被看中出版呢。

虽然我对此并不抱有十分的信心,但毕竟抵挡不住发表作品的诱惑力,于是来到大切尔卡斯巷,在四层楼上一个摆满桌子的拥挤的房间里,我找到了国家文学出版社文学咨询部。领导这个部的是弗拉季米尔·约瑟夫维奇·捷林斯基。有一个时期他曾以列昂季·科托姆卡为笔名在《真理报》上发表过许多文章,而从事咨询的却是阿纳托里·康斯坦丁诺维奇·科托夫、谢尔盖·华西里耶维奇·巴尔特尼科以及斯捷潘·尤里耶维奇·科里亚振。当时他们都是年轻人,干劲十足,热爱自己的工作,然而同初学写作者打交道是一件需要耐心细致的工作,并且远不是都能得到感谢的。我来得正是时候,国家文学出版社文学咨询部正筹备出版第二个青年作者作品集,题名叫作《力量的检阅》。

读完我的作品之后,科里亚振说我不无才气,但作品还要大大加工。于是我便开始加工了;半年之中,几乎每隔两个星期我就要重抄一遍长诗,拿去给科里亚振看,但他总是一遍又一遍地让我重改。最后到了春天,科里亚振

---

① 埃雷迪亚(1842—1905),法国诗人,1862年开始发表诗作,《锦幡集》(1893)是他的代表作品,多半取材于古希腊罗马的神话和传说,艺术形式精致完美,但很少表现作者的内心感情。

认为我对这首长诗已经尽到了最大努力，便拿去见国家文学出版社的诗歌编辑瓦西里·瓦西里耶维奇·卡津。卡津也认为我是有才能的，但长诗就这个样子，他不能接受，他说，这首诗里只有个别的地方，或者如他所说，个别的片段是成功的。即使这些片段，也还要经过一番修改加工之后，才能收进《力量的检阅》这个集子中去。

整整一个春天，直到初夏，每天下班回来，我就坐在家里埋头修改这些片段，直到深夜。当我在大量修改的重压下筋疲力尽的时候，我一向觉得很严厉的卡津却突然说："行啦，现在可以发排了！"《力量的检阅》这个集子终于送到印刷厂，现在就等着它的问世了。

夏天，我决定趁休假的日子到白海运河去，亲眼看看我的诗里所描写的情景，我的诗完全是根据报纸上别人的文章做素材写成的。当我在出版社咨询部吞吞吐吐地谈起这个意思的时候，出乎意料之外，我不仅得到了道义上的支持，而且还得到了物质上的帮助。群众文化工作部拿出钱来补助我的这次旅行。几天以后，我拿上三百卢布，再加上假期津贴，便出发到大熊山去了，从事许多运河修建工程的所谓白海一波罗的海营地管理局就设在那里。我的口袋里装着介绍信，上面写明：西蒙诺夫，业余青年诗人，去你处搜集有关白海运河的素材，国家文学出版社群众文化处希望贵处给予诗人以尽可能的协助。

我在白海运河工地待了一个月。大部分时间我都住在离大熊山不远的一个宿营点上。我当时刚十九岁，在我借宿的大棚里（我住在营地训导员的小屋里）当然不会有人真正把我当作作家。我这个人，既不引起别人的兴趣，也不会令别人局促不安，因此人们仍旧照常生活。我对他们谈起自己的情况，并说要写一首描写白海运河的长诗（我确实想写一首新的长诗来代替过去那首），他们对这件事有幽默的赞许，拍拍我的肩膀，鼓励我说："小伙子，要干出点名堂来！"

回到莫斯科以后，我写出了这首新的长诗，题名《地平线》。这首诗仍旧写得晦涩难懂，不过诗里写的已经是我所见所闻的现实内容了。咨询部建议我到工人文学夜大去学习——这是遵照高尔基的倡议新近开办的一所大学，咨询部甚至给我开了介绍信。

通过入学考试之后，1934 年 9 月初，我在著名的"赫尔岑之家"走廊里悬挂的一长串录取者名单中找到了我的姓名。这张名单之中，有许多人以后并没有成为作家，但是也有不少人如今是诗坛上赫赫有名的人物，他们中有：谢·斯米尔诺夫、谢·瓦西里耶夫、米·马图索夫斯基、维·鲍科夫、奥·维索茨卡娅、扬·萨申。

最后的一年半,我学习很困难;我仍旧当镟工,先在“国际工人救援影片”制片厂,后在“技术影片”制片厂。我住得很远,在谢苗诺夫门外,工作地点在列宁格勒公路附近,晚上又跑去听课,夜间回来又继续写作和抄写白海运河的长诗——这首诗越写越长了。实际上已经没有睡觉的时间,而且我读书太少,如果说以前还不太感觉,这时已经明显地感到了。必须短期内狼吞虎咽地吞下大量的文学作品。

到二年级的时候已经很明显,我再也不能工作、学习、写作同时做三件事了。我只得狠狠心辞去工作,靠临时挣点钱勉强维持生活,因为我们没有助学金,而我的诗作也还没有出版。

回顾青年时代,我不能不想起我在文学院诗歌班的导师伊·杜科尔和列·季摩菲耶夫以及当年我的诗歌创作的指导老师卢戈夫斯科依、安托科利斯基①,他们在我的写作生涯中都曾起过不小的作用。

1936 年《青年近卫军》和《十月》两杂志发表了我最初的几首诗,1938 年,描写白海运河的那首长诗终于以《巴维尔·乔尔内依》为题出版了单行本。五年前,我正是拿着这首长诗的第一稿投奔文学咨询部的。它的出版并没有使我多么高兴,但是这首诗的写作和修改却使我学会了工作。

然而使我感到真正跨入诗人行列的并不是几首诗作的发表,也不是我的第一本诗集的出版。

国际旅司令鲁卡奇将军在西班牙韦斯卡附近阵亡的消息,在报纸上发表不久,我突然听说,传奇般的鲁卡奇原来就是作家马杰·扎尔卡——这个人我见过不止一次,而且一年前我还常常在电车上、大街上碰到他。当天晚上我就坐下写了《将军》这首诗。

诗里写的是马杰·扎尔卡—鲁卡奇将军的一生遭际,但是在诗里我却是以少年人的直率和热情回答了自己的问题:在革命的时代我们这一代青年的命运应该是什么样的?应该以谁为榜样度过一生?

是的,我正是希望能够这样,像马杰·扎尔卡那样度过自己一生。是的,为此而献出自己的生命,我将在所不惜!

《将军》一诗,韵律不工,有的诗行笨拙累赘,但是我觉得,我的内心所包含的感情力量却使这首诗成为我的第一首真正的诗作。如果说要讲讲开始

---

① 安托科利斯基(1896—1978),俄罗斯诗人,从 1921 年开始发表作品,作品具有浓厚的浪漫主义色彩,卫国战争年代写有大量爱国主义诗篇,代表作长诗《儿子》曾获斯大林奖金。

写作的经过,那么到这里似乎已经该搁笔了。

(2)

以后的经历,一个1938年加入作协的专业作家的经历,我要说得简单些了。如果说你还没有发表作品或者你刚刚开始发表作品时的情况,只能由你自己来讲,那么你成为作家以后的情况,主要应由你的作品来说明了。

因此,我的这份自传的下一部分只不过是对作品这个最重要的东西做一点简短的注释罢了。

1938年秋,高尔基文学院毕业后,我又到文史哲研究所去当研究生。1939年夏,通过了三门副博士最低科目的考试。同年8月接到红军政治部的命令,前往蒙古哈勒欣地区做《英勇红军报》的军事记者。从此我再也没有回文史哲研究所听课。

哈勒欣战役之后,芬兰战争期间,我在伏龙芝军事学院上了两个月的军事记者训练班,但是还没有到前线去,战争就结束了。

1940年我写了第一个剧本《一场爱情风波》,年底在列宁共青团剧院上演了。接着我又写了第二个剧本《我城一少年》,在同一个剧院上演,那时已经是战争爆发的前夜了。

从1940年秋到1941年6月我在军事政治学院军事记者训练班学习。1941年6月中旬,训练班结束,我得到了二级军需官的军衔。

1941年6月我成为预备党员。1941年6月24日从预备役应征入伍,带着红军政治部的命令前往格罗德诺区第三集团军《战旗报》工作。由于前线局势的变化没有到达预定地点,于是便被派往西部方面军《红军真理报》编辑部工作。在那里工作到1941年7月20日。作为军人记者,我同时又给《消息报》寄发战地通讯。1941年7月20日调任《红星报》军事记者,直到1946年秋天。

1942年6月我成为正式党员。

1942年我被授予上尉营级政委的军衔。1943年被授予中校军衔,战后得到上校军衔。

1942年我荣获"战斗红旗"勋章,1945年荣获两枚一级"伟大卫国战争"勋章,捷克斯洛伐克的"军人十字"勋章和"白狮"勋章。由于参加哈勒欣地区的战斗,战后荣获蒙古的"苏和巴托"勋章。

由于文学方面的成绩,1939年我被授予"荣誉标志"勋章,1965年获得列宁勋章,1971年又一次得到列宁勋章。

我写的大部分通讯,战争年代都曾发表在《红星报》《消息报》和《真理报》上,后来编成《从黑海到巴伦支海》四卷集、《南斯拉夫纪事》《捷克斯洛伐克书信》,还有许多篇散见于各种报纸刊物。战争年代我写了话剧《俄罗斯人》《望穿秋水》《必定如此》、中篇小说《日日夜夜》、两本诗集《离散情思》和《战争》,战争结束后立即写了话剧《在布拉格栗树下》。

我在战争期间的作品以及战后所写的大部分作品,其素材几乎全部都是我在前线的记者工作中搜集的。

因此,对战争年代我工作的地理区域做一番介绍,也许还是值得的吧。由于工作关系,我在不同的时间曾到过下列方面军:

1941 年:6—7 月,西部方面军;8—9 月,南部方面军,滨海集团军:敖德萨、克里米亚独立集团军,克里米亚、黑海舰队;10 月及 11 月,卡累利阿方面军摩尔曼斯克方向,北方舰队;12 月,西部方面军。

1942 年:1 月,外高加索方面军(诺沃罗西斯克,费奥多西亚);1 月—2 月,西部方面军;2 月—3 月,刻赤半岛;4 月—5 月,卡累利阿方面军摩尔曼斯克方向;6 月——8 月,布良斯克方面军,西部方面军;8 月—9 月,斯大林格勒方面军;11 月,卡累利阿方面军摩尔曼斯克方向;12 月,西部方面军。

1943 年:1 月—2 月—3 月,北高加索方面军和南部方面军;5 月—6 月编辑部给我假期写作《日日夜夜》,这两个月我住在阿拉木图,差不多写完了全书的初稿。6 月,库尔斯克弧形地带;8 月—10 月,数次去中央方面军的几个集团军采访。12 月,以《红星报》记者身份出席哈尔科夫法庭对大规模屠杀居民的法西斯分子的审判。

1944 年:3 月—4 月,乌克兰第一、第二方面军;5 月,乌克兰第二方面军;6 月,列宁格勒方面军,从突破曼涅盖伊姆战线到攻占维堡;7 月—8 月,白俄罗斯第一方面军,卢布林,马伊达内克,8 月—9 月,进军雅西到布加勒斯特期间在乌克兰第二、第三方面军的部队,后来去保加利亚、罗马尼亚和南斯拉夫;10 月,塞尔维亚南部南斯拉夫游击队;贝尔格莱德解放以后,飞往意大利巴里苏联空军基地。

1945 年:1 月—4 月,乌克兰第四方面军,乌克兰外喀尔巴阡,波兰南部,斯洛伐克,在我军部队和捷克斯洛伐克旅部队;4 月末,乌克兰第一方面军,在托尔卡乌与美国人会师。柏林战役的最后几天,在乌克兰第一方面军和白俄罗斯第一方面军的部队。出席卡尔斯霍尔斯特德军投降的签字仪式。5 月 10 日到布拉格。

战后,由于种种复杂的关系,三年中我曾多次出国工作。我的国外之行,时间最长、最有意义的都是和记者工作以及作家创作有关的:访问日本(1945年12月—1946年4月)、美国(1946年4月—1946年6月)、中国(1949年10月—1949年12月),最后这次出访大部分时间是以《真理报》军事记者的身份在中国南方的中国人民解放军第四野战军中度过的。

1958年至1960年我住在塔什干,作《真理报》采访中亚各共和国的外勤记者。这几年曾有机会多次沿着建设天然气管道的线路访问过天山、帕米尔、饥饿草原、卡尔希草原、克齐尔库姆沙漠、卡拉库姆沙漠。

1963—1967年,我还是以《真理报》特派记者的身份访问了蒙古国、台米尔、雅库特、克拉斯诺亚尔斯克边疆区、伊尔库茨克州、科拉半岛、哈萨克斯坦、哈巴罗夫斯克边疆区、滨海地区、堪察加、马加丹、科克奇。1970年到过越南。

战后年代我的社会工作是这样的:1946年到1950年,1954年到1958年,《新世界》杂志主编。1950年到1953年,《文学报》主编。1946年到1959年,1967年到现在,苏联作家协会理事会书记。1946年至1954年,苏联最高苏维埃代表。1952年至1956年,苏共中央候补委员。1956年到1961年,苏共中央监察委员会委员。

曾当选苏共二十三、二十四、二十五次代表大会代表。在苏共二十五次代表大会上当选为苏共中央监察委员会委员。

多年来一直是争取和平运动的参加者。最近几年是苏联保卫世界和平委员会副主席之一。

我这个时期的文学创作曾六次获得苏联国家奖金:话剧《我城一少年》《俄罗斯人》《俄罗斯问题》《异邦暗影》、诗集《友与敌》、中篇小说《日日夜夜》。电影《生者与死者》还获得俄罗斯联邦共和国瓦西里耶夫兄弟国家奖金。

1974年我被授予社会主义劳动英雄称号,《生者与死者》三部曲获得列宁奖金。

1946年我当选为德意志民主共和国艺术科学院通讯院士。

战后时期,我继续从事诗歌和戏剧写作,写了几个剧本,其中《俄罗斯问题》和《第四个》我认为比其他几个剧本写得成功;出版了三本诗集:《友与敌》《一九五四年诗抄》以及《越南,七O年冬天……》,翻译了许多诗歌。

但是更多的是写小说。五十年代出版了长篇小说《战友》、中篇小说《祖国的青烟》、中篇小说集《洛帕京札记》。

1955年至1970年我致力于《生者与死者》《军人不是天生的》《最后一个夏天》三部作品的创作,现在三部完成以后,组成一部统一的长篇小说,总标题《生者与死者》。

我最近写的两部中篇小说《离开战场二十天》和《你我不会再见面》最终完成了系列小说《洛帕京札记》的创作。

1977 年我出版了两卷日记《战争年代不同的日子》。这本书的写作应该从 1941 年算起,收进集子的最初几篇笔记就是那时写的。

这两卷战时日记出版不久,我的另一部日记作品《1946 年的日本》也问世了,在事件发生的时间上和前一本书几乎是衔接的。

近几年来,除了纯粹的文学创作之外,我还从事电影、电视纪录片制作。我参加制作的影片有:《如果你珍视你的家园……》《格列纳达,格列纳达,我的格列纳达……》《无所谓别人的痛苦》《士兵在行进……》《马雅可夫斯基布置展览》,电视片《士兵回忆录》《亚历山大·特瓦尔多夫斯基》《多么有趣的人物》。

1978 年

2. 西蒙诺夫访谈录

译者按:这是西蒙诺夫关于军事题材创作问题的三次谈话,曾分别发表在苏联《文学问题》杂志。第一篇原题《写出来的和没写出来的书……》,载 1973 年第 1 期;第二篇原题《在前方和后方……》,载 1975 年第 5 期;第三篇原题《既是自白,也是宣传》,载 1978 年第 12 期。作者曾将前两篇以《谈写书,又不限谈书》为题合为一篇,收入文集《今与昔》,个别地方文字上略有改动。1979 年西蒙诺夫去世以后,拉扎列夫编的《西蒙诺夫自述》又将第三篇收入。本文据莫斯科"苏维埃俄罗斯"出版社 1981 年出版的《西蒙诺夫自述》译出。三次谈话的主持人都是《文学问题》杂志编辑拉扎列夫,本文简称"拉",西蒙诺夫的回答简称"西"。译者在翻译时略有删节。

(1)

拉:伟大卫国战争成为您的主要题材已经许多年了。从什么时候起您便感觉到这是您要长年写作的题材?为什么?

西:初看上去尽管十分奇怪,然而这的确是战争爆发以前的几年里的事。因为希特勒在德国上台的年代，我们那一代人正是18岁的年纪，实际上从1934、1935年我们就隐隐约约感觉到有一场战争正在临近。这种感觉由于远东事件而更强烈了，因为从三十年代初期，日本占领中国东北，直接面对我们国境线，边境地区的部队事实上一直保持着二级或一级的准备状态，这是我们都知道的；边防军和部队都做好充分战斗准备，以防敌人的进攻。

当时的文学中，对于这样那样的作品，尽管方式可以不同，但是战争即将到来这一点是不容置疑的，比如，巴甫连柯的长篇小说《在东方》就有远东的这种紧张气氛，而且这种气氛还存在于当时的许多诗歌中，比如多马托夫斯基的组诗。

是的，当时主要是感觉到法西斯要同我们打仗，迟早我们要拦住他们的去路。因此还在战前我便感觉到军事题材应作为主要的题材。

若以战前而论，当然，这种感觉由于西班牙战争的爆发而加剧了。西班牙战争一爆发，一方面，意大利的法西斯军团和希特勒的"兀鹰"特种部队都派到那里去了；另一方面，我们的志愿军也去了。当时这是保密的，不过我们反正都知道这件事。我们的志愿军和世界各国的反法西斯战士组成了若干个国际旅。我们的飞行员和坦克手为参加这些战斗而获得了最初的奖赏。那时便产生了战争已迫在眉睫的感觉。于是我写了我那些早期的战争题材的诗歌。

由于我对历史感兴趣，这些诗都是写历史往事的，如长诗《苏沃洛夫》和《冰湖大战》。不过，《冰湖大战》不仅涉及过去，而且同现在和未来都有直接的联系。我现在仍把这首长诗的尾声收进我的各种诗集里去，因为它表现出我当时对日益临近的战争的态度。

在写这些长诗的同时，我也写了一些关于西班牙的短诗。这些诗主要还不是写战争本身，而是写对战争要有所准备。这一点贯穿在所有的题材之中。我感兴趣的不是一般的勇敢精神的主题，而是反法西斯战争中的大无畏精神。由于同法西斯的一场武装搏斗日益临近，我也第一次写了国际主义的主题。我们确信，同法西斯的战争将具有国际主义性质。

后来，1939年，我来到哈勒欣地区，随后便写了一组短诗，这些诗中，战争不再是头脑中的想象，不再是预先的假想，而是亲眼目睹的事实了。战争还反映在《一场爱情的风波》和《我城一少年》这两个剧本中，这两个剧本都是写于哈勒欣之行之后而在卫国战争爆发之前。而且《我城一少年》有个地方写到剧本的主人公在哈勒欣收听广播，听到法西斯军队进入波兰，占领克拉科夫的消息。顺便说说,我对1939年8月在莫斯科同里宾特罗甫[①]签订的条约有自己的理解,因为我是在蒙古得知这一消息的,当时那里的战斗仍在进行着。我们面对的日本人是个强大的对手,因此在背后的某个地方签订这样一个条约,它说明我们至少不会受到背后的攻击。尽管这个条约在心理上非常出人意料,然而当时我认为它是非常必要的……

拉:这就是说,从战争一开始您就明确战争主题也就是反法西斯斗争的主题了?

西:是的,是反法西斯斗争的主题,这场斗争还不仅是俄罗斯人的,不仅是苏联人的,而且是全世界各族人民的。因此才写了关于西班牙的诗,写了蒙古组诗中《最勇敢的人》这样的诗。对我来说,同法西斯斗争的主题从一开始就是同国际主义的主题密不可分的。

后来,在战争中,报刊工作要求我写散文、特写,之后又写点所谓文艺作品。于是我便卷入散文中去了,而纯粹战争题材的诗却写得越来越少,诗歌中抒情主题占了首位。不过也有一些具有直接目的性的诗,比如像《如果你珍贵你的家园……》这样的诗。

拉:不过,抒情诗尽管不是直接地,但也依然是反映战争的吧?

西:当然,也是反映战争的。然而散文同战争的联系却更为直接。

至于说到我在战争中写了那些东西之后又第二次写这个题材,这却不是战后立即开始的,很长一段时间我没有写战争题材。长篇小说《战友》写的是蒙古,哈勒欣战役,它只不过是一部篇幅宏大的战争小说的前奏,早在战争期间,我就开始构思这部小说了。但是实际上,我重写战争题材是在1955年。当我全力以赴创作长篇小说《生者与死者》的时候,我又一次感觉到这个题材才是我以后多年的主要题材……

拉:人们有时说,对于作家,报刊工作乃是生活的学校。前线记者的工作给了作为作家的您一些什么呢?是否其中也有消极的因素?记者和艺术

---

① 里宾特罗甫时任法西斯德国的外交部长。

家毕竟不是一回事啊。

西:是的,都说报刊工作是生活的学校……,大概,这对于报刊工作以及其他各种工作都是正确的。每一种工作都是生活的学校,只不过问题在于这个学校有多大的范围了……比如,我的第一个生活的学校是在生产岗位上工作的几年。这几年的工作之成为我的生活的学校,并不是说后来直接反映到我的书里去了,至今我也没有写过这方面的任何东西;而是这几年的工作把我培养成人了。我在车床前工作了五年,这教会了我要这样而不是那样看待某些事物,它以某种方式培养了我的纪律观念,使我对生活的复杂性有了准备。再说一遍,尽管这五年并没有直接反映在我的书里……

拉:没有成为作品的素材吗?

西:没有成为素材。但是却成了道德和心理的学校。

记者工作是多种多样的。应当说,常驻某一个方面军的军事记者,他的工作是有其优越性的。它使你能够观察战争的整个进程:部队整编,有时是令人烦恼的沉寂,这些间隙真是令人难受,而后便是惊天动地的事件——发动进攻,随后进攻又转为沉寂。如果一个人在相当长的一段时间里经常去某几个固定的部队,便会产生一种特殊的感情,对伤亡的感觉更为敏锐,对于人们的来来去去,甚至一去不返,你会有强烈的感触。你熟悉的一个团,人员已全部更新。你会更清楚地看到人们在变化,在前进,也有后退的:人们在战场上张皇失措也是常有的事;但更多的是前进了。从一般的精神面貌和纯粹军事素养来说,他们更多的是成长了。你会观察到,有的人,你原来认识他,是个士兵或者中士,或者文书,到战争结束时却成了营长或者团长。

在一个地段上观察到的这一切会使人对战争有深刻的认识。我的许多同志正是这样工作的,从而取得了丰富的经验。

至于我的工作,我总是在各条战线上来往奔波,这也有其优越之处。我亲眼目睹了许多进攻行动和重大事件。除了极少意外情况,我不到那些平静无事的地方去,派我去的地方,总是正在准备某种行动,或者已经发生了某种情况,我便有了比较的可能。我军战争各个时期的进攻行动,我都看到过。这也是一所非常重要的生活的学校。而且我有时也争取回到以前去过的部队,在一两年之后重去采访在另一环境中所见过的人们。这是很有意思,也很有教益的……

记者工作对作家创作是否有妨碍呢?越是临近战争结束,我为报纸版面的写作就越感到困难了。我仍旧怀着不亚于从前的兴趣到前线去,观察,记录。但是过后把这一切变成限期登上报纸版面的东西,我却越来越感到困难了。很希望多考虑考虑,晚点动笔,等一等,但这并不是经常能够办到的。具有代表性的是,最使人感兴趣的战时日记是有一个时期由于某种原因不为报纸写作而保留下来的。那些已为报纸所用的东西,无论是对于写日记,还是对于作家的我,保留下来的都很少:我把笔记、前线采访记录都变成了通讯、特写,已经没有力气和愿望再把这些东西为自己记录下来了。顺便说一句,我的日记中所记的,大部分都是战争中困难的时刻,因为这类材料由于战时条件的缘故是不怎么见诸报刊的,更多的是要写些胜利的战斗……

拉:可能,产生这种情况还由于战争初期是最困难的时期,要求在报刊工作的记者或作家直接地、毫不拖延地参与当日的事务、当日的事件……而在第二个阶段,前面已遥遥可见胜利的曙光时,心中考虑的就不仅是今天的特写,而且还有未来的作品了。首先关心未来的作品,这一点,如果是在战争初期,岂不意味着逃避履行自己的公民职责吗?

西:你说的有道理。当然,1941 年、1942 年时,我不怎么考虑未来的作品,而且当时很怕把某件事情推延到未来去做。我不喜欢歇斯底里,但是当我写《日日夜夜》的时候——书的四分之三是在库尔斯克战役之前的间隙中写成的,其余部分是在四次去前线采访的空隙中火急火燎地赶写出来的——我是多么想尽快把书写完啊,因为我总担心是否能够把它写完,你觉得剩下不多一点了,可是又要出发……于是我就尽快地在前线作完编辑部交办的事情,回来赶写这本书。剧本《俄罗斯人》也是这种情况,创作常常为出差采访所打断。这些东西都是这样写的,心里总有一种感觉:我能写完吗?

至于考虑战后要写的书,这些念头只是在 1944 年、1945 年才出现的……

拉:您好像是在战争中才开始记日记的。这是否由于报刊工作的要求呢(日期、职务、姓名、具体情况,都不能有差错)?或者相反,由于远非全部见闻都能见诸报刊当即使用,所以您在思想深处,虽然自己并不明确,但总希望有朝一日能回过头来重新利用这些印象吧?现在您出差或去新的地方时,您记日记吗?目的是什么呢?

西:从确切含义上说的那种日记,我一生中过去和现在从来都没有记过,而且也不知道今后是否会记。我从来没有做过这类的自我剖析,而且也从未把主要的注意力用于思考某月、某日我的所做、所思和所感。

但是战争期间我做了一些笔记。这些笔记有两类。第一是前线采访本上的记录,那时谈话、座谈的记录,相当准确,几乎是速记式的,都保留着这个人或那个人讲话的特征。这是我需要的,有时是自己有用,有时是用于写通讯。另一类笔记是记载我去过哪里,什么村庄,什么地方,看见了什么,有什么特别明显的细节。写通讯时,很大程度上都是利用这些笔记本的。这些笔记如果是我已经用过了的,便不再特意保存它们。一百来个采访本中,我保存下来的只有六七十本,其余都由于种种情况而丢失了。

那么我所称之为日记的东西是怎样形成的呢?我这样称呼它们是相对而言的,准确地说,这是记载战争的笔记。1942 年早春,有一次我完成了写作任务并把通讯上交之后,产生了一个念头:把我的种种经历,战争初期我的所见所闻,通通回忆一下,记录下来。当时有可能来做这件事,而且能做成这件事,因为当时我有一位女速记员,也有空余时间——当然是夜里的空余时间。于是我便乘出差的间隙,拿起那些从记者的观点看来已用过的采访本本,或者直接进行回忆,开始系统地、逐日地记下战争的经过。这不是日记,而是逐日的笔记,是我能够回忆起来的事情,是记忆犹新的印象,而非遥远的往事。我逐步地这样详尽地做着笔记,把 1942 年春之前战争最初几个月的情况一一再现出来了,可以说没有重大的遗漏。

但是后来我就来不及这样做了。我其余的笔记大部分都是战后做的。我感到已经无法回忆起我去过的所有地方以及全部的出差采访,我便决定编制一个大纲,也就是一份详细的清单:去过什么地方,后来又干了什么,好像给以后做笔记拟定了一个计划。但是我没有实现这个计划。我只写了某些记得最清楚的情节,有的情节只是从记者或事件的观点看来才是重要的,有些情节则是从心理的、作家的观点看来十分重要的。

这类笔记还有 1947—1948 年我凭记忆追记的哈勒欣地区见闻。

第三类笔记是见闻的直接记录。我有一个笔记本,大约有 350 页,那是 1943 年 3—4 月我在乌克兰第四方面军所做的笔记。我很幸运,军政治处的一位女速记员归我调用。隔天一次从前线归来,我夜间不睡觉,口授见闻。这样便得到一份详尽的笔记。这些笔记都有简短记录作为基础,里面仔细地记载着事件、会见、电话交谈、细节——所有这些我都一一口授,这是最严格意义的文献纪实笔记。

当时我是否意识到以后要写作，这些笔记会有用呢？当时是有这种希望的。但当时主要是感觉到这些见闻不能忘记。至于说这些原始的日记有朝一日可以出版，这样的想法我不曾有过。不过是想把这些感受在记忆中保存下来，别忘记了。至于怎样使用这些笔记，它们将来又会怎样，我没有考虑过。但是当时感到，这是很重要的东西，我应该记下来。这些日记中，有关我个人生活的记载很少，凡是同战争无关、同战争的人物无关的事，一般都很少。想法、感觉、观点、感受，这一切都是和战争有关的。

我现在外出，有时什么都不记，有时却写很多。很难说这是怎么回事。我有时感到，我无需为过后写这件事而专门做记录。其他许多场合我都在采访本上做记录，以便过后根据记录回忆起整个情况：人物、事件、地点。这是作家的笔记本。出差回来之后，我把这些记录整理成较有条理、较有扩展的笔记，口授给打字员或速记员，现在还可以利用录音机，把所见所闻，趁热打铁地再现出来。

下面是我最感困难的事了。如何使用这些笔记？做什么用？有的场合我当时就很清楚了，……我应该写一篇政论文章，根本没有想到要写中篇小说或长篇小说，或写一首诗。这样的情况下从心里说，这对于做新闻记者工作的我来说，并不是棘手或复杂的事。它是我直抒胸臆的最自然的表现形式。

在另外有些情况下我觉得最好不从新闻记者的角度写这件事，这个素材值得反复思考。不过从另一方面说似乎又应尽快写出来，把所见所闻告诉人们。在这样的情况下我便难以做出决定。而要把那些详细记下来留作己用的东西，把口授的采访记录写成特写就尤其困难了。我的一部分 1958—1960 年中亚之行的笔记，已经变成了特写，这是我当时立即就完成的，但是我重新口授的那部分笔记，您看见过的，至今还放在那里没有动过。

拉：尽管这是些几乎完稿的特写？

西：几乎完稿了。但毕竟还需要再加加工，重新改写，而且我有这样的感觉，如果我已经口授过，那么我的话就已经说完了。所以它们至今还放在那里。现在我再读它们时，倒觉得这些没有成为特写的笔记中有些东西比已经成为特写的笔记更为有趣。可能，我的话不对，但我自己有这样的感觉。

拉：是的，这些笔记中的生活较少经过"梳理"，它没有经过特定的、有着严格目的性的、排除掉某些东西的目光的审视，而在特写和政论文章中往往免不了这样一番"梳理"和审视。

西：这些笔记没有经过整理。这是些素材，而不是成品。素材往往比成品更有意思。

拉：当年，大约二十年以前吧，您写过一篇文章，题目叫做《写在第一页的前面》。里面讲到动笔之前那一阶段的重要性，讲到有目的地收集生活素材的必要性和本领。当然，这是任何一位艺术家都不能逾越的阶段。但是在不同的艺术家的创作中它的地位是不同的。您那时写到，您认为这个工作阶段对您尤其重要。您现在是否仍旧这样认为？或者您的工作重心已经有所改变了？

西：回答这个问题，我感到颇不容易，我就简单地说几句吧。我现在很难把整理素材同作品创作截然区分开来，因为整理素材的工作一直持续到作品创作的结束。尤其是这项工作还包括我总是把作品交给那些经历过同主人公类似的生活道路的人们来加以检验。我的预先收集素材的工作都要以这类的检验核实来进一步充实。

我不知道，假如我写其他什么题材会是怎样情况，但是写战争题材，我一钻进去就是15—17年的时间，一般说来，我不需要再去寻找素材，我通常所寻找的都是非常具体的、我缺少的东西。这种寻找工作需要极其仔细，因而占去很多时间。

除此之外，近几年来，我主要是同我前面几部作品中的主人公打交道，任务是让我熟悉的那些性格有所发展。所以寻找材料具有明确的目的性。为了写《最后一个夏天》，我需要收集涉及军队的管理机构、领导和制定大规模战役等方面的军事历史资料，而不是您刚才提到的我那篇文章中所说的材料。那里面讲的是怎样做谈话记录，怎样向人提问。我觉得，这一点现在已经掌握了；但是为了写最近这部长篇小说，我需要有关战争事件的发展、战役指挥艺术的材料，我必须把这些材料同现有的具体人物——我的主人公们结合起来，并且要找到适当的方式，在不使战争机构简单化的条件下，把这些材料讲述出来，让没有经历过战争的读者也能一目了然。

拉：人们常说，也常常写：列夫·托尔斯泰没有亲眼见到1812年的卫国战争，但却创作了无与伦比的作品。然而人们同样常常说：他之所以能写出《战争与和平》，是因为参加了克里米亚战争和塞瓦斯托波尔保卫战。维克多·什克洛夫斯基[①]指出："托尔斯泰在萨蓬山上瞭望燃烧着的塞瓦斯托波尔，他看见了莫斯科的熊熊大火。"

从这个例子我想提出一个问题：依您之见，作家需要在多大程度上依靠直接的、身临其境的观察？当然，战争是特殊的素材，正如您以前所写的，在这里"生和死是平等的"。这是否使直接的观察更为重要了呢？抑或在这里也同其他一切场合一样，有同样的共同规律在起作用？

西：我想，是有共同规律在起作用，最为重要的规律之一便是：从来没有看见过的生活是不可能写出来的。即便历史小说，其艺术基础也是已经看见过的生活的变形。我指的不是直接的、生搬硬套的变形，而是在历史小说中以这样那样的方式把自己的生活体验，经过某种历史、心理以及其他性质的修正移植到另一个时代中去。

战争可能会使没有看见过战争而又要写战争的人陷入特别困难的境地。因为我们如果对某种事物没有体会而又想写它，那么我们有两个办法来证实我们所写的东西的心理上的真实性；或者去询问另一个人，而且要让他说实话，把内心深处的东西都倒出来，不仅使您相信他的话，而且使那些读到被我们变为艺术形象的故事的人也能相信；或者，把您没有体验的东西同已经体验的东西加以对比，比如把战场上死亡的危险同某件灾祸事故中死亡的危险加以对比。

对于没上过战场而又想写战争的人来说，这两种方法都是很复杂的。亲临过战场的人，同战争的参加者谈话时很容易理解他们，有的人讲的事，可以

① 维克多·什克洛夫斯基——苏联文艺理论家，著有论列夫·托尔斯泰、陀思妥耶夫斯基、马雅可夫斯基创作的专著多种。

相信,而有的人讲的事则不可信,容易判明真假,很容易把非本质的、司空见惯、习以为常的东西去掉,而得到确实的真情。没上过战场的人这样做就困难得多了……

拉:他缺少坚固的出发阵地吧?

西:他的出发阵地是比较虚弱的。对他来说,类比也是困难的,我不能设想,如果我一次都没有置身炮火之下,怎么能描写冲锋的情景呢?……一般说来,如果一次都没有体验过死亡的危险,怎么能表达一个人遭到射击、遭到轰炸时的感觉呢?怎么能表达我们体验过数十次的东西呢?

拉:我认为,即使在灾祸中体验过死亡危险的人,也不能以他的感受来理解发起冲锋的战士的精神状态。因为人遇上灾祸是偶然的,而在战斗中冒着弹雨前进却是自觉的。这个例子不很恰当。

西:也许吧。可能,冒险的体育运动,或者飞机试验,或者探险旅行,登山运动,比较接近于战争的感觉。在矿山救护站工作的人大概比从事毫无生命危险职业的人容易写战争吧。那些人个人的生命就是为了拯救别人的生命嘛。

拉:您在开始写一部作品的时候,是否把素材连同它的全部主要细节全都设想得一清二楚?情节、性格的发展、容量、结尾、总的情致,您是否都十分明确?

西:情况显然各不相同。不过,一开始我并不把素材全都想得十分清楚。大体上有个设想,什么人,在什么地方,在什么情况下进行活动。尽管后来会有变动,但我总要设想一下作品的开端和结尾、情节发生的地点以及它的主人公。这也就决定了以后寻找材料的范围。一般的战争资料浩如烟海,但是当你产生一个构思之后,它就会为寻找材料划出明确的界限。我再说一遍,情节的时间地点、被描写的事件的规模和出场人物既然已经确定,那么这些人物的生活经验就需要从在战争生活处于类似情况下的人们的生活经验中去借鉴。

结尾。结尾对我来说多少是明确的。不错,我的长篇小说《生者与死者》

和《军人不是天生的》结尾各不相同。从一开始我就感觉到,《生者与死者》的结尾应该表达前面还有漫长的战争,还有 1942 年的夏天,还有斯大林格勒以及其他许多事件这样一个思想。谁会活下来,还要经历多少战斗,没有人能够知道。所以从一开始就构思了这个结尾。

至于说到长篇小说《军人不是天生的》,它的构思起初是另一个样子,现在成为其内容的这一切,本来只是它的开端。它应该从斯大林格勒的沉寂开始,到我们在库尔斯克弧形地带展开进攻结束。那时——我在一篇特写中写到过——一位师长曾为库尔斯克弧形地带的德国人停止向他进攻而伤心;他很想让德国人在他身上碰得头破血流,然后他再展开攻势。但是我在写斯大林格勒事件的时候,发现我想说的话都写到那里去了,于是库尔斯克战役便落在了两部小说之间,成了《最后一个夏天》中的一段回忆。

长篇小说《最后一个夏天》的结尾在创作过程的每一个阶段我都是明确的,但是这个结尾却是有变化的。因为起初我想在这部小说中描写战争的最后阶段,攻克柏林,德国人投降。后来我又做出最后决定,小说只写 1944 年以我军进入东普鲁士边境作为结束。但是最后终于清楚,我这样做不行,这要把小说拖长,使它的结构繁杂臃肿。虽然结尾本身发生了变化,但是我要在这个结尾中表达的那种感觉,完成重大战役、解放国土、面向未来的感觉却保留下来了。

当我坐下来写最近这部中篇小说《离开战场的二十天》的时候,从一开始就很明确,这部中篇小说要从我的主人公去后方时遇到轰炸写起,而以主人公重返前线时遭到炮击告终。这两者之间是离开战场的二十天。甚至小说的标题都同按照原先构思而写成的开端和结尾恰好呼应……

拉:许多读者都知道,您的主人公中有些人是有真实原型的,有些情节有真实的事件做依据,关于这一点,您和评论您的作品的批评家们都不止一次地说过。依我看来,这里有时难免有点夸张,其后果便是人们开始以特写的准确性为标准来衡量中篇小说或长篇小说了。如果排除这些夸张,那么,现实生活中的见闻又是怎样转化为形象的呢?在什么情况下,是什么原因使您依据原型创作?在什么情况下,您只需要第一次的推动,最初的生活冲动就足够了?什么时候您又让自己的想象完全自由地驰骋?

西:看来,我也不无责任,确实助长了一些关于原型的言过其实的谈论,尽管我总是力求在这个问题上做得恰如其分,而且通常总是说同某某人的会见只是推动我写了某个人物而已。

我觉得,最好用具体的例子来回答这个问题。

我的前线采访本里有一段1944年同一位师长会见的记录,总共只有五六页的样子。他怎样同我谈话,怎样当着我的面同他的部下打电话,我都记录下来了。如果不是这几页记录,我永远也不会像现在实际所写的那样在《军人不是天生的》和《最后一个夏天》中描写库兹明将军。除了记录中所记的之外,对于我会见的这个人,我一无所知,而且以后也没有再看见过他,然而记录非常准确,我要写进小说中的正是这样的性格。

我已经无需再搜集材料,我想象着脑海里清楚地浮现出这个人的性格,他对人的态度,他独特的话语。我给他另选职务,重造过去经历,后面的事,正如俗话说的,便是一切自行发展了。

是的,我曾忍不住去打听这个人的下落,我了解到他在布尔诺附近某地牺牲了——在战争最后结束的时候;他当了副军长,牺牲在两军之间的土地上,因此他的遗体费了九牛二虎之力才抬出来。不过,这些情况在小说里全然没有反映。

这个形象就是这样写成的。作者直接从生活中得到这样艺术高度集中的素材,这是少有的成功。

谢尔皮林形象的产生,是我日记里所写的那种情势起了推动作用。如果把讲述1941年7月我在莫吉廖夫近郊会见库捷波夫上校的几页日记同小说中相应的篇章加以对照,便会一目了然,我是从什么样的印象出发的。我以前曾在一篇文章里做过这样的对照,这篇文章刊登在贵刊《文学问题》上。[①]随后的一切都是我的关于这个时代、这个社会、这场战争的正面人物(我不怕这个字眼)的观念。这个主人公能够胜任各种职务:从团长到集团军司令——这是我决定的范围。本来可以另外选择更大一些的职务范围,但是在这种情况下应该遵循真实原型,这使我适可而止,没有给主人公提升职务,因为所有的方面军司令毕竟是屈指可数的,所以我不想这样做。

第三种情况是最复杂的。辛佐夫或者洛帕京有没有原型?也有也没有。在辛佐夫身上我想描写一个我那一辈的人。特别是一开始,我甚至赋予他一部分我的经历、亲眼目睹的见闻、亲身的感受。这也是可以根据日记来核实的。但是我尽量不把他写成我的性格,不过他身上也可能有我的东西,因为很多主人公身上都会有作者的痕迹的。然而我着意要写的,虽是我这一代

---

① 即《写在新的创作之前》一文。

人，但却是具有另一种性格的人物。

洛帕京是另一种情况。他的全部外出采访、和别人的会见，都同我的印象、我的外出采访、我和别人的会见，有着密切的联系。然而他是另一代、另一辈年龄的人，他的某些特征同作者相近，某些却不然。无论如何，他要尽可能地、完全有意识地同作者划清界限。我力求塑造出另一辈人的一种独特的性格。至于在多大程度上取得了成功，这当然就不是由我来评判的了。但是我的经历充当了塑造这个形象的素材。

这里自有其困难之处，因为我的行动、我对事件的领会都是同我的年龄有联系的，而赋予主人公另一种年龄之后，我必须时刻留心我是否把他"年轻化"了。

拉：我觉得，洛帕京对人生的理解正是作者今天方才具有、而在战争年代还没有的对人生的理解。如果这不是在所有的问题上，那么也是在新的问题上……

西：我不争论，这您更清楚……

拉：关于这类现象还有一个问题。某些真人真事，有些同样的人和事，您写过不止一次。比如柏罗青柯将军，短篇小说《成熟》《代尾声》（萨布洛夫上校）、中篇小说《日日夜夜》中都有他。您亲自参加的阿拉巴特狭长半岛战斗的经历，轮番被用作特写和短篇小说《第三个副官》和中篇小说《潘捷列耶夫》的素材。摄影记者瓦依什金在话剧《望穿秋水》和长篇小说《生者与死者》中都出现过。是什么促使您写这些同样的人和事呢？

西：您问柏罗青柯是怎么回事吗？我不能说这个主人公是按照真实人物塑造的，但是在斯大林格勒近郊我去过第33近卫师，师长乌特文科的某些特征成了中篇小说《日日夜夜》中柏罗青柯将军的特征。实际上《成熟》不是短篇小说，而是特写：里面准确地转述了乌特文科对我讲述的故事。他的副官也是实有其人的，就是当年曾救过他的命的一位助理医师。也许，我本来应该写篇真正的特写，但是晚了，战线上发生了另外的事件，报纸对特写已经不感兴趣，所以我便把这个故事写成了短篇小说。但是这个短篇同真人真事终究有着密不可分的关系。它的主人公同《日日夜夜》中的柏罗青柯是同一个人物，因为在这两篇作品中我所指的都是一个同乌特文科相像的人……

短篇小说《代尾声》,如果可以这样说的话,它是《日日夜夜》的再现。如果我把萨布洛夫当作小说的主人公,除了柏罗青柯,我还能写别的将军吗?也许,最好根本不写这个短篇,但是我曾对自己许下诺言,下过决心,如果询问萨布洛夫和安尼亚后来下落的读者来信超过一千封,关于这件事,我就再写点什么,于是便写了这个不怎么成功的短篇小说。

拉:不过这篇不大成功的短篇小说,我看,还是起了积极作用的——它防止您给三部曲再写上个我觉得是完全不必要的尾声。就我所知,要求写这样尾声的读者,他们所施加的压力,也是非常之大的……

西:很明显,确实应该汲取教训。不过读者的要求也有某种合理之处。很多人都希望讲战争要讲到最后结束。这是合情合理的。不过,我再也不能,再也不会去讲述那些人物的故事了。关于战争的结束我是要讲的,但是要用另一种形式。我现在所从事的工作,恰恰是同战争的最后一个春天有关的……

拉:战后年代,您花费不少时间和精力对伟大卫国战争进行了纯粹历史的研究和探讨。在这种情况下,艺术家和历史学家的工作是怎样相互协调的?这里是否会发生内部冲突?

西:不,不会发生内部冲突,因为到现在为止,我脑子里还没有想到要对历史发脾气,责怪它不允许我写我要写的事。也许,假如我写的是取材于侦察员生活的惊险的多集连续电影剧本,我可能要对历史发脾气,因为它会使我受到限制。

尽管在这种情况下有些作者常常不把历史放在眼里,然而对我来说,很明显,历史即使有所妨碍的话,也不过是一种责难罢了。不过,认真说来,历史,我在其中所读到的东西,从来没有妨碍我写作,我没有体验过这样的感情;唉,干吗我要知道这件事呢,这把我的构思全毁了!

比如,在对斯大林具有那种看法的情况下——就拿这个最尖锐的问题来说吧,这个问题在我所有的长篇小说中都有反映,而在《军人不是天生的》里面表述得最为明确,——我从来没有因为在历史资料中遇到肯定他作为主要统帅和政治家的正面品质而不是否定他的文件而对历史感到恼火。我不需要为了写小说而让他给人的印象比他实际给人的印象还坏,比如说,在同罗斯福和丘吉尔通信的时候。

当我在历史资料中遇到同我最初的设想相矛盾的事实的时候,我想,应当考虑这些事实。况且我也没有这样僵死不变的设想,要由于它而把历史置于进退两难的境地。因为很明显,三部曲的总构思同历史的实际过程并不发生矛盾。

是的,并不是对每一件历史事实都有足够的勇气和才华去描写,去彻底地分析它的全部深意,这样的情况是常有的。有时候勇气不足,有时候才华不够,有时两者兼而有之。历史比现有的任何一本写战争的书都更广阔,更丰富。也许,正因为历史比我们目前所写出来的所有东西更丰富,更广阔,因而才使我对我们的文学抱有乐观的看法,它毫无疑问会说出我们没有说出的许多东西来——因为我们不会、不敢,或者干脆,简直就是在道德上、精神上、心理上还缺乏这方面的修养……

拉:但有一点是无可争辩的——如果作家写的是真实,那么历史总是对他有利的……

西:如果他能尽量努力追求这点,那么历史对他利大于弊。反之,其结果也是相反的……

拉:您的《生者与死者》三部曲有历史大事记的特征,虽然它所讲述的种种事情,都是"在我们面前发生的,同我们一道成了传说"。这是否由于我们同伟大卫国战争的事件之间已经有了不小的时间距离呢?或者是由于您选择的叙述范围?或者两者都是?

西:显然,两者都有……拿《日日夜夜》来说,这本书的叙事范围是同我在斯大林格勒亲眼目睹的事实恰好适应的。由师长陪同在某地指挥所见军长,然后我便下到营里、连里。就是这样。我还可以想象,军长或者师长到方面军司令部去——我在那里也待过很短时间。但是整个战役是怎样进行的,我还没有掌握这个材料。我写的是我所看见的;我怎么看见的,便怎么写了。

但是当我坐下来写《生者与死者》三部曲的时候,由于距所写的事件已有不少的时间,我便有可能依据文件、资料来研究问题,从而产生了描写历史背景,把意义不同的历史事件加以对照的愿望。

不言而喻,被描写事物的范围,当然,容纳了更多的历史事实,况且它也要求有更多的事实。假如我只描写某个营或炮兵营的不大一块阵地上的战斗,许多东西我就不需要了。本来需要的一些东西,都可以写成主人公关于战争的一般议论,而不必写成他们的直接行动。

拉:您在不同的时间,有时也同时写不同的体裁,诗歌、长诗、特写、剧本、电影脚本、短篇小说、中篇小说、长篇小说。选择体裁的动机是什么?采用某种体裁,是否有内在的必然性?是否素材的固定要求?还是外部情况有时能在这里起重要作用?有一次您曾回忆第一个短篇小说是应《红星报》主编奥滕贝格的要求写的。那么在其他场合,您在写一种新的体裁时,又是怎样的情况呢?

西:如果说到我的主观感觉的话,那么选择体裁的动机,就是要找到一种形式,使我能以最好的方式说出我想说的话。例如,我觉得长篇小说这一形式对于叙述伟大卫国战争的故事是最好的,最有容量的,那么我开始写《生者与死者》时,便选择了这一形式。我没有想到要写一首长诗或系列剧;不错,也许还因为我实际上已经写了一个系列剧。我没有给自己提出这样的课题,但是如果把我的剧本从《我城一少年》算起,一直到《在布拉格栗树下》,可以算作一个系列剧。也许,这个系列剧甚至可以用《俄罗斯问题》作为结束。……

体裁选择不当的时候也是有的。我写了《等着我吧》这首诗之后,显然不该再写剧本《望穿秋水》。虽然影片《望穿秋水》至今仍在上映,其中也颇有感人之处,但是从艺术的观点来看——这里只谈我的创作问题,而不是谈导演的创作——这首诗之后所写的剧本和电影脚本,可以说,都是多余的,都是不应该写的。没有我,导演也可以处理好这个主题。假如不是我牵扯他的话,他可能会取得更大的成功……

拉:批评界不止一次指出,您的小说同托尔斯泰有着密切的联系。这是显而易见的,不过,在诗歌和戏剧方面,在我看来,您依循的是另外的美学方向。顺便问一句,这是怎样结合起来的?但是我想问的主要之点是:同托尔斯泰传统的联系多多少少是某种自觉选择的结果吧?抑或是每个经历过战争的人都会积累大量生活素材引导您走向了托尔斯泰传统呢?托尔斯泰传统的确是把大量素材组织起来的一种手段。或者这只不过是青年时代就有的爱好?

然后，我们要从理论的高空降落到生活实践上了：您常常阅读托尔斯泰的作品吗？您最喜欢他的什么作品？现在和过去都喜欢吗？或者，您的兴趣一直没有发生变化？

西：现在我自己都感到我是个散文作家。我的创作中所有主要的东西多年来都是同散文有关的。所以我很难说写诗或者写剧本是遵循什么传统的……说老实话，我没有感觉到有所谓的西蒙诺夫诗歌。只不过有几首多多少少比较流行的小诗罢了。有几首我喜欢的诗作而已。有几首则是两者兼而有之……

至于说到剧本，我倒是经常写的，现在也喜欢写，这很有意思吧。但是我也没有感觉到有所谓西蒙诺夫的戏剧。没有这样的感觉，没有那种独树一帜、与众不同的感觉。

但是作为散文作家，我却感到在说自己的话。不管是好是坏，然而是自己的，不是人云亦云的。别人说别人的，我说我的。而且我现在的创作思考大多都是同散文有关的。

至于托尔斯泰，我从小就喜欢他，一切都是从这一喜爱开始的。十二岁时，我第一次读了《战争与和平》，以后又读过多次。1941年我从西部方面军辗转去南部方面军，一路之上都在读《战争与和平》，还有，那时还读过《静静的顿河》……

托尔斯泰所有作品之中，我最喜欢《战争与和平》。所有作家之中，最喜欢托尔斯泰，托尔斯泰的作品呢，喜欢《战争与和平》，还有这部长篇小说的前奏：《塞瓦斯托波尔故事》《伐林》《袭击》，总之，凡是同描写战争有关的，我都喜欢。一直都是这样，我的爱好从来没有改变过。我还喜欢《哈吉·穆拉特》，也是“军事”小说。《安娜·卡列尼娜》《复活》《家庭幸福》，对这些作品就不那么太喜欢了。

我觉得托尔斯泰比任何人都能更多更好地对我说明“人”的含义。所以我对他最相信。我不能说同样相信陀思妥耶夫斯基。读他的作品，可以赞美、惊奇、倾倒、咬牙切齿、喜笑颜开。但是要我绝对相信他，永远也做不到……

拉：没有产生共鸣吗？

西：是的，没有。如果我站住他的立场上，我就会感到，人们可能这样讲话,这样判断是非。但是我内心里有一种对抗的感情(而这种感情是不断产生的),我只好把他的作品当作讲述实际上没有其事、没有其人的故事。我不相信人的心理就应当是这个样子。然而对托尔斯泰就可以相信,我相信皮埃尔在爱伦来到时就应该抓住这块木板,他就应该这样而不是别的样子,就应该向道洛霍夫提出决斗,等等……我认为这是最高真实的最高感觉。对于人的举动为什么是这样而不是那样,我不知道还能有更准确更引人入胜的解释,因此,我不知道世上还有谁能更加深刻地洞察人的心理,并且通过人的心理洞察时代的心理、群众的心理和历史事件的心理。

所以,托尔斯泰永远是我的最高典范。我觉得,如果可以拿房子作比喻的话,托尔斯泰高踞于文学大厦的顶端,下面几层空空如也,无人占据,再下面才开始有其他一些作家……我毫不保留地、不加批评地喜欢托尔斯泰,尤其是《战争与和平》。

很明显,这要引起某种后果。如果有这么一个人,你认为他是伟大而不可企及的典范,而且你又认为,只有这样讲述人们的故事,才能对其他人解释这些人的举止,那么很明显,不管愿意不愿意,自觉不自觉,你都会努力运用这份现成的经验。至于这样做会得到什么结果,那是另外的问题了。这是一个不自觉的过程,在遣词造句和作品结构方面,我并不想步托尔斯泰的后尘。如果产生这样的结果,发生这样的模仿,那也是不自觉的,并非是刻意追求的……

拉:作家通过多条渠道同文学过程发生联系。这里既有同行的切磋,也有参加讨论会的活动,但首先当然是阅读作品和批评文章。若说描写战争的文学作品,苏联散文和诗歌(也许还要加上电影,因为现在电影对文学过程也是很有影响的)的哪些作品,在您看来是最有趣的,能以某种方式丰富您的知识的?

西:我认为战争文学中最重要的作品是什么吗?在我心目中,最不可企及的作品是《瓦西里·焦尔金》。我很喜欢特瓦尔多夫斯基的《路旁人家》,但是我心目中的顶峰是《瓦西里·焦尔金》。不仅是我们的诗歌,散文和戏剧中也没有作品能与这首长诗媲美。没有一个人能够成功地塑造出这样深刻的、真正人民的性格……

拉:还是谈这个话题。即使好作品,对于艺术家来说,也是不仅有帮助,还会有妨碍。它们往往成为艺术家与现实生活之间的中间阻隔——这有时甚至是这位艺术家本人以前写的作品。您是否感觉到这种压力?您是否也面临着艺术上"自立"的问题?

西:没有。说到自己的作品,我写《军人不是天生的》时候,《日日夜夜》并没有成为我的压力。可能,在这之前,我写《战友》时,经历过一个解除束缚、"清除谬误"的阶段。当时,我曾力求"遵循全部规则"来写战争小说,在这个阶段,我已经有所抛弃,有所收获,至少是以这本书使自己同《日日夜夜》分割开来——不过我现在也不怎么喜欢这本书。总而言之,写三部曲的时候,我甚至能够以稍稍超脱的目光来看待《日日夜夜》,信不信由你,它没有妨碍我,而且我也没有把两者连接起来的任何愿望……

拉:您是否对批评家的评论、特别是对您的创作的评论感兴趣?您怎样对待批评意见?您能尽量从中吸取教益吗?您是否了解自己作为艺术家的长处和弱点?经过很长时间以后,您重读自己作品的时候,您对它们的态度是否有变化,或者,只不过更明确了您的态度?或者,在这种场合是这样,在另一种场合是那样?

西:是的,批评家们的一般评论,特别是对我的创作的评论,都使我感兴趣,如果有评论我的书的文章,我总是细心阅读的。

应该说,对于艺术方面的批评,对于批评家不欣赏我的风格、手法,甚至激烈反对、批判我的弱点,我都能心平气和,泰然处之。对待这个问题,我是心平气和的,而且我觉得,我能够接受在我的书中发现真正的弱点的批评家的意见。有时我不同意批评家的意见,但他的思维方式、他对某个问题的看法使我感兴趣,我也津津有味地阅读他的文章,而且我并不想去驳倒他。但是,如果文章是基于断章取义,批评家力求证明:我不应该这样描写战争,战争比我书中写的要轻松、简单,对于战争初期的突然性和失利,如果坚持另一种观点,那么,我觉得,这里涉及的就不单纯是个写作问题,而是公民立场的问题了。在这样的情况下,我会带着满腔怒火同对我的作品的批评进行辩论,仿佛已不是针对我的作品了,对于历史著作、回忆录中某些事件的阐述,我都争论。这已经不是作者自尊心的问题,而是公民立场的问题了,因此在这里我不能回避直接而尖锐的争论。

我的弱点和长处,在某种程度上我大概是了解的。比如说,我知道自己有这样的弱点:往往用同样的句型表达自己的思想和主人公的思想,从主人公的语言、思维转到自己的语言、思维,也是用同样的句型,这一点我正在努力克服……

我的缺点是不善于给人物以鲜明的语言特征。不过我觉得,五花八门的语言特征太多了有时反而对小说有害。同戏剧中一样,小说中的人物,有性格突出的,也有性格不突出的,把每个人物的语言特征都鲜明地区分开来,会失掉统一性的。也许我是在制造理论在这里为自己的缺点辩护,不过我是这样想的。

对有些弱点,我大概习以为常了,已经不把它们当作弱点,而是当作自己的特点了。我认为,也许,在一章的开头和结尾不一定非要写景不可,或者,不一定非要通过对大自然的感触才能揭示民族性格。我感到,我是俄罗斯人,然而并非是由于含情脉脉地领略祖国的自然风光而这样觉得,我觉得,人身上有更为本质的特性,所以我尽量把这些特性赋予我的主人公,以表现他们的民族性格。

是的,我对我的东西,特别是对剧本的态度是有变化的。比如,战后我突然明白了——不是不喜欢了,而是明白了——在成人剧院排演《我城一少年》这个剧(这个剧本体现着战前我的战争观,尽管这种观念的产生是以哈勒欣战役的印象作依据的)无论如何是很困难的。它更适合于青年剧场的演出。

拉:不过这个剧中有一种现在仍有生命力的浪漫主义的真实。现在仍在上演这个剧毕竟不是偶然的。

西:仍在上演。但是我今天把它看作一个儿童剧了。战前这是为明天即将上战场的成年人演出的一个剧本。今天对于那些希望了解战争事件的人来说,我觉得,看看《俄罗斯人》更为有益。虽然剧里写的,我也并不都喜欢,但它整个调子是不同的,这里已经有一种大战的感觉了(剧本就是在战争中间写的),而不像《我城一少年》似的,只是战争的预感。

我曾经很喜欢长篇小说《战友》,写它的时候,我认为这是一部精彩的作品。我对这本书的态度的变化至少表现在:第一次发表的文本有三十三个印张,后来变成二十六个印张,现在收在文集里的,是十九个印张。我没有改变它的内容实质而把它改写、压缩,把多余的东西删掉了,总之,对它越来越严格了。我认为现在的样子比起当年我所喜欢的那个样子,要容易接受得多了。那时候我曾自信我到底写出了一部真正的长篇小说呢。可是里面废话真多，我删掉了十四个印张之多。

至于说到诗歌，由于时间的流逝，有的比较喜欢，有的不太喜欢，但对它们的态度说不上有截然不同的变化。比如，我很难让人相信，《炮兵之子》是首好诗。从一开始我就知道，这首诗写得不怎么样，没能写得更好点，没有办法。如果说，它能一下子把人打动了，可能还是言之有物的。我并不后悔我写了这首诗，它完成了自己的使命，但是，当我在中学的文选课本中看到这首诗时，我不禁要预先奉告，它不是文学的典范，它不过是可以让孩子们激动一番的战争故事而已……

拉：有没有相反的情形呢？您过去认为某首诗，某个短篇小说，只是说得过去而已，可是多年之后再读，突然发现那里有某些重要的东西。比如，您所有军事短篇小说中，我最喜欢的有两篇，而且都是评论界一般不注意的——这就是《步兵》和《冲锋之前》。我觉得，我们的军事文学后来在五十年代后半期所写的许多东西，在这两个短篇中已经有了轮廓。

西：我自己也喜欢这两个短篇。您要考虑到下面这个情况。它们是紧接着《日日夜夜》之后写成的，并且发展了在这本书里所积累起来的东西。从战争真实的观点，而不是从短篇小说结构的观点来看，这两个短篇更引人入胜，更深刻，因为从短篇小说结构来看，《第三个副官》和《流芳千古》作为短篇小说，结构更为严谨……

拉：我想，这两个短篇之所以引人入胜，是因为它们没有落入情节的俗套，而且它们的情节安排预示着五十年代后期出现的战争参加者半日记式的小说……

西：是的，这两个短篇在写法上有所不同。我直接截取了生活的某一小段。这样做的背后还有一个在战争已然发生转折、胜利在望的气息吹到心头时所产生的愿望：要说说人在战场上每日每时所做的工作都是那么艰难，说说什么是战争的日常生活，这里暗含着同对待战争的轻率态度的论战，这种态度那时在文学中就已时有流露。这可以算是从《日日夜夜》过渡到三部曲而不是通向《战友》的一道小桥。我很想根据短篇小说《步兵》拍摄一部电影。可惜至今没有找到导演。但是我知道应该怎样拍这部影片。

若说我能读了又读而感到最满意的书，那就是《日日夜夜》。读着它，我甚至感到惊奇,情不自禁地想自我表扬一番:瞧,我那时候,战争期间,怎么写来着。

《日日夜夜》和三部曲之间没有任何外在联系。但是《日日夜夜》为许多东西奠定了基础,比如拿巴布琴柯的故事来说吧,写三部曲的时候,关于这件事我着实费了一番思索……

拉:由于结束三部曲的长篇小说《最后一个夏天》没有写到1945年——这我们今天已经提到了——而且谢尔皮林在小说里牺牲了,因此许多读者,甚至批评家都表示不满意。我知道您不是心血来潮突然决定的。您是依据什么设想而这样做的呢?

西:我早就打定主意,让谢尔皮林在小说中牺牲。至少,我开始写《最后一个夏天》以及谢尔皮林晚年爱情的时候,我心里已经很清楚,他就要牺牲了。《最后一个夏天》这个标题本身也是同谢尔皮林的牺牲有关的。

至于说到把小说结束在1944年的决定,那是我产生了一个把三部曲结束在它开始的地方的想法之后才做出的。人们以胜利者的姿态又回到了1941年忍受痛苦的那些地方。除了上述一切之外,这是一个使三部作品"环接"起来,连成一体的方法。这个重归、解放的主题后来写进了《最后一个夏天》的许多情节和章节,从而让人感到这是一部完整的小说,一个完整的故事。

拉:对下面这个问题的回答也许可以使我避免打探今后计划的俗套。我觉得,您战后写的关于战争的作品不单纯都是像《生者与死者》三部曲那样的宏伟建筑,而是一个完整的综合体,在这里《生者与死者》只是一座被《洛帕京札记》那样较小建筑环绕着的中心大厦。然而这一切又是一个统一的艺术世界,一个可以向任何方向任意扩展的开放的世界。您对这个问题有什么想法?

西:我回答这个问题,既困难又简单。说困难,因为我没有专门考虑过结构问题,没有考虑把几部长篇小说同后面我所写的东西联系起来的问题。说简单一点,因为这一切都是由一个总的主题自然而然联系起来的,其联系还在于洛帕京在前几部小说中出现过,几部小说中都有他在《红星报》工作的余声。如果这一切都被读者理解为某种相近的、有关联的事物,我对此只能表示高兴。

我会不会强使洛帕京同三部曲的某个人物会面呢？只有在我感到关于三部曲的某个人物有些极其重要的话没有说完的情况下，我才会这样做。以后的事目前还很难说。

为什么我要以洛帕京为主要主人公来写这几部中篇小说呢？因为关于战争我还有很多事情没有说完。这些事情属于不同的范围，若在长篇小说中使它们彼此联系起来，我以为只能用人为的方式，而通过新闻记者的生活把它们联系起来就很自然。还因为我还有不少没用过的材料，都是有关战争期间新闻记者的生活的，有关我的生活的。因此这些中篇小说的主要主人公才恰恰是位新闻记者。说不定，随着时间的推移，这些中篇小说会成为一部独特的长篇小说。

拉：一位作者，会从每部认真严肃的作品中汲取教益，每部这样的作品都能丰富他的经验。以前您曾在《文学问题》杂志上写过创作三部曲第一部的一些教训。这几年创作后面两部又给您增添了什么经验？这两部的教训是什么？

西：我觉得我个人所汲取的教训是——这个教训可以这样表述：需要有整体感。这个教训既是对我认为的小说所具有的积极方面而言的，也是针对其缺点的。你开始失掉整体感的地方，也是心里感到束手无策的地方。写《最后一个夏天》时，对这个问题我考虑得尤其多。这本书里有缺点，有失误，有弱点，但是我考虑最多的是先要给读者以统一的整体感。

这就是主要的教训。凡是我没有能够做到这一点的地方，那里显然就是书里的主要弱点。凡是我能做到这一点的地方，就是我写得较好的地方。

这个教训的意义就是：不要东张西望，要看清，永远要看清作品的总的战略目标。

1972 年

(2)

拉：两年多以前，我和您谈过您的书、您的计划、军事文学问题以及军事文学所取得的成果和它今天面临的任务。也许，今天的谈话应看作是那次谈话的继续吧……

西:是的,这当然……

拉:那么,时间已经过去差不多两年了。在这期间,您整理并发表了您的战时日记——关于这些日记我们上次谈了许多——还摄制了一部关于士兵的纪录影片。这几项工作有个共同点:它们都是纪实性的。但是影片有自己的主题、自己的特点(这不是您参加拍摄的第一部关于战争的纪录片,您有可能以过去的经验来验证今天的印象),它是否会分散您对文学的注意力呢?抑或这里包含着某种对于您这位作家今后会有用的东西?

西:您用了"分散对文学的注意力"这么几个字眼。不过,恰恰相反。和玛丽娜·巴巴克导演共同制作那部描写伟大卫国战争中普通一兵的影片《士兵在行进……》的过程中,我分内所应做的一些事情使我更加倾心于文学,名副其实地把我推到写字台前,让作家的我重又回到战争题材上来。在我从事现在即将完成的这部影片之前,曾考虑过,大概下一部书就不写战争了。我把《洛帕京札记》这组中篇小说完成之后,就算结束吧,以后再不写战争,该写点别的了。可是这次摄制电影"提醒"我还应写一本书,现在我倒很想把这本书搞出来。假如不是拍电影,我是连想也不会想起来搞它的。首先我没有写这本书的必要材料……

事情是这样的,在摄制影片的两年左右的时间里,我不仅看了数千公尺的电影纪录片——大部分都是罕见的、在档案库存放多年的影片,影片映现着已经被我们忘却的前线生活的画面,拍摄得惊人的真实和准确。许多新闻影片摄影师为了这准确和真实把自己的脑袋都赔上了……但是还不仅于此。更重要的是我同一些三次荣获光荣勋章的士兵进行了极其详细的谈话。不是同一个、五个,甚至不是十个,而是四十多个荣获这种士兵最高奖赏的战争参加者进行了谈话,他们向我诉说了自己的经历、在战场上的感受。起初是我们两个人,打开录音机交谈。然后面对电影摄影机对话——有些东西是他重复上次谈到过的,但又涌现出新的细节、新的情况、新的故事……

这些录音写成文字,您看这一厚沓,有三千页打字纸。如果排成印张,这就是一百二十五印张士兵的战争回忆录。

影片拍完之后,我想重读这些记录稿,试着写部关于战争的纪实作品。可能书名也同影片一样,叫做《士兵在行进……》。我要在这本书里讲一讲所有同我谈过话的人的故事,讲一讲他们的遭遇。然后以这些记录稿作为素材写一篇描写战争的完整的、纪实的又是士兵的短篇小说——这确实是纪实的而又是士兵的。

因此，您看，这两年的摄制影片工作又要让我重返文学数年，而且又回到伟大卫国战争的素材上了。

拉：您在战争期间、战后、和平年代，都曾看到过许多东西，在摄制影片《士兵在行进……》之前，您也同许多战争参加者谈过话，他们以不同的军衔和职务，以不同的兵种经历了战争，自然，他们之中也有士兵。我说这件事是想弄清楚，您同三次光荣勋章获得者谈话所得到的印象在多大程度上同您以前的印象是相符合的？有什么新东西？在什么情况下它们只是证实了已知的东西，在什么情况下又补充了新内容？

西：当然，这些材料又新又不新。因为战争期间我也经常采访士兵，同他们谈话，只要看看我的前线采访本和日记，谁都会相信这一点。但是战争就是战争，无论士兵还是记者，每个人都有手头放不下的事情，不言而喻，那时，大部分情况下不能像现在这样，详详细细，一连几个小时，有时甚至一连几天，仔细询问一个人的情况。因此，今天的记录要比战争年代的记录详细得多。这是其一。

其二，为此也未必就应责备前线记者和同他谈话的士兵。当时的谈话一般都是简单明了、目标明确的：在这次战斗中士兵做了什么？昨天还是前天？整个事情的经过怎样？他任务完成得怎样？他的战绩如何？——尽管从已经结束的巨大战役的角度来讲，他的战绩只是小小的士兵的战绩。我作为记者，这是最感兴趣的，也是首先要问的，他作为士兵，平常主要也是谈这些事……他整个脑子里想的，还是这次战斗，这次战斗使他看不到其他许多东西，可能那些东西的重要性和趣味性并不亚于这次战斗。也许，不这样是不可能的……

如果记者在询问他这件事的时候，不必知道结果，而略过那些对士兵来说含有深意的详情细节，不必匆匆忙忙地去为士兵的见闻和感受寻找刻板的报刊公式，那么结果就很不一样。因为这种寻找报刊公式的做法不仅是产生于写通讯的当时，而且在写之前，同士兵谈话时就考虑好了。士兵也是很清楚地感觉到这一点的。如果他看到记者并不着急，不推动他直接奔向那些共同的地方，说出那些共同的句子，那他会讲述这次战斗中和他在建立功勋中的更多绝妙的细节，而且往往都是同具体战斗情节有关的。

现在的谈话，士兵可以回忆整个战争——许多战斗、多次立功，他总是在内心里对照、比较，在他的意识中，它们总是互相联系在一起的。他讲述他的整个战斗历程，他的同志——活着的，死去的；他的首长——好的，坏的，并不略过其中的细节。生活，它的每日的进程历历如在我们眼前：如何去冲锋，怎么立了功，受了奖，怎样受的伤，进了卫生营，然后，又转到后方医院，伤愈后又怎样返回前线。而且不仅这些：他还回忆起吃的什么，在什么地方宿营，乘什么车到过某个城市和村庄，等等。他接连不断地回忆起一切，听着他的话，您就仿佛置身于战场士兵生活的氛围之中。我感到对士兵生活的了解要比以前清楚得多，具体得多。我以前从未这样详尽、这样广泛而又细致地了解这些材料。

拉：如今的这些谈话中，比如说，一般和个别之间的对应关系是怎样的？哪些方面它们是互相吻合的？什么地方又有区别？

西：一般说来，每个人的遭遇都是个别的，独一无二的。这条规律已经具体而又令人信服地被战争及其种种祸福的偶然性、它所特有的幸运和倒霉的偶然性所证实了。士兵讲的故事中有许多独特的、极其引人入胜的细节和情景：既有悲剧性的，也有令人发笑的，既有深刻的心理现象，也有道德的教益……

但是，当你极其详尽地同四十多位士兵谈过之后，而且他们中一半是1941年开始作战的，他们经历了整个战争，正如当时所说，“从铃响开始，到铃响结束”，——当你同他们谈过以后，便会从他们讲的故事中勾勒出某种一般性的东西。它对我有什么意义呢？如果从广义上说的话，那么大概应当这样说，现在，尽管在这之前我同战争参加者进行过多次谈话，读过上百部写战争的书：文艺作品、回忆录、历史著作，亲自上过前线，但是现在我更清楚地、更深刻地、更痛切地懂得为什么我们能战胜法西斯德国，怎样取得了胜利。我想把这个总的感觉转达给读者，这也就是促使我想写这本书的主要原因……

拉：同士兵的这些谈话，这三千页打字纸的记录，是否迫使您不得不继续前进，去了解战争的某些新的方面？或者您所得到是印象已很多，使人产生了似乎材料已经枯竭的感觉？

西:倒不如说是尚未发掘的感觉。有句俗话,千真万确,正好形容这种情形:入林越深,木柴越多! 很清楚,走进森林,就是应当深入再深入。这就是认识的辩证规律。士兵们在讲述他的战场生活时,这样那样地触及到许多问题,但也只是触及而已,这些问题,至少其中的许多问题,我觉得,是值得专门研究的。

比如说,战地医院、医疗系统、初愈士兵营、后备团、补充连。或者如战线经过地区的当地居民问题:怎样进行撤退,怎样送走撤离的人员和后撤部队,后来又怎样迎接解放。在这两种情况下,怎样支援军队和士兵?战争时期现实生活中还有一个方面的问题:铁路运输工作——极其紧张,遭受轰炸;汽车运输工作;汽车打坏时,还有马车和雪橇,等等。所有这些我们都了解得很肤浅,显然很不够。

士兵们讲述的情况中有许多同粮食、被服、武器有关的问题,这些问题的背后凸显出后方的生活和工作的困难。他们没有专门讲这些问题,但是听了他们的叙述,不能不感觉到,不能不明白,所有这一切对他们意义多么重大。我从来没有这样尖锐地感到(不是对我而言,而是对我们整个文学而言)需要再现后方真正的英雄主义的(其他任何字眼在这里都不合适)工作,大后方给士兵提供了食物、衣服、鞋袜和武器,没有武器士兵是无法克敌制胜的。

士兵们总是在讲述前线呀,战斗任务呀,他们的故事不是有意地,而是无意中,不是用我现在必须使用的这些一般化的词句,而是用上百个生动的、看得见摸得着的细节反映了生活本身所牢牢连接起来的前线和后方不可分割的联系。假如不是后方供给士兵在前线的一切,他便不可能在世上生存。当然,任何情况下都不能忽略:假如不是士兵在前线做了他所做的一切,也就没有任何后方可言,国家就不复存在,我们也就被希特勒消灭了。这就是前线和后方的现实的不可分割的联系……

这一切都是一般的现象,一般的结论。如果把这个问题说得更具体一点呢……比如,有两个士兵,都是通信兵。他们曾同我谈过话。他们讲了前线连和营、营和团怎样进行通讯联络,我就想到团和师、师和军等等的通讯联络又是怎样继续下去的。不过,这都是军事通讯。当时还有邮电人民委员部,战争期间它们仍在发挥职能。它是怎样工作的?士兵们同我谈话时,提到他们向后方投寄家书,也盼望着家里来信。这些信件是怎样传递的,对这些,我都模模糊糊的,然而,要知道,这些也是战争这个庞然大物的一个不可分割的部分。

战争是全民的战争,它渗透到生活的各个角落。因此我很想了解一下这个部门的普通一员,像同我谈话的两个通信兵一样的通信人员,在后方而不是在前线是怎样生活和工作的。我会见了四位妇女,并且同她们谈了话。战争期间她们当过邮递员和捡信员。她们讲述了她们的生活和工作情况——生活和工作都非常困难。她们谈到个人在战争期间的遭遇——战争也没有放过她们。她们谈到士兵的三角信,谈到那时邮件的多少(现在清楚了,邮件非常多——我起初很惊奇,但过后也就释然:因为不可能不多,全国人民都是天各一方嘛)和葬礼的情形。她们谈到不得不时而充当传递噩耗的信差,时而扮演带来喜讯的使者。这也是关于战时生活的一个很长的话题。如果说士兵的叙述中到处都有后方,那么这里却是处处都有前线……

拉:是不是知识积累得越多,对素材研究得越深入,生活的联系、人们的联系就越显得形式多样繁杂纷纭呢?

西:是的,确实如此。听着邮递员们的叙述,我突然产生一个念头:最好应该了解一下,在严酷的战争条件下,城市经济生活是什么情形?邮递员们住的是不生火的房间,可是供给城市燃料意味着什么?或者,按照当时的定量标准供应居民食品又意味着什么?尽管对后方人民的关心是极其有限的,但毕竟有人关心他们吧。那么在这里,什么取决于从事这项工作的人们的良心,什么取决于他们的自我牺牲、巧于安排和人性?在什么地方他们的神通又受到战时条件、前线需要高于一切的局限?在这里也是一切都错综交织、互相联系的。

一个人,甚至一班人,当然不可能包下这些问题。我在这里只不过提出几个问题(这类问题还可以依次提出:那时,战争期间,小城市的城市经济是什么情况,战争年代大城市的市内交通是怎样安排的,等等,等等),我个人未必能够继续深入、认真地从事这件事,但是将来可能会有人对于文学中尚未触及的战时生活的许多方面感兴趣。我觉得,这对于阐释具体的全民战争的概念是非常必要的。

拉:我觉得,有些作品就是战争时期现实生活的一个独特的纪实"断面",近来非常需要这样的作品。这是一些各不相同的书,其中的材料,看问题的角度也都各不相同,但是这里显示出一个共同的倾向:对战争中那些突出而又直接地表现战争全民性质的方面予以密切的注意。我指的是,比如,莫吉廖夫保卫战回忆文集,这本书已经出第二版了,在这本书里讲述当年战斗的，不仅有各级将领，而且也有普通战士。或者如您的《史诗的特征》，这是本由工人和工程师们讲述的故事编成的书，他们讲到工厂怎样撤退到塔什干，怎样在那里安排生产。还有，如《我来自烈火燃烧的村庄》，这本书是三个白俄罗斯作家阿达莫维奇、布雷里、科列夫尼科夫创作的：谴责法西斯的纪实作品能够与它相匹敌的，我还没有看到。依我看来，您的影片以及您想写的那本关于士兵的书，也应列入这类纪实倾向的潮流之中……

西：我对《我来自烈火燃烧的村庄》这本书的看法，同您一样。我读了《十月》杂志发表的若干文章，给我留下了极其强烈的印象。它的作者的这一创作非常令人钦佩——我能够清楚地想象，写这本书是多么困难，这件工作需要多么巨大的力量、坚毅精神和勇气，要有正面注视痛苦的无所畏惧的决心。作者会见了这些故事的叙述者，记录下了他们的故事。这是本有才气的书，剪裁准确得当，故事叙述者个人的语气都保存下来了。

原则上我完全同意您的看法。要求对战争进行纪实的“调查研究”，了解战争在前线和后方给普通参战人员的精神世界留下了怎样的印痕，这种要求不单是现实的，而且是迫切的，我甚至要说，这是刻不容缓的。摄制影片的时候，我们所碰上的一些情况，简直让人不寒而栗，使我们痛切地感到人生苦短，我们的某些工作已刻不容缓了。

拍摄工作结束以后，我们还要向我们影片的主人公——同我们在摄影机前谈话的士兵，提几个补充问题。应当说，他们大部分都是年轻人，至少从我的角度看都是年轻人，他们要比我小十岁，都是五十左右年纪，或者不久前刚刚跨过这条线，他们开始打仗的时候还是少年嘛。我们写了信去，回信一封封地来了，但是有一封信迟迟没有回音。突然间他的亲属来了封信：他死了，由于心肌梗塞而猝然去世。在我们眼前依然是那个健壮有力的人，那么活泼，那么善良。完全不是一个上年纪的人。可是现在却不在人世了。他给我们讲述他在战争中的经历，我们录了音，拍了电影，——假如我们不是两年前，而是现在才开始工作，那么这个非常有意思的故事也就没有了。

这件令人伤心的事应该使我们重新考虑，时间是个重要的因素，涉及我们所经历的伟大战争的历史的某些工作，应当立即进行，不能推迟，也不能延缓。要少说空话，多做工作，然而往往却正好相反：空话连篇，而事情却原地不动……

1975 年

(3)

拉:我们今天谈话的题目是当代长篇小说问题。事先我已预料到您会声明:“我不是文艺学家,不是理论家。”我之所以会这样预料,因为您一听这个题目就会想起您以前在《文学问题》上谈现在是“事件小说”的时代,而不是“命运小说”的时代的那篇文章①,当时那篇文章闹得满城风雨,招致了一场论战。为彼此了解,不至误会,我想开门见山地说明,我们感兴趣的是您的经验,一个创作了不止一部长篇小说的作家的经验,至于在谈话中所采取的表达方式,我们不会看作理论上无懈可击的定义(这对于文艺学家来说也是极其复杂的问题),而只看作“工作上的”概念。那么,您对仅限于某一部作品的小说结构的探索,在多大程度上可以说是一个认识事物意义的过程?这个过程是预先“计算好”的吗?是从自我分析和分析文学形势、同行经验中产生的?或者,对意义的认识发生在作品写成、出版之后?发生在读者读过、评论家分析过之后?是什么启发您产生小说结构的?是写在作品里的生活素材的特点吗?是主要人物的性格吗?是当时某种广泛流行的体裁形式的影响?抑或是为了摆脱这种形式?或者还有其他原因?您看,一下子我就给您提了这么一大堆问题。

西:好吧,让我们一块儿分析分析,我们的工作中,哪些是意识到了才去做的,哪些是没有意识到而做的。

如果一开始便回顾很久以前我那篇谈“事件小说”和“命运小说”的文章所引起的论战——从您刚才这篇演说来看,不这么做也不行了,——那么,今天看得更清楚了,至少我看得更清楚了;当时批评家在这些概念上钻了空子,并不是因为我把事件和命运对立起来而是由于我在事件和命运这两个词和“小说”一词之间加了连字符的缘故。假如当时我能找到更好的表达方式,更确切地表述我对命运和事件在当代小说中的地位的看法,说明两者在小说结构上的意义,大概就不会惹得议论纷纷了,现在看来这是马后炮了。因为当时有些人并不是不明白我的意思,而是不想明白我的意思,装出一副不懂的样子,这样更可以方便行事。当然,这不是说我的观点本质上已经无懈可击,但是当时的争论恰恰远不是都触及问题的本质的。既然您提到了那篇文章,

① 即《写在新的创作之前》。

我有责任预先说明一句，当时所谈的某些问题在我们今天的谈话中看来也不能不涉及……

现在我来回答您的问题。在你着手写一部新的长篇小说的时候，你早已读过或者不久前读过的一些作品对您的影响，不用说，会在你的原始构思中起某种作用，而这种影响是你意识到或者没有完全意识到的。显而易见，你对某些作品的偏爱，喜欢这个作家，不喜欢那个作家，欣赏这个作家，不欣赏那个作家，不能不影响到你所构思的、准备写的以及正在写着的作品的形式、结构和布局。在你做出选择时，你所喜爱的作家对你的影响，在某种程度上会起促进作用。这种影响的痕迹日后会被批评家认真而细致的分析所发现。不过，他们有时为把文学现象说得更为清楚起见，而夸大影响的作用，并把它的性质简单化。

当然，当你动笔之际，你并不打算模仿某一个作家……

拉：也不打算重复任何人，包括自己在内……

西：是的，也不打算重复任何人。但是，如果这种模仿的成分仍然明显地出现在你的作品中，这通常说明，你没有充分意识到你读过的你所喜爱作家的某部作品对你影响的程度和力量。

拉：您不止一次地谈到，列夫·托尔斯泰的创作对您启发很大。研究者们也指出，您的作品同托尔斯泰的传统有着密切的联系。但是艺术家接受这样强大的传统，那就好比承受一股有力的激流。领航员为了不迷失真正的航线，必须估计到激流的力量，准确地确定偏流角。当作家意识到自己同伟大的前辈作家的亲缘关系时，大概他大体上也会发生同样的情形吧。为了不丧失独特风格，不失去独创性，他不仅应当继承传统，而且必须抗拒传统的吸引力。

西：在某种程度上是这样。不过，至于说到我，这种抗拒，这种自我控制，不是发生在创作的最初阶段，不是在构思的产生、酝酿成熟的过程中，不是在制定提纲之际，甚至也不是在写初稿的时候，而是产生在阅读初稿，着手大改的时候。那时候才看到像您所说的“偏流角”，才看到什么地方被激流冲坏了，于是便竭力补救。

至于说到托尔斯泰对我的影响，我觉得，这种影响在我身上主要表现在遣词造句方面,这也是同对现实生活和对人的分析的性质有关的。因为托尔斯泰的经验、他的艺术成就,为我提供了一个范例,说明作家能够完全把自己的意图充分表达出来,阐明引起某些事件的背景,洞察主人公的精神生活,揭示他们感情和行为的逻辑。我不敢说,我都能做到,但这却是我努力的方向。我认为,我在这方面对自己提出的任务,正是托尔斯泰模范地解决了的。这就决定我要受他的影响的支配,因为托尔斯泰的著作给了我无穷的教益,但是我又不得不常常花费很大的力气,以摆脱他那迷人的修辞手法对我的影响。

正是在这方面我看到自己有模仿的危险,我知道这种危险,因此努力避免它。在其他方面,情况就迥然不同了。我对《战争与和平》的喜爱超过其他任何作品,但是我在写战争小说时从来没有想到要模仿它的布局和结构手法。《战争与和平》中我最喜爱的章节,其结构都是采用对比:我们为一方,法国人为一方。我不会,也不敢描写敌方阵营。有一次我曾在长篇小说《战友》中做过尝试,我知道,这是很不成功的。从此以后,我再也没有这样的愿望了。又如在《战争与和平》中很有托尔斯泰特色的其他结构手法,我也没有想到要模仿,例如,章节的大小、衔接,叙述的急骤转换——情节从一个地点换到另一个地点,描写的事件也随之转换。托尔斯泰这部长篇小说中的所有这些手法,都是我极为喜爱的,但是我从来没有想到要效法、模仿,无论是有意识地模仿,还是由于无意识的癖好,我都未曾有过这种想法。

在着手写书的时候,有意识地提出一个论战的、即排斥某种东西的任务,一般说来,这是否可以呢?我认为是可以的。是的,有时会发生这样的情况……

拉:这种论战是仅就内容而言呢,还是也牵涉到作品的布局?

西:首先是内容。由于内容常常和布局有密切的关系,因此在布局中也会有论战的因素。我现在举一个自己实践中的例子,也许这是个奇怪的例子。十五年前有一部美国电影《最漫长的一天》,描写 1944 年盟国军队在法国登陆的故事。影片拍得很好,许多第一流的电影明星都参加了拍摄,影片引人入胜,扣人心弦。但是影片作者却力图制造一种纯属虚假的印象,似乎整个战争、全部力量和牺牲的高潮都发生在盟军在法国登陆这“漫长的一天”。我的几个朋友看了影片以后,便对我说:你也拍一部这样的影片描述我们、我们的战争,那该多好!我回答说,这是不可能的,因为我们的战争是另一种战争,我们不曾有过,也不可能有这样的一天:它是整个战争最激烈的一天,集中表现出战斗的人民的力量的一天。当时我正在整理、注释我的日记,我就给这本小书起了个论战性的书名:《每一天都是漫长的》。论战的目的具体地规定了它的内容和性质:我尽量描写整个战争期间我们多么艰苦,我们走向胜利的道路多么困难,我们为这一天的战争付出了多么大的代价。

这是构思产生于直接论战的例子。论战往往作为附带因素而存在于构思过程中,它不是作者的主要目的,然而它对作者来说却又是重要的,而且决定作品的某些重要特征。比如说,我写中篇小说《日日夜夜》的时候(最初我认为是长篇小说,后来确定,这毕竟是个中篇),要以非常现实主义的笔调描写战争,通过士兵和军官们的日常劳动和生活表现英雄主义,我意识到这是个论战性的课题。我避免使用任何豪言壮语,我的经验证明,人们在生活中,尤其是在战场上,很少说豪言壮语的,我也避免描写我在前线从未见过的那些隆重的场面和做作的姿态。然而我们的报刊和文艺作品当时却写了不少这类东西。我在《日日夜夜》中所写的,实质上就是我的战地特写中的论战的继续。一言以蔽之,这部中篇小说的布局、结构中有许多地方都是服从论战课题的要求的。我把一小部分人,也就是一个营,置于情节的中心,让他们守卫三座楼房,确切地说,守卫三座楼房的废墟,我认为在这样狭小的地段上既能描绘斯大林格勒战役的激烈场面,也能显示战役的性质和意义。我描写了战役最艰苦的阶段——防守阶段,而让小说在我军的反攻之日结束,因为包围并歼灭斯大林格勒的法西斯军队已经超出作品的范围了。我以这种方式结束这部小说,正是出于论战的考虑。但是往往有这样的情况,论战的动机使我能够明确地提出课题,而课题的解决却是立足于现实的,因为斯大林格勒保卫战实质上是无数小堡垒连接成的战线,从总体来说,这是一个规模宏大的会战,但是这个会战却是由守卫城市的许多战斗小组先后进行的数十次残酷战斗组成的……

拉:任何一个小组,每一次战斗都具有构成斯大林格勒战役特点的某种共同的东西吗?

西:正是这样。任何一个战斗小组覆灭和动摇都会导致整个战局的不可收拾。因为德国人突破这个地段、那个地段,一个接着一个,就会攻到伏尔加河,最终会威胁整个保卫战。无论如何都要坚守,这是对每个战斗小组、每个斯大林格勒保卫者的要求。我设想,描写少数几个战士、军官殊死战斗保卫斯大林格勒三座已成废墟的无名楼房的情景,能够最好地表现这个主题……

长篇小说结构中有许多东西往往取决于我原来的生活素材、我的亲身经历、我在战场上的所见所闻。《生者与死者》开头的几章就是这样的情况,——谁要翻开我的前线日记,他就会相信,我是依循前线印象的路子走的,我的前线印象构成了这几章的基础。但是后来辛佐夫的命运几经转折之后,已和我的战争经历没有直接联系了。这里的主要问题在于我事先决意要描写一个我们常说的人民知识分子的普通代表——战前的区报编辑、之后的军报编辑,为他设想了非常复杂的战斗历程——实在说,这在当时并非是绝无仅有的。但是在小说里我想要描写这种气质的人物在战争中的各种生存方式。因此辛佐夫以报纸编辑的身份开始参加战争,后来,一次偶然的机会——这种偶然的机会在战场上是那样经常地摆布人的命运——他成了一个连队的政治指导员。他和他的部队突围(这时他是师长的副官),后来又重陷包围,突围后已孤身一人,并且丢失了证件。在这两种情况下他都是"被围者",但这两者完全不是一回事,而且以后对一个人的影响也是完全不同的。后来辛佐夫在战斗中不无艰辛地经历了军队职务晋升的阶梯——从列兵升到营长,而后由于受伤在司令部担任作战参谋的工作。原先的设想正是这样的:通过主人公的戏剧性遭遇描述受过这样的教育、经过这样的锻炼的这一代人在战争中的各种处境、在军队中担任各种职务时的形象。

当然,写作时,总是想更多地以自己的亲身经历为依据。不用说,亲身的经历总比间接补充的强吧。但是间接补充也是必要的,有时还要大量地补充。

是的,小说作家不一定直接利用个人的经历。比如,我亲眼看见一个边防战士被打死,一辆被炸毁的汽车的车轮差一点就滚到我身上;辛佐夫也有同样的经历。有一个人在我眼前被抓起来,由于怀疑他是特务,就在离我不远的地方把他枪决了。辛佐夫也目睹过这种情景。这里就是我的亲身经历直接表现在主人公身上了。

但是有的经历不是直接,而是通过联想利用的。例如,1941 年 7 月我曾被人怀疑为德国间谍,在一个自动枪手的押送下坐在颠簸行进的卡车里。这次并不十分愉快的经历对我描写第二次突围出来的辛佐夫和吓得疑神疑鬼、好像到处都有敌人间谍的上尉的谈话,很有帮助。它使我更清楚地想象到我的主人公在这种处境中的思想感情。

还有一个例子。斯大林格勒战斗结束,我军把德国人从地下室里赶出来的时候，我已不在斯大林格勒，因此，我没有看见德国人是怎样投降的，怎样对待自己的伤兵的。但是这一切我在塔尔诺波尔都见到了。因此我能够身临其境似地想象出斯大林格勒当时的情况。如果我没有对塔尔诺波尔的这些印象，我也许会采用其他方式描写小说中这些场面，或者根本不会设计这些情节，而构思另外一些情节。

许多构思是在准备写作的过程中，同战争参加者座谈之后，受到他们回忆当时情景的启发而产生的。如果不是六十四军军长舒米洛夫在同我谈话时无意中提到他们曾解放一个战俘集中营，医生向他报告了那里的一片恐怖景象，我可能不会在《军人不是天生的》中用几章篇幅描写斯大林格勒战斗最后的日子里，在我们的包围圈中，在德军防线内的苏军战俘营的生活。和军长谈话之后，我见到了两位大夫——军部军医主任戈里高里耶夫和副主任李道夫，他们讲述了全部可怕的细节。这个故事决定了小说很大一部分的结构，听了这个故事以后，我已经不能在小说中回避它了，它使我坐卧不宁，因此小说有好几章是描述辛佐夫与塔尼亚相遇以及对整个故事进展都很重要的其他许多情节。这些情况都说明，有的情节是我原先没有设想到的。

可见，决定小说的布局和结构的因素是很不一样的。

拉：关于今天的小说应该是什么样的，读者在小说中寻求什么，艺术家对这些问题的看法是会随着时间的推移而发生变化的，或者，可能会发生变化，这是不足为怪的。从您的文章来看，比如，您在写《战友》时，您就认为当时最合适的形式是所谓的家庭小说，但是《生者与死者》的艺术结构却是由希特勒入侵这一“事件”决定的。主人公的心灵正是在同希特勒匪徒的斗争中显示出来，并经受考验和锻炼。甚至三部曲的三部小说都是各不相同的，每一部在艺术结构上都有独具的特色。如果按照您以前的定义，我要说《最后一个夏天》同《生者与死者》的不同之处就在于它是一部命运小说。说了这样冗长的开场白之后，我的问题在这里：您是如何构思您的作品中的事件和命运的相互关系的，在这里，什么东西取决于作者的创作意图，什么东西从属于“写得成或是写不成”这一外界条件的？

西：好吧，看来还得回到老问题上来——关于命运和事件的问题。实际上，在我的作品中对重大事件的态度在某种程度上是一贯的。简而言之，这表现在我不喜欢写没有重大事件的小说。使我感兴趣的这些事件都同许多人的生活，说得更广泛一点，同国家和人民的生活有重大的关系，这些事件涉及全部出场人物，这样或那样地决定着他们的命运。现在回顾我所写的小说，我发现，没有一部小说不是描写(拿现在流行的话说)全球规模的事件的。在描述我们同日本人在哈勒欣河地区的战斗时(这个地区我们以前没有听说过)，我就认为那里发生的事件是第二次世界大战的一个序曲，是一次重大事件。由于这次事件，日本人在 1941 年夏天才不敢对我们发动战争。哈勒欣事件是日本人牢记在心的重要一课：此后他们决定，莫斯科沦陷之日，才是他们宣布参战之时。这就说明，哈勒欣事件的结果对于我们是多么重要……

至于我的三部曲所写的那些悲剧事件的意义，可以不必说了……我想谈另一个问题：我认为《生者与死者》的特点之一，就在于划时代的事件是通过不多的几个(总共两三个)主要人物的命运展现出来的 。我们用他们的眼睛看到发生的一切，我们通过他们可以看到许许多多其他的人物，而这些人物的遭遇也是时代的写照。

这是三部曲的情况，《战友》则不然。不过这部作品从很多方面看来是篇习作。中篇小说《日日夜夜》成书比它早几年，我个人认为，却是一部比较成熟的作品——你看，还有这样的事情呢。我说《战友》是篇习作，因为我那时深信，我终究要写一部真正的长篇小说(因此把《日日夜夜》改称中篇小说)，多条线索，广泛展开，众多的人物形象，洒脱奔放的情节转换——忽而白俄罗斯西部，忽而哈勒欣河畔，忽而又是西班牙前线。故事情节还设想了其他地点。简单地说，这部小说中一切都应该“跟别人一样”，和我那时读到的大量小说一样。那时我认为这些小说完全符合公认的体裁标准。再者，《战友》所开始的故事，后面应该继续下去，写到伟大卫国战争年代。为了追求广度，我把主人公写成中学时代的同学，从事不同职业，但彼此经常来往。这种局面一开始就有点人为的性质。家庭的联系也并非都有充分依据。后来我继续修改小说时，许多东西都让我砍掉、删去了。我大大地压缩了《战友》的篇幅，但是有的东西终究保留下来，一些节外生枝的痕迹到底没有清除干净。我写《生者与死者》时，花了很大力气摆脱这种墨守成规的写法，探索能够容纳符合这个时代的人们之间的真实关系的结构。

拉：现在是这样的情况：作为您的所有小说基础的生活素材，已经从尚未冷却的当代逐渐转化为历史——至少，越来越多的读者是这样看的。您在写作时是否感觉到素材的这种变化了呢？这种情况是否在您的工作性质上、作品的艺术结构上引起了某些变化？还有一点，再现事件、性格和环境时，您必须注意历史主义的问题，同时又要作为一个现代人来回答今天的读者所面临的问题:这个复杂的课题您在创作中是如何解决的?在这方面您遇到过一些什么困难?

西:我认为历史主义是对于过去的公正的评判。仅此而已。全部问题就在于此!当然,无论作家,还是读者,都要考虑到历史科学积累起来的知识。对历史事件新的观点,新出现的引人注目的客观对象,社会舆论对某个历史时代、历史事件、历史人物关注的兴衰,这一切都是起作用的。但是对作家来说,最主要的是要自觉地做到公正评判逝去的时代、过去的人物,要看到他们的力量所在,弱点是什么,局限性又在哪里。不要以历史小说为名粗制滥造,仓促行事,去迎合今天文学批评那种过眼烟云的兴趣。描写过去的作品——这里指描写战争的作品——的现代意义,取决于作者是否能洞察事件和历史背景的本质,是否能正确展示人物的性格。

拉:是展示属于过去的、为过去的时代所产生的事物吗?展示那些年深岁久没有变为历史的陈迹而完整地保存下来的事物吗?

西:是的,两者都有。如果能深刻洞察已发生的事件的本质,深刻揭示人物性格(无论如何要在力所能及的范围内尽可能力求深刻),那么你所描写的现实生活不仅具有历史意义,而且对现代也有某种正面的或反面的教益。当然,在忠于历史真实的情况下,在选择形象用以描写人物的命运、事件,在安排重点方面,你会自觉不自觉地努力追求现在特别感到重要和感兴趣的东西。你有权认为正是人物命运这种转变对今天最有教益。只不过这种转变不应是背离历史真实、随心所欲的,不应是纯属杜撰的,也不应和你描写的时代的历史状况和社会心理发生矛盾。实质上,你在这里选择的立场,不是一般的人生立场,而是观察某段生活的具体点——用军人的话说,叫做观察所。从这个观察所,从这个点观察一种事物看得比较清楚,从另一个点观察另一种事物看得比较清楚,从第三个点看第三种事物看得比较清楚。如果你的立场选择得很恰当,那么现代人就会在你描写过去的作品中毫不费力地看出主人公的生活中什么是合乎道德的,什么是不道德的,于是这部作品便能帮助他们认识周围现实中的善与恶、美与丑。

我们常说,宣传、抒怀,要把这两者对立起来。在我看来,如果不是字面地理解"宣传"二字的含义,而是广义的理解,那么宣传不是出自内心的,不和出自内心的抒怀联系起来,又算什么宣传呢?这不是真心诚意的宣传。如果内心抒怀不含有某种宣传的意味,那么算什么抒怀呢?在艺术上抒发情怀是为了向别人倾吐自己的体验与甘苦,让别人知道提防什么,相信什么。我们写曾是我们生活的过去,写战争,其中总有抒怀的成分——这一定是讲述你在战争中的经历、见闻和感受,讲述你对待周围事物的态度。这样就必然有宣传的成分,因为你不是毫无目的地讲述这一切的,而是要人们思考,他们如何生活,在他们的生活中什么是好的,什么是坏的,要使他们相信某种道理。要不然为什么要写作呢?为什么要从事这种很不轻松的工作呢?我认为,你对过去了解得越透彻,你对过去的评判越公正,你的作品对于理解现代生活便越有裨益。

拉:我觉得,反过来说在这里也是成立的。你越是熟悉、理解今天的生活,你就越会发现过去的重要事物,就会越清楚地看到现象的根源。

西:也许您是对的。比如,在拍摄电视片《士兵的回忆》时,我在三年中同许多三次荣获光荣勋章的士兵进行过非常详细的谈话。自然,话题并不限于战争。在这里我不怕说些言过其实的话,这些谈话有助于我理解现代生活。我的思想开阔了——因为我接触的人职业不同,社会地位不同,年龄不同,家庭状况不同,而且生活在不同的地方。了解这些人在战后的命运和生活方式是如何形成的,拿他们今天的人生观和我个人今天的人生观加以比较,会使我对于理解他们在战争中的表现又多一些认识,而且是极为重要的认识。不仅如此,而且更有助于理解最重要的问题:为什么我们能够在这场艰苦得难以置信的、而且开始时又那样充满悲剧性的战争中取得胜利……

拉:不久前您在一次讲话中谈到,假如您的小说被人视作生产小说,您并不认为这是有意的批评和贬低。可以说这是您对于详细了解并准确细致地描绘主人公所从事的工作给予的高度评价。您的作品是我军将士战斗生活的写照。如果用“生产的”这个形容词来说明您的长篇小说,那么大概可以说《洛帕京札记》是与它们不同的,它是写所谓个人生活的。当然,这些形容词都是有条件的,相对的(不管一概而论,还是在某种具体情况下,都是如此);比如,您的长篇小说中写个人生活的篇幅并不少,而《洛帕京札记》也并不回避“生产”问题。但是这两种生活成分的对应关系、比例关系的差别还是极其显著的。您是否认为——我的意思是想问您,在这种情况下,作品的成就仍旧应当以全面地表现生活来衡量吗?作品中即便截取现实生活的一个片断,战争,就其本质特征和现象来看,都应该表现为真正的人民战争吗?在这方面您是怎么想的呢?把问题提得简单些:如果不揭示、不足够明确地表现这是一个使同代人经受风吹雨打的悲壮的时代,战争渗透到生活的各个领域,贯穿于生活的每时每刻,那么,能不能写出一部真实地描写战争年代的爱情生活的作品呢?

西:如果你翻开 1944 年的某些文学杂志和《文学与艺术》报,注意一下当时作家协会讨论会的速记记录,你就会知道,当时不少人曾就刚刚出版的《日日夜夜》写文章,发表谈话,说我实际上写了一部生产小说,小说的主人公萨布洛夫是个十足的军官、十足的军人,过分埋头于自己的营长职责,除了本身的直接职责,脑子里很少考虑别的东西。那时我第一次读到和听到(间接听到的,因为当时我不在莫斯科,正在外地出差)这种指责,我泰然处之,没有争辩。我认为,这与其说是对我的责备,毋宁说是对我的称赞。这正是我孜孜以求的目标:在我看来,萨布洛夫身上最主要的东西,就是他怎样战斗。我力求写出这一点,同时回答对我、对读者都很重要的问题:为什么他这样战斗?他的精神面貌中什么东西预先决定了这一点?

总之,我只能重复我有一次说过、而您刚才又提起的那句话:我不怕对我的军事小说使用"生产的"这样一个形容词,因为我想首先要在这些小说中表现具有各种不同军衔的战争的真正劳动者的形象。正如鲍里斯·斯卢茨基所说:"既有作战用的马,也有检阅用的马。"我最感兴趣的是前者……

诸如像"爱情小说""战地爱情小说""战火中的爱情"之类说法并不能把我吓倒。我刚刚出版的一部小说,书名就叫《所谓的个人生活》,可算一个佐证。诚然,这个名字就含有论战的意味,因为不可想象,那时还会有离开战争的个人生活,会有和当前发生的事件无关的生活。

拉:是的,那时候这样的世外桃源、这样的无人岛是没有的……

西:也不可能有。比如,拉斯普京的《活着,可要记住》,这是一部描写逃兵的中篇小说,从表面看来,他躲避战争,躲避同村的人,躲避父母;妻子瞒着大家和他偷偷相会,她为这种隐私而痛苦,为自己的丈夫,为自己的爱情而羞愧。然而透过这一切,战争全面地呈现在人们面前,它权威地摆布着主人公的命运,它构成了这个遥远的西伯利亚村庄居民的道德观念。

作家如果忠于真实,不管他写的是爱情戏剧,还是爱情诗、爱情小说,他作品中的爱情必然和战争紧密相连,个人生活的欢乐和忧愁是和战争,和战争的考验、战争的灾难分不开的。就拿阿斯塔菲耶夫早期的一部中篇小说《流星》来说吧,这是部优秀作品,小说中发生的事件,事实上没有越出医院的围墙,但是通过小说中描写的突然迸发的爱情,我们看到战争中难以置信的全部艰难困苦。战争存在于这个爱情的本身之中,如果不是战争,这个爱情也许会是另一种样子,双方关系的整个经历也许会全然不同。是的,我们描写的那些岁月,爱情和战争是不可分离的。而且总的说来,如果更广义地说,作品的主人公如果是人,而不是性欲的怪物,那么爱情是不能脱离一个人的整个生活而孤立存在的……

拉:既然我们谈到了《洛帕京札记》,我想就这部作品问您个问题。现在这部书是作为一部统一的作品,作为一部长篇小说而呈现在读者面前的。这些中篇小说是在持续二十年之久的时间里创作的,现在它们“融合”(我给这个词打上引号,因为这毕竟不是水到渠成的结果,而是作者在创作的最后阶段重新费了一番心力才达到的)为一部结构独特的长篇小说了。什么时候您开始感觉到这不是一个系列中篇,而是一部长篇小说(尽管同平常的长篇小说不太一样,不是“标准的”)?是什么使您得出这个结论的?一部统一的、按长篇小说布局的作品较之一个系列中篇又有什么优越性呢(我首先是指对读者来说的)?优越性显然是有的,不然的话,大概也不会多此一举了吧?

西:先谈谈准则。每个人都有自己的准则。当我从一个并非那么经验丰富的小说家的立场出发来品评刚刚出版的《所谓的个人生活》时,我觉得,这部小说的“不符合标准”的地方只有一点,就是我在确定这部小说的副标题为《三个中篇组成的长篇小说》时,没有把三个中篇所叙述的情节的时间前后连起来,没有说明,也没有论证,既然第一篇和第二篇所描述的事件相隔半年,第二篇和第三篇相隔一年半,为什么现在我又回过头来写这个主人公,又写他生活中后来发生的事情。这一点并不是我灵机一动想出来为自己辩解的,事实本身就是这样的。书在很早以前就写成了:写《生者与死者》时,我很想依据切身体会,根据我在战争期间的亲身经历,讲述这样的故事。但是《生者与死者》的布局无法把这三篇东西包括进去,而且也容纳不下,于是才开始写这几个中篇。它们是从三部曲的第一部中砍下来的。后来写完前两个中篇以后,关于这个人物我还想再说几句,谈谈切身的体会——哪怕不用直接的形式,而是借虚构的主人公洛帕京之口说出来。

写《离开战场的二十天》时，我想，我要继续写洛帕京的故事，但那时我还没有想到用长篇小说的形式来写。我当时想，我也许再写几个中篇来讲述洛帕京后来在战争中的遭遇。我开始写最后一个中篇《你我不会再见面……》时，这篇东西和前几个中篇的联系在我头脑中越来越紧密了。但是我还没有立即决定把这几个中篇连成一部作品，只是在我写完了最后一个中篇之后，才产生了这个念头。关于洛帕京的这几个中篇的统一性，乃至连续性，我早就感觉到了，但是当时一心想把它们合成一个系列中篇小说。当我写《你我不会再见面……》时，我才感觉到，我所写的要比简单的"系列中篇小说"完整得多。

拉：也就是说，现在的形式是和系列中篇小说有本质的不同了？

西：是的，有本质的不同。我认为它更像长篇小说。至于里面是更多注意事件，还是更多注意命运，无需我多说，让批评家去断定吧。他们看得更清楚……

拉：我想，"中篇小说组成的长篇小说"这个标明体裁的副标题本身也会给批评家提供某些思考的根据的。

西：我试图在标明体裁方面有所革新，何况这也不是最困难的革新。近来人们对体裁的探索非常普遍，非常积极；哪怕是一个副标题，也算我对这一工作献出自己的一份力量吧。

拉：我感到副标题并不是毫无作用的。它可以预先告诉读者，这是一本离开"准则"的，同平常的小说不太一样的书。不过"准则"这个概念，在您看来是大可怀疑的。现在该向您提下一个问题了。

如果今天一本接一本地依次阅读《战友》《洛帕京札记》(您看，我还不习惯把它叫做长篇小说《所谓的个人生活》)、《生者与死者》三部曲，那么就不能不发现它们汇集在一起而构成某种"超体裁共性"——我很难找到更确切的说法了。大概，这种共性的根源可以追溯到上述作品的创作过程中去。《战友》曾一度作为一部作品的开端，后来，这部作品与《战友》分开而变成了三部曲。关于洛帕京的两个中篇，其初稿原来也打算收在长篇小说《生者与死者》里的，但是后来(您刚才还讲到这件事)把它砍掉了。然而某些内在的联系仍旧保留下来，因此我们在所有这些作品中总是遇到同样的主人公，有趣的是在中篇小说《日日夜夜》的最新一版中，访问萨布洛夫的莫斯科报纸的记者(以前是没提姓名的)，原来就是洛帕京，这未必是偶然的吧。这一切是否证明，伟大卫国战争的素材，内容广泛，层次众多，用一种体裁，即便是您的三部曲这样广阔的全景小说的体裁，恐怕也是不可能写尽的吧？可能，正是素材的这种特性产生了一种前所未闻的结构形式，也就是刚才我十分没有把握地称作“超体裁共性”的东西吧？

西：以自己的作品为例来回答您的这个问题，我感到为难，也许，你们(我指的不是您个人，而是干你们这一行的人——批评家们)来做这件事要比作者方便得多。但是我愿意继续谈谈您刚才最后提到的问题。显然，“超体裁共性”的出现有各种原因。在不同作家笔下和不同作品中表现也各不相同。顺便说一句，我感到这个定义是确切的。大概我写的东西里面也有这种“超体裁共性”吧。这是因为我的所有作品都描写同一个主题——战争。我曾在不同的年代，用各种体裁写过这个主题。所以产生共同的主题是很自然的。比如，1942 年的短诗《如果你珍视你的家园……》《无名的田野》和小说《军人不是天生的》中辛佐夫在斯大林格勒反攻前夕的沉思。还有一个例子，它也和诗歌、散文有关：短诗《阿辽沙，你可记得斯摩棱斯克的大道……》中表达的感情和辛佐夫面临把祖国的土地放弃给敌人时，对于战争、退却的痛切感受，这两种感情是吻合的。

“超体裁共性”的产生也是因为一再取材于同一个生活基础、同样的战时印象。我的作品中有两个姑娘的形象非常相似。一个是 1942 年写的话剧《俄罗斯人》中华丽亚·安诺申科，一个是 1956 年写的中篇小说《潘捷列耶夫》中的帕莎·卡拉别茨。这两个人物都来自同一个原型——1941 年秋天我在克里米亚阿拉巴特岔道上看见的一位非常年轻的女司机，她的勇敢行为，我至今不忘。这是“超体裁共性”产生于不同体裁表现同一素材的情况。

如果说到我的战地日记，那么我在日记中就不能不回忆我的某些诗是什么情况下、怎样在前线写成的。而且，不引证这些诗同样也是不行的，因为这些诗和日记的记载一样，记录了我当时对战争的直接感受。当我现在注释这些日记的时候，我不能，也不愿意放过对它们进行比较的机会。许多东西都会以崭新的姿态展现出来，有时甚至出乎作者本人的意料……

拉：我们谈论着长篇小说，不知不觉又说到纪实写法上去了。这大概是不可避免的吧。况且在您的写作过程中这一切都是紧密地交织在一起的：在写《生者与死者》和《洛帕京札记》的同时,您最近几年写了许多纪实体裁的作品——注释战争年代的日记,编成《战争中不同的日子》一书,摄制纪录片和电视片《如果你珍视你的家园……》《没有所谓别人的痛苦……》《士兵在行进……》《士兵的回忆》。

近年来我国纪实文学的成就,正如大家说的,是有目共睹的。它的巨大成就使得艺术文学也在努力采用纪实写法:出现了模仿纪实文学的艺术作品,而在鲍戈莫洛夫的长篇小说《1944 年 8 月……》(中文译本改称《"涅曼"事件》)和阿达莫维奇的《哈登的故事》中,文献纪实直接穿插于艺术描写之中。纪实文学在这样的成绩鼓舞下,踌躇满志,试图解决以前被认为只有艺术文学才能解决的课题,而且也取得了某些成功。我仅举几部作品的名字,如德米特里·古萨罗夫的《在慈悲线的外面》、叶莲娜·尔热夫斯卡娅的《二月——弯曲的道路》。您如何评价这个问题(有些批评家认为纪实写法的成功是对艺术文学的"威胁",是艺术文学的大难临头),这里是否有一条界线,如果超越这个界线,体裁的混杂、体裁单一性的丧失便有可能,而且果真会导致失败吗?在您个人的创作中,纪实性和艺术性都是那么水乳交融、互相烘托的吗?这里是否有冲突和对抗呢?

西:借此机会我想再谈谈自己对于艺术散文和纪实文学之间的界限的看法,强调一句,这完全是个人的意见。更确切地说,是我们传统地称之为长篇小说、中篇小说、短篇小说的东西和我们习惯于称之为回忆录、日记、特写的作品之间的界限问题。

以前,在战争年代,如果作品以真人真事为基础,我往往必须给人物另起名字,给事件改头换面,虚构某些情节。这样做是有其内部和外部的各种原因的。有时需要保守军事秘密,不允许用真名实姓和指明故事发生的地点,有时我想把人物的思想感情充分揭示出来,但特写的形式有局限性。所有这样写成的东西我都称之为"短篇小说",不可能叫做纪实小说。作为这些小说基础的纪实的真实性,那是不言而喻的,但在我看来,冠以纪实小说的称号,它们却不够格。既然姓名是虚构的,某些背景情况、细节、形势又是我臆想出来的,就是说,这是短篇小说、中篇小说,而不是纪实小说,不是特写,也不是报道。

在这个问题上我是坚定不移的,在写作中至今仍坚持这些原则。副标题上用"长篇小说""中篇小说"或者"短篇小说"这样的字眼,我就有权完全自由地处理素材,进行虚构。一旦我加上"纪实的"形容词,就会堵塞我进行虚构的一切途径。

因此在我的写作中不存在纪实性和艺术性之间的内在冲突问题。从您的问题来看,您是假设有这种可能的。不过我采取的立场排除了这种冲突。如果我面临的问题是用这些素材写篇特写好呢,还是写篇短篇小说好,那就是另外一回事了,但是我解决这个问题的办法总是两者选其一:或者特写,或者短篇小说。

我说“总是”,突然又想到,是不是什么时候有过例外的情况呢?我写作已有四十多年,写的东西很多,不敢保证从来没有例外。“从来没有”太绝对化了。但是,如果什么时候可能有过例外的情况,那么,这种情况确实是个别的例外。这一点我是可以担保的。

我知道,现在存在着另外一种观点,另外一种实践经验。我这里说的仅是自己的情况,并不想把自己的原则强加于任何人……

拉:不过我想,拿过一本书来,您大概总想确切知道,这是本什么书吧,是战争年代写的日记?还是以战争年代日记的形式写的长篇小说?即便您是个读者,也不会认为这是毫无区别的吧。因为对于所读到的东西的理解,以及评价的标准,在这里是完全不同的……

西:也许是这样的。但是这些原则决定着艺术性和纪实性的相互关系、应用范围,我总是身体力行地有意识地加以限制。因为我不想充当人人都要遵守的文学规则的制定者的角色。但是,不言而喻,我的观点也表现在我对阅读作品的感受上。

就以鲍戈莫洛夫的这本书为例,我看,这是本很好的书。这是本纯而又纯的长篇小说。只能按照艺术文学的规律来评断它的优劣。在这里应该怎样对待文献纪实呢?这些纪实文献经过作者精雕细刻、独具匠心的再创造,融汇在小说情节中,它所产生的那种真实性的气氛,那种不容怀疑的可信性的气氛,简直使读者振聋发聩。因此人们才对小说议论纷纷,争论不休:纪实文献是真的还是假的?我看这些争论和议论都是不必要的,不起任何作用。重要的是作者达到的效果。对于我来说,它们是作者具有高超的文学技巧的证明,从这方面讲,我能够接受而且重视它们……

拉:现在有许多文章谈到文学和电影的相互作用问题——唉,往往谈得肤浅而又简单。但是这个现象(再加上文学和电视的相互关系)是存在的,有待充分认识的。关于这种艺术的相互作用,它们相互关系的前景,您是怎样考虑的？比如电影之光对作家的“辐射”是如何影响作家的创作的，您又是怎样想的呢？因为无论在纪录片还是在艺术影片方面，乃至在电视片方面，您都积累了可观的实际经验。

西：您打上引号的“辐射”这个词，在我们时代听起来太可怕了。我们最好找个不太吓人的字眼来说明电影对文学的作用问题，不过我倒并不为此而感到惊慌……

拉：确实，这个字眼容易引起许多令人不快的联想。我们最好说作家所上过的电影学校吧……

西：这样也许准确点……但是我，显然没有上过这种学校。如果我觉得电影在某种程度上也是我的专业的话，那绝不是说我是个故事片的编剧。在电影这个行业里，我感到能做的只有一件事：为纪录片写解说词（我还亲自配音），这些解说词其实就是脚本。我不知道别人怎样，反正对我来说，摄制纪录片，这是一种学习。它教会我反复斟酌每一个字，无论如何要使解说词做到深入透彻，言简意赅。纪录片的作者在银幕上说的每一句话都必须恰如其分，用类比、对照、有时甚至用相当发展的联想手法解说以分秒计算的镜头画面。这几分几秒的时间不是为别人，正是为制作这部电影的你和导演所支配的。我想，这对小说作家是个很好的锻炼，也许，对剧作家，更是如此。

是的，在纪录片这个学校学习了几年以后，我没有再写短篇小说，而继续写长篇小说。但是我吸取了某些教益，这对于我这个小说作家的好处是确定无疑的。尤其是我比以前更懂得在最后润饰作品时一次又一次地删去不必要的东西，像电影界的朋友们所说的，“赶上蒙太奇的节奏”。

展现在我们文学家、散文作家同事面前的电影和电视的工作前景是广阔的，非常有意义的。但是必须有一个条件。我们应该懂得，好的编剧就是作家，但是好的作家还不是编剧。要懂得这一点，并应由此得出必要的实际结论。我刚才说过，好的编剧就是作家，因为好的脚本，虽然不是短篇小说、中篇小说、长篇小说，但却是真正的文学作品。脚本是本世纪新出现的体裁，是种年轻的体裁，别有特色。不过，我说好的编剧就是作家，完全不等于我认为他既能写脚本，也能写小说，或者把脚本改编成一部好小说很容易。这往往是做不到的。这并不是贬低他的身份。小说作家也远非经常能把自己的小说改编成好的脚本。关于这一点我们必须牢牢记住；对于散文作家和脚本作家的卓有成效的合作所展示的潜力，我们应该予以高度重视。脚本作家能够把小说作家的长篇小说或中篇小说改写成很好的脚本。这样的合作、这样的友好关系会产生更大的效益，尤其是具有文学天赋的导演担任编剧时，更是如此。各种文学专业都需要专门的和有关它的特点的详尽知识；如果没有这种才能和知识，或者你不懂得应该怎么做，最好不要动手去做，尤其不要单枪匹马地去干……

拉：最后一个问题：体裁是否对您的阅读起一定的作用？或者，您是按照另外的想法来挑选某种书籍的？您比较喜欢什么——长篇小说还是中篇小说？也许您对纪实作品或诗歌更感兴趣？为了使“经验”不致混进别的因素，我们先说好，这里谈的作品都是同样有才华的。

西：我对读什么更感兴趣吗？我认为像鲍戈莫洛夫的《一九四四年八月……》这样的长篇小说就比其他许多长篇小说和纪实作品好，像阿达莫维奇的《围困纪事》这样的纪实作品就比其他许多纪实作品和长篇小说强。简而言之，我喜欢任何体裁的一流作品，而不喜欢任何体裁的二流货色。但是由于我个人的需要和个人的工作关系，近几年来我读得最多的是历史书籍、军事历史著作、回忆录，其中不少是伟大卫国战争的回忆录。至于诗歌，很遗憾，读得很少，常常是重新翻翻过去读过的东西。不过有时候忍不住要翻翻杂志和新书，突然会遇上你完全没听说过的新诗人，不管愿意不愿意，他都会吸引住我们，使我们阅读他的作品。我便无从回避，不能不读他的诗。

拉：我们刚才谈了长篇小说，但是也涉及当代艺术的许多问题，这里既有理论问题，也有实践问题。也许，这就有力地证明了，长篇小说与不久前有人所做的悲观主义预言相反，它不仅正如马雅可夫斯基当年谈到诗歌时所说的那样，仍然“我行我素”，而且，在今天，它仍然处在文学发展和一般艺术的各个重要流派的交叉路口上，它要在这里决定许多东西，昭示许多东西……

西：是的，我想，这样的结论是完全有根据的。它既不是夸大其词，也不是对我们话题的恭维。

1978 年

主要参考书目

俄文版书目

奥滕贝格:《一九四三年》,莫斯科:“政治文献”出版社,1991年。

芬克:《康·西蒙诺夫:创作道路》,莫斯科:苏联作家出版社,1983年。

卡拉甘诺夫:《康·西蒙诺夫:亲近和距离》,莫斯科:苏联作家出版社,1987年。

卡拉甘诺娃等编:《同时代人回忆西蒙诺夫》,莫斯科:苏联作家出版社,1984年。

拉扎列夫:《康·西蒙诺夫》,莫斯科:“文学艺术”出版社,1985年。

拉扎列夫:《西蒙诺夫的生平和创作》,莫斯科:“俄语”出版社,1990年。

拉扎列夫:《西蒙诺夫的戏剧创作》,莫斯科:国家艺术出版社,1952年。

梅特琴科、彼得罗夫主编:《俄罗斯苏联文学史》,莫斯科:“教育”出版社,1983年。

梅特琴科等主编:《俄罗斯苏联文学史》,莫斯科:莫斯科大学出版社,1963年。

西蒙诺夫:《关于战争的书信,1943—1979》,莫斯科:苏联作家出版社,1990年。

西蒙诺夫:《今与昔》,莫斯科:苏联作家出版社,1980年。

《西蒙诺夫文集》第八卷,莫斯科:“文学艺术”出版社,1986年。

《西蒙诺夫文集》第九卷,莫斯科:“文学艺术”出版社,1983年。

《西蒙诺夫文集》第十卷,莫斯科:“文学艺术”出版社,1985年。

中文版书目

北京师范大学苏联文学研究所编译:《苏联当代作家谈创作》,北京:北京师范大学出版社,1984 年。
曹靖华主编:《俄苏文学史》,第二卷,郑州:河南教育出版社,1992 年。
曹靖华主编:《俄苏文学史》,第三卷,郑州:河南教育出版社,1993 年。
陈敬咏:《苏联反法西斯战争小说史》,南京:南京大学出版社,1992 年。
雷成德主编:《苏联文学史》,沈阳:辽宁人民出版社,1988 年。
李辉凡、张捷:《20 世纪俄罗斯文学史》,青岛:青岛出版社,2014 年。
李明滨、李毓榛主编:《苏联当代文学概观》,北京:北京大学出版社,1988 年。
李毓榛:《反法西斯战争和苏联文学》,北京:北京大学出版社,2015 年。
李毓榛:《论西蒙诺夫创作》,载《俄罗斯文学简史》,北京:北京大学出版社,2006 年。
李毓榛:《西蒙诺夫和他的军事题材小说》,《社会科学战线》杂志,1985 年第 4 期。
李毓榛主编:《20 世纪俄罗斯文学史》,北京:北京大学出版社,2000 年。
彭克巽:《苏联小说史》,北京:北京十月文艺出版社,1988 年。
康・西蒙诺夫:《我这一代人眼里的斯大林》,裴家勤、李毓榛译,北京:中国新闻出版社,1989 年。
张捷:《俄罗斯作家的昨天和今天》,北京:中国文联出版社,2000 年。